大学生素质教育教材

高校在校生
实用交往技能与礼仪

■ 刘庆宽　编著

U0361634

机械工业出版社

美国著名教育家卡耐基认为：一个人事业的成功，只有15%是由他的专业技术决定的，另外85%则要靠"社交商"。

本书针对决定事情成败的85%方面，通过生动有趣的情景故事和鲜活的实例，详细讲解了收发邮件、使用电话、着装与仪容中的注意事项和技巧；阐述了入学面试、参加学术会议、求职面试、就餐、接人、外出拜访、休假、毕业离校时实用的交往技能和必备的礼仪；同时对如何处理关系和注意边界提出了建议。本书可迅速提高在校生和初涉职场员工等人群在交往和沟通方面的能力，助你在学习阶段和职场中脱颖而出。

图书在版编目（CIP）数据

高校在校生实用交往技能与礼仪/刘庆宽编著. —北京：机械工业出版社，2019.9（2024.6重印）
大学生素质教育教材
ISBN 978-7-111-64311-1

Ⅰ.①高…　Ⅱ.①刘…　Ⅲ.①大学生–心理交往–礼仪–高等学校–教材　Ⅳ.①G645.5

中国版本图书馆 CIP 数据核字（2019）第 269819 号

机械工业出版社（北京市百万庄大街22号　邮政编码100037）
策划编辑：李　帅　责任编辑：李　帅
责任校对：梁　倩　封面设计：张　静
责任印制：常天培
固安县铭成印刷有限公司印刷
2024 年 6 月第 1 版第 5 次印刷
184mm×260mm·17.25 印张·342 千字
标准书号：ISBN 978-7-111-64311-1
定价：45.90 元

电话服务　　　　　　　网络服务
客服电话：010-88361066　机　工　官　网：www.cmpbook.com
　　　　　010-88379833　机　工　官　博：weibo.com/cmp1952
　　　　　010-68326294　金　书　网：www.golden-book.com
封底无防伪标均为盗版　机工教育服务网：www.cmpedu.com

前　言

迄今为止，本人曾在国内外的多所大学学习和工作。无论是在教学、科研还是合作过程中，与学生接触时，经常感受到大家在同人交往时的茫然、紧张而又得不到指导时的心理状态；同时因工作关系，同企业、事业单位的人员有较为广泛的联系和往来，经常看到入职不久的新人因不懂、不重视交往过程的环节和技能，给工作带来的困扰和不利的影响。

于是自2008年起，每年硕士研究生入学后，针对本人所在研究中心的新生进行实用礼仪的教育，同时在课间休息时，也经常补充讲解这方面的内容。学生普遍反映很实用并很有收获，后来开始在本校和兄弟院校进行一些专题讲座，反馈也比较好。

早在2013年，与国内同行谈起这个话题时，就有人建议将这些内容写成书，以便大家参考。于是便断断续续地写，可是平时工作繁忙，一直到2016年的暑假，才抽出专门的时间，完成了第一稿。

为了防止写成说教的形式，令年轻学生不感兴趣，又专门抽出几个长假期，完成了第二稿的写作，补充了人物、对话、实例等方面的内容。

本书适用于高校在校生平时学习、研究过程中与人交往、毕业就职的参考，也可作为新入职员工在工作单位与人交往的礼仪参考。

党的二十大报告指出："全面建设社会主义现代化国家，必须坚持中国特色社会主义文化发展道路，增强文化自信"，读者通过学习本书知识内容，可进一步提升文化自信。看完本书，掌握其中的原理、原则和方法，希望读者能够做到更自信、更高效地完成社交活动，在升学、学习、就业、工作中更加游刃有余，获得更多的事业和其他方面的发展机会。

教师有了本书作为工具，可以更方便地培养学生的礼仪素养和良好习惯，做到自己省心、放心、省事，以便节省更多的时间和精力用于教学和科研工作。

由于作者水平有限，书中谬错之处在所难免，敬请广大同行和读者批评指正。作者邮箱为 qk@ stdu. edu. cn。

刘庆宽

目 录

第一章

网上飞鸿传佳讯

——收发邮件

如梦令·湖边

春暮飞霞归雁，
云朵纸鸢相伴。
童子现欢颜，
花径水边烂漫。
召唤，
召唤，
惊起彩蝶一片。

■ 第一节 从求职受挫到希拉里邮件门

一、湖边彷徨

周末傍晚，蒙臻睿同学彳亍于校园的映知湖畔。

正是春暖花开的早春时节，天空晴蓝，草长莺飞，吹面不寒杨柳风揉皱了一湖春水。

湖边谈笑散步的人三三两两，欢颜现，笑声朗。

不时有头插野花的小朋友从父母手中挣脱，嬉闹地跑过，红彤彤的脸上洋溢着兴奋之情。

与小朋友的欢笑形成鲜明对照的，是小蒙紧锁的眉头。

自从查到了自己的考研成绩，她的心里曾一度春光明媚：尽管国家线还没有公布，但根据历年的国家线，参考京邑大学结构工程专业的复试线，她应该能获得复试资格。

但是，能否通过复试，能否得到董重熙教授的认可，入学加入他的课题组，是她放心不下的事情。

回想自己一路走来，可谓是传说中的学霸：奖状拿到手软、夸奖听到心烦。不知不觉中，形成并坚定了"只要考试成绩好，就一切都 OK"的观念。

可不是吗？从幼儿园、小学、中学一直到大学，无论是升学考试，还是期中期末考试，评三好学生、奖学金等，成绩的分量，秒杀所有其他因素。

直到就业的时候，事情有了微妙的变化，偏离了原来预想的发展方向。

本来她打算大学毕业就参加工作。学习成绩虽然很好，对读硕士读博士搞研究，有着本能的向往，可是抹黑女博士的"传说"听多了，考研的想法也逐渐发生了动摇；同时也有人提醒过，一直钻在书里不跟人交流，容易跟社会脱节。那就就业吧！反正成绩好，有奖状，还怕找不到好工作？

应聘开始，联系单位、网上投简历、笔试等环节都很顺利，信心满满，也能明显感到招聘单位对她的热情。

目标单位都是竞争激烈的单位，都有面试环节，甚至有的单位不止一次面试。

一到面试环节，对方的态度就发生不可思议的变化，最终的结果也是一次一次地令她失望，只能眼睁睁着成绩不如自己的同学一路过关斩将，最终找到了心仪的单位。

几番碰壁下来有些心灰意冷，又不肯低就签约到自己不满意的单位，一咬牙一赌气，干脆考研吧。这不，毕竟有基础，初试的成绩还不错。

经过同学善意提醒，她发觉自己在与人沟通的方面，尤其是在比较正式的场合，存在明显短板，同时也意识到，成绩的长板弥补不了交流的短板，便痛下决心认真学习提高。

说起来容易，可是，如何提高呢？大学课程有课本，有老师教，有习题做，还有老师批改作业，可是跟人交往，上哪儿找人教啊！如果这样下去，研究生面试是否会重蹈就业面试的覆辙呢？

越想越担心。干脆去找好友穆崖楠聊聊天，舒缓一下郁闷吧。也许她能出出主意呢。

想到这里，蒙臻睿离开湖畔，快步向穆崖楠的研修室走去。浅绿色的风衣随着步伐飘摆，逐渐消失在嫩芽初绽的小路尽头。

二、巧遇壮士

周末，研修室里人还不少，有的埋头看书，有的在电脑上处理着事情。

蒙臻睿和穆崖楠在研修室一角的小茶吧低声聊天。

茅春农从董教授办公室退出，沮丧地回到研修室。

穆崖楠看到茅春农一脸沮丧，中断了交谈，一脸惊讶。

穆崖楠　咋啦师兄？又被导师批啦？

茅春农　（长叹一口气）你说我这个小老乡，怎么就这么不走心，苦口婆心地给他说了那么多，结果你猜怎么着，压根儿就没当回事儿！

穆崖楠　你考研的那个小老乡？不是考得挺不错嘛？

茅春农　考的是不错，我让他直接跟董老师联系，跟他说了好些注意事项，结果你猜怎么着？还是在邮件上出问题了！

穆崖楠　咋地啦？

庄辰申　（从桌面上抬起头，仰望天花板自言自语）细节决定成败啊。

茅春农　说起来，有好多错误：你们猜一下他的名字，居然是"我心在怒吼"，真是的……

穆崖楠　你是说邮件的发件人？

茅春农　对啊，这是他的昵称，董老师一看这么个人发来的邮件，直接当成垃圾邮件，给删掉了。

蒙臻睿　（听完一惊，忍不住小声插嘴）啊？这有问题吗？

茅春农　老师说没收到邮件啊！在我的提示下，结果在垃圾邮件找到了。老师说："看这学生的发件人名称，也不知道心理健康不？这可是个大事儿，还经常想怒吼……"，老师打开一看，嘿！你们猜怎么着？收件人的地方，咱们专业的导师都全了！原来他把这个邮件，群发给所有导师了！

穆崖楠　这有点儿像那个奇葩男，前天在相亲电视节目上，同时表白24个女生的那个。

茅春农　本来董老师就忙，一看这个名字，就皱了下眉，再看到是群发给所有导师的，就反问我："你不是说，他很希望到咱们这儿来吗？好像不是这么回事儿啊！"（边说边模仿董教授一脸严肃的表情和说话语气）。

穆崖楠　然后呢？不会就这么被 pass 了？

茅春农　不好说。这个小老乡也挺不容易，为了考研辞了工作，还专门在附近租了房子，经常说想到咱们课题组，就这么挂了，也太可惜了，我就继续请求董老师看看他的附件。他的奇葩邮件都没有正文，想看也没得看。

穆崖楠　只要能看附件，估计就没啥问题了吧？董老师喜欢成绩好的学生。

庄辰申　（又从桌面抬起头自言自语）一叶知秋啊。

穆崖楠　（生气地）庄师兄，你咋不希望人好呢！净说风凉话，哼！

庄辰申　结果堪忧啊！不信，请小茅继续。

不知不觉中，研修室的几个同学都围了过来，饶有兴致地听着。

茅春农　结果下载附件，发现附件的名字是：新建文档……

庄辰申　这相当于问：你叫什么名字？答：我叫学生。

忻璐远　这是常见病。

茅春农　关键是这病犯的可真不是时候。打开这个"新建文档"，开头一行称呼，竟然是"尊敬的公司领导……"

穆崖楠　呵，又是一个拿应聘简历，来联系导师的，这也太省事儿了！确实看不出诚意。

茅春农　冤枉啊！我了解这个老乡，他不止一次说，这就是他理想的课题组，董老师是他理想的导师呢！

穆崖楠　有想法就得表达出来。至少目前看起来，根本表达不了这个意思。

忻璐远　然后呢？董老师看到他成绩之后，"多云转晴"了吧？

庄辰申　（模仿董教授的样子）成绩不代表一切。

茅春农　（模仿董教授的样子）"成绩只代表一个方面，我们是招一个全面的、立体的人，不是招一个分数制造者。你看我们的杰出校友，哪个是仅仅只因为成绩好，就杰出的？"

穆崖楠　看来他确实够呛了。

庄辰申　（埋头工作中，头也不抬）有人成天吵吵不拘小节。看，小不拘，则乱大谋！

蒙臻睿　（好像在说自己一般，脸色泛红，额头渗出细汗，掩饰地推了几下眼镜）崖楠姐，这些都是大问题啊？我们室友也经常这样写邮件、发邮件……

穆崖楠　小不拘，则乱大谋！我也吃亏吃多了！被老师批了好多次！

茅春农　我这可怜的老乡啊！错误一个接着一个。自我介绍里，一句话一个感叹号，好像是露着肱二头肌，一副血脉喷张的样子，跟怒吼的名字，倒是挺相符的。本来我还想为他辩解几句，可是，值得辩解的地方，不好找啊！我也不知道该怎么办了，也不知道董老师还给不给见面的机会。

蒙臻睿　（紧张急促地）崖楠姐，邮件有这么多名堂啊？我也正计划给董老师写邮件呢，应该怎么写呀？

穆崖楠　还真是的……（思考一番）要不这样吧，庄师兄见多识广，董老师也没少给你耳提面命，要不今天就发发慈悲，给这个好妹妹指点指点，可别让她步了那位老乡的后尘，又来一位女壮士！

茅春农　还没有彻底"壮烈"呢，但愿起死回生。庄师兄，这是个好主意，你给指点指点吧。

庄辰申　（一脸深沉相，慢慢起身，踱步）指点倒是可以，但是我有两个条件。（伸出两个指头）

穆、蒙　什么条件？

庄辰申　学习的效果，取决于求知的态度……

穆崖楠　你看这妹子，都急出汗了，还不算态度端正吗？况且眼前，正好有个反面教材，场面这么吓人，学习效果，您老人家就不用担心啦！

庄辰申　我是怕时机不当，再重要的讲述，也会变成噪音。经验珍贵，非请不说。

穆崖楠　珍贵，非——常——珍贵！老人家就别卖关子啦，这不一直在请你嘛！

庄辰申　第二个条件，我不想干巴巴地说教，你们得配合我一下，模仿情景，表演一下如何？这样你们才能印象深刻。

众人同　没问题，没问题！

庄辰申　那好吧，我们去隔壁的会议室吧，免得影响其他同学。

几个人陆续退出研修室，走向会议室。

三、表白白表

在会议室里，几位研究生扮演成等待上课的学生。

茅春农扮演"树临风"，是一个想找个女朋友的男生，在会议室外的走廊上，边走边自言自语。

茅春农　哎~这都大四了，转眼就要毕业了，连一个女朋友都还没有！本想着毕业后再找吧，结果就在前几天，在公园跟一位撞树的阿姨聊天，她的一句话，如醍醐灌顶，点醒了我："在天鹅公园里都逮不住天鹅，还想出了公园逮天鹅?!"看来，我怎么也得想法儿逮住一个。（边说边做抓的动作）

茅春农忐忑地试探进"教室",众大笑。迈上"讲台",紧张地拽拽衣襟儿,干咳几声,又挠挠脖子,断断续续地发言:

茅春农 结构班……结构工程专业班的同学……各位同学,不对,各位女同学,大家好!我叫树临风,我想找个女朋友……

众人大笑。

茅春农 咱们班的各位同学……不对,各位女同学,是女同学,都很漂亮……都很漂亮……每个都很漂亮,我想找个女朋友,你们中的任何一个,做我的女朋友……都行啊!都行,任何一个,我都会很满意,不对,是万分满意……

众狂笑。茅春农在"讲台"上满脸通红,手足无措。

庄辰申扮演导演,看大家笑得差不多了,手势示意"停"。

庄辰申 崖楠,你站起来答应他,当他的女朋友。

穆崖楠 凭什么?!干吗让我扮演这么个角色!没门儿!

庄辰申 这不是在演戏嘛!

穆崖楠 演戏也不能让我演这种角色!太丢人!演了我可就真找不到男朋友了!

庄辰申 那你说说,他怎么办你才会答应他?

穆崖楠 怎么办?最起码也得对我表现出专心,追我的时候,怎么也不能对其他女生眉来眼去的吧?还任何一个都行,我看任何一个都不会答应!

庄辰申 好!太好了!感谢崖楠的本色表演!你真实又精彩地跟春农对上了戏!

众人吃惊。茅春农下台,跟大家坐到一起,拂拂脸,褪去一脸囧相。

庄辰申 看,在这种情况下,不会有任何一个女生答应。同样的道理,请求别人时,群发邮件给所有可能的人,效果不是一样的吗?

大家回味,交头接耳议论。

男生甲 看来不能随随便便地表白。

男生乙 自古——表白——多白表!

男生丙 从来——姻缘——无原因!

庄辰申 所以——因而——然后,跟别人交往时,要让别人感受到尊重,哪怕对待朋友也一样。否则,莫怨——好友——不友好,最后只能:唯与——生人——道人生啦!(说完平复了一下情绪,转向穆崖楠)崖楠,别生气了。要不一会儿请你吃饭?

穆崖楠 不!(说完将脸扭到另一侧,一字一顿地)你把我得罪了,后果很严重!

庄辰申 所以啊,消除影响……

蒙臻睿 (看看周围,犹犹豫豫地站起解围)庄师兄,我可以问个问题吗?(得到认可后继续）找导师，毕竟跟找女朋友不一样，比方说，有三个相对理想的导师，学生确实认为哪一个做导师都可以，这种情况下，该怎么办呢？我室友就面临这个问题。

庄辰申　好问题啊，好问题！这种情况，还是应该将三位导师，按意愿排个顺序，先给排第一的导师发邮件。如果能往下进行，就暂时先不要联系其他导师，如果同时跟多人联系，好几个人同时答应了，岂不要向部分答应的老师反悔？

茅春农　好像听董老师说过。满怀希望地答应了学生，将后面联系的都拒绝了，可入学的时候发现，原来答应的学生，另选他人了，结果自己招生数量不够，影响了课题的进行。

蒙臻睿　原来是这样。不过，如果第一位导师迟迟不回复邮件，就一直等下去吗？万一很久之后说不行，不是耽误事儿了？

庄辰申　所以，己所不欲，勿施于人。等我们当上研究生导师的时候，最好记得当学生的难处，收到学生的联系邮件，及时回复，及时给出明确的答复，以免耽误学生；当然也期盼现在的导师们，及时回复学生的邮件，明确表态，如果认为不合适，要及时告诉学生，以便尽快联系其他导师。

众人附和。

四、四无邮件

在会议室里，庄辰申扮演董重熙教授办公。

其他同学在座位上，当作观众。

茅春农在走廊，边走边自言自语。

茅春农　借了董老师一本书，看完了，赶紧还上。（在门口轻轻敲门）

庄辰申　请进！（从桌上抬起头来）

茅春农　（轻轻推门进来）董老师，前几天借您的这本书，看完了，很有收获，来还给您。

庄辰申　好的。有什么收获？

茅春农　明白了好几个困扰我的问题，我建议其他同学也看看。

庄辰申　好啊，那你建议一下。

茅春农　好的。那没别的事儿，我就去做试验了。

茅春农退出，轻轻将门关上。庄辰申示意表演结束。

庄辰申　刚才跟大家演示的是正常还书的一个场景。下面是另外的一种画风。

庄辰申示意开始，扮演董重熙教授坐在"办公桌"边上处理公务。

茅春农在走廊，边走边自言自语。

茅春农　借了董老师一本书，看完了，赶紧还上。

茅春农没有敲门，直接推门进来，董教授一惊，扭头，从眼镜上面吃惊看着茅春农。

茅春农面无表情，径直走到董教授办公桌边，将书往桌上一扔，书顺势打滑，将水杯撞倒。董教授吓得一抖，赶紧往后躲。

茅春农继续面无表情，向后转，大步走出办公室，随手将门"咣当"一声带上。

董教授一脸错愕，慢慢缓过神儿，自言自语：这个同学，到底出了什么问题？

忻璐远　导演，这是哪一出啊？画面太火爆啦！

庄辰申　给大家说明一下。比如，完成了导师交给的一项任务，将文件通过邮件发给董老师，那么邮件的主题、正文的称呼可以当作敲门和称呼，正文的内容相当于刚才说的"书看完了很有收获"之类的话，附件相当于这本书。

众人似懂非懂状。

庄辰申　虽然，虽然——董老师一看到这本书就知道是还书来了，不过，不过——可以不敲门、不称呼、不说话吗？可以将书一扔就离开吗？

众人交头接耳　过分，忒过分！

庄辰申　发一封没有主题、没有称呼、没有正文和署名、只有附件的邮件，不就相当于刚才第二个还书的版本嘛！将附件一扔，你自己看去吧！

穆崖楠　看来不该省略的，还真不能省略。我要是董老师，看到有人这么给我还书，非得拿个物件儿当飞行器，对他进行空中打击（一边说，右手一边在空中做投东西状）！看他还敢不敢这样！

蒙臻睿　（小声说）崖楠姐威武！

茅春农　（返回会议室）实际上我可不敢这样还书，以免被空中打击。

庄辰申　所以啊——写正规的邮件时，一定记得把主题、称呼、问候、正文、署名写完整。

穆崖楠　有人说如果有附件，一定要在正文里提一下。这是为啥？（说完眼巴巴地看着庄辰申）

庄辰申跟茅春农小声嘀咕一下，茅春农退出室外。庄辰申继续坐到桌边办公。

茅春农敲门，得到许可进来，将书藏在背后。

茅春农　董老师，您在忙啊？

庄辰申　什么事儿啊？

茅春农　前几天困扰我的难题解决了。

庄辰申　好，好。（边说边低头处理公务）

茅春农趁"董重熙"不注意，将书悄悄放在桌角。

茅春农　董老师没事儿我先走了。（说完转身离开）

"董重熙"偶然发现桌上的书，一愣。

庄辰申　咦，这是怎么回事儿？噢，想起来了，前几天借去看，刚才是还书来了。还就还吧，干吗不吱一声！真是的！

茅春农　吱～吱～

众人大笑。

穆崖楠　你学耗子叫呢？

庄辰申　看到了吧？如果来还书不说一下，就是这种效果；如果有附件，但是在正文里没有提，也是这个效果。

众人赞许。

蒙臻睿　师兄，我有个问题，有人说，第一次发邮件，要自我介绍，后面有署名的话，是否就可以不用介绍了呢？

庄辰申　Bingo！好问题！

五、蒙面吓人

走廊里，忻璐远扮演一个女生，头戴花头巾，独自在走廊装作散步的样子。

这时，茅春农从研修室出来，头上戴着黑头套，只露出眼睛，张开胳膊挡住花头巾"女生"的去路。"花头巾"一惊，下意识往后退。

花头巾　你要干什么？

蒙面人　你是结构工程一年级的硕士，你的导师是董重熙，你住在宿舍楼6栋502……

花头巾　（双手紧张地抱在胸前，往后退）你是谁？要干什么？

蒙面人　（阴森森地）我想找你们宿舍的赛红花，可我进不去宿舍楼，你把我带进去……

花头巾　（紧张地）她不是我们宿舍的。（边说边转身跑开）

蒙面人　等等，我不是坏人，我是好人……（边说边追，花头巾跑得更快）

庄辰申　（示意停）看到了吧？双方身份不明确的时候，交流效果就是这个样子。

众人附和　该怎么办？

庄辰申　第一次给对方写邮件，不做自我介绍的话，就像蒙面人，交流效果，刚才大家已经看到了，所以，初次跟人交流的时候，首先要让对方了解你的身份，之后交流才能顺畅。

蒙臻睿　如果我把发件人设置清楚，如设置成"京邑大学结构专业四年级蒙臻睿"呢？

这样身份是不是就清楚了？

庄辰申 即使这样，也不可免去自我介绍。况且别人也可以这么设置啊！比如崖楠把自己邮箱的发件人名称，设置成你的名字，不就可以冒充你了吗？

穆崖楠 又来了！怎么还在诋毁我！

庄辰申 也就属你皮实，现在叫递商高，是褒义词。

蒙臻睿 这个怎么办呢？即使自我介绍，别人也可以冒充啊？我是假设，当然我的好姐姐是不会冒充的。

庄辰申 好问题。不过时间不早了，给你留个作业吧，根据刚才的讨论，你搜索一下希拉里的邮件门，就清楚了。

众人意犹未尽地散去。

六、两扇大门

女生宿舍。

晚上，外出自习的同学陆续回到宿舍，洗漱整理，准备睡觉。

蒙臻睿急匆匆回到宿舍，一脸的兴奋。

蒙臻睿 各位、各位，大好消息！

颜琚光 什么事儿啊？大惊小怪的，难道是董教授同意接收你了？

蒙臻睿 （用手作扇子，边扇脸上的汗边说）不是的，是关于大家的事儿。

桂琪莲 （拿着脸盆正准备往外走）大家的事儿？快说说。（说完停了下来）

蒙臻睿 对，大家的事儿！琚琚，咱们不是正在发邮件，联系导师吗？桂姐和小兰，你们不是正在联系工作单位吗？

众疑惑 对啊？怎么啦？

蒙臻睿 你们都是用什么邮箱联系的啊？

桂琪莲 我是用的 163。

颜琚光 我用 hotmail。

蒙臻睿 你们知道希拉里的门吗？

紫芝兰 俺们又没去过美国，怎么会知道她的门，知道也进不去啊！

桂琪莲 蒙蒙，你坐下，慢慢说，到底怎么回事儿？

颜琚光 对呀，希拉里家的门，跟咱们考研有什么关系？

蒙臻睿 少安勿躁，少安勿躁，待我慢—慢—道—来。

蒙臻睿说完又喝一口水，稳定了一下情绪。眼珠一转，说了一段说唱：

蒙臻睿 当里个当，当里个当～

话说北美大陆，

正在总统大选。

一边川普大叔，（将刘海向旁边一拢，作兰花指手势，模仿特朗普）

气势咄咄逼人；

一边老希阿姨，（将头发扒拉成中分，咧开嘴笑，模仿希拉里）

不慌不忙应战。

双方势均力敌，

一时胜负难辨。

突然晴天霹雳，

曝光邮箱事件。

选情瞬间倒向，

川普大叔一边。

大叔乘胜追击，

赢得总统大选。

你说区区邮箱，

影响美国大选；

怎说邮件之门，

与咱平民无关！

定要吸取教训，

获得对方信任！

拿到心仪 offer，

开启新的生活……

桂琪莲　（大笑）你说咱们蒙蒙，出了门是个乖乖女，可在家里，调皮得很呐！

颜琚光　我还是不明白，快说说，邮件门跟咱们联系导师，到底是啥关系？学习什么教训？

紫芝兰　对啊！咱们又不是竞选。

蒙臻睿　你们可知道，邮件门具体是怎么回事儿？

桂琪莲　那还用问吗？不就是希拉里，使用私人邮箱办公[⊖]的事儿吗？时事政治，我门儿清啊！

⊖　希拉里的邮件门：指美国前国务卿、民主党潜在总统候选人希拉里·克林顿被曝担任国务卿期间使用私人电子邮箱、而非官方电子邮箱与他人通信，涉嫌违反美国《联邦档案法》的事情。

蒙臻睿 请注意！知识点出现了：使用私人电子邮箱，而非官方电子邮箱与他人通信！这是不对的，公务的事情，应该使用公务邮箱，而不能用私人邮箱。那么你们说，咱们联系导师的事情，是不是挺正式的事情？

紫芝兰 事情倒是十分重要，关乎前途命运，不过咱不是公务员、没有公务邮箱啊！这次我要是考上公务员，应该就有了。

蒙臻睿 请注意！知识点又出现了！咱们学校的邮箱，就是公务邮箱。比如我的学校邮箱：mengzhenrui@ce.14.jingyi.edu.cn 就是。而只要是公共网站上申请的、没有经过实名认证的邮箱，都可认为是私人邮箱。

颜琚光 这有什么关系吗？

蒙臻睿 当然有关系啦～私人邮箱无法实名认证，也没有证明身份的作用，用来处理公务的事情，会显得很不正规，甚至被冒用。

紫芝兰 被冒用？没听说希拉里的邮箱被冒用啊！书记，你知道吗？（说完转向桂琪莲）

蒙臻睿 我再跟你说个事情，你们就明白了。SCI 文章大家知道吧？

颜琚光 作为标准学霸，这个怎会不知。SCI 文章，就像教授们的钞票一样，越多气越粗！

紫芝兰 你说教授们写文章，累得直喘气儿？文章越多气儿越粗？写文章可不是种地！

颜琚光 小兰想到哪里去了！财大气粗，教授们 SCI 文章，就像钞票，越多腰板越硬，说话越有底气。

蒙臻睿 听我讲。2017 年 4 月，Springer 发布消息，说他们的 Tumor Biology 期刊，有作者编造审稿意见，撤销了 107 篇论文⊖。听到了没有，107 篇呢！

紫芝兰 编造审稿意见？具体咋回事儿？

蒙臻睿 我也是刚查了一下。事情是这样的：向期刊投稿的时候，可以推荐审稿人。比如你发现黑洞如何如何，写了篇稿子，投给期刊编辑部，同时推荐审稿人。这方面霍金是大牛啊！你就推荐霍金作你的审稿人。编辑部一看，这事儿确实该找霍金看看啊！就把稿子发给霍金审理。结果你推荐给编辑部的 Hawking@hotmail.com 邮箱，是你自己冒充霍金申请的，编辑部将稿子发来，你冒充霍金的名义，对自己的稿子一通大吹特吹，简直是特大发现，结果编辑部一看"霍金"的评价这么高，就赶紧发表了。后来发现好多人造假，一下子撤销了 107 篇论文。

⊖ 当地时间 2017 年 4 月 20 日，Springer 发布声明称，107 篇已发表于《肿瘤生物学》（Tumor Biology）的论文因涉嫌同行评审造假被撤稿。

颜琚光　这么严重。107 篇 SCI，估计在咱们学校，评好几次教授都绰绰有余！

蒙臻睿　先别急着评教授，为这事儿，科技部专门发文件啦[⊖]，要严肃惩处呢。

颜琚光　我的妈呀，吓出一身冷汗。

紫芝兰　那用公务邮箱，就没问题了？

蒙臻睿　当然啦。你看我的学校的邮箱：mengzhenrui@ ce. 14. jingyi. edu. cn，@ 后面的 ce 是土木学院，表示 Civil Engineering，14 是 2014 级的本科生，jingyi. edu. cn 是咱们学校的域名，整体来说，就是京邑大学土木工程学院 2014 级本科生一个叫 Meng Zhenrui 的学生的邮箱，你们记不记得，咱们入学的时候申请邮箱，都是一个人一个，跟名字对应，一一检查过的？

桂琪莲　当然记得，当时是我统计，一个一个核实后，才交给辅导员的。

蒙臻睿　所以，莲姐不可能申请到一个 mengzhenrui@ 学校域名的邮箱。

众　　人　有道理。

蒙臻睿　如果我用学校的邮箱发邮件，对方一看我的邮箱，就相当于向对方证明了我的身份。

紫芝兰　我经常让闺蜜进入我的邮箱，帮我回邮件。

蒙臻睿　这就又不对了。小兰可要记住啊！对待自己的邮箱，应该像对待自己的身份证一样，小心谨慎。否则也会出问题。

紫芝兰　至于吗？都是朋友，关系好着呢！

蒙臻睿　大家还记得吗？几年前咱这里有个女生，嫉妒她的同学，因为她同学学习特好，当时在联系美国的教授，办理留学的申请手续，结果这个女生就登陆她同学的邮箱，冒充她同学给美国的教授写信，把她同学申请学校的事儿，硬是给搅黄了，你们还记得吧？

众　　人　有印象，有印象！如此说来，确实有安全隐患。

蒙臻睿　活生生的教训呐！所以啊，工作的事情、公务的事情，一定要用单位域名的公务邮箱处理，同时保管好自己的登录密码。

桂琪莲　那我联系工作的时候，一定改成学校的邮箱。

紫芝兰　我考公务员的时候，也一定要用学校的邮箱。

颜琚光　看来联系导师的时候，也得用咱们学校的邮箱，这样才更正式。那写邮件方面呢，有什么注意的？

⊖　科技部办公厅和中国科学技术协会办公厅于 2017 年 6 月 13 日印发《关于对集中撤稿论文涉事作者处理指导意见的函》，对 107 篇涉事论文的作者给出了处理指导意见。

蒙臻睿 还真别说，很多呢！咱们平时的很多邮件，实在是太——不正规、太——不严肃、太——不奇葩、啊不对，太奇葩啦，不注意的话，会搞砸很多事情。

桂琪莲 这样吧，好像挺有讲究。快熄灯了，咱们先睡觉吧，等有时间了，蒙蒙跟咱们好好说说。老是晚熄灯，文明宿舍的流动红旗要流动到别家啦。

七、飞鸿传书

上次蒙臻睿去穆崖楠研修室收获很大。又到了周末，穆崖楠在研修室看书，蒙臻睿去找她，恰巧庄辰申、茅春农等也在。蒙臻睿和穆崖楠在小茶吧低声聊天，这时茅春农过来倒水。

蒙臻睿 茅师兄，上次谢谢你，教了我那么多关于邮件的注意事项。

茅春农 嗨，都是庄师兄的功劳，以后如果你来了课题组，需要学习的还多着呢，上次只是沧海一粟，沧海一粟。（说完端着杯子要回座位，这时庄辰申也来添水）

庄辰申 小蒙来啦？上次有收获？说说看，我也了解一下具体效果。

这时董教授敲门进来，跟庄辰申吩咐完事情，坐在椅子上。蒙臻睿看到董教授，既高兴，又紧张。

董重熙 刚才这么热闹，讨论什么呢？

庄辰申 我们讨论邮件的注意事项呢。董老师，如果您有时间，再跟我们说说吧，关于收发邮件方面，总体原则和需要注意的礼仪有哪些。

董重熙 好，好！

茅春农接了杯水，放在董教授的手边。

董重熙 总体来说啊，礼仪是人们交往的润滑剂，良好的礼仪，不仅是个人修养的表现，也是交流和合作成功的基础。春秋时期，管仲在《管子·牧民》中讲到"仓廪实而知礼节"，现在随着物质和文化方面的发展，人们会越来越重视礼仪，越来越希望跟有礼仪、懂礼仪的人交往。

董重熙 同时，礼仪是一个国家、一个民族的文化修养和道德修养的外在表现形式，也是文化的重要组成部分。

董重熙 我们国家，正在弘扬优秀传统文化，提倡文化自信，在这个背景下，学礼仪、知礼仪、践行礼仪，是符合国家要求和时代精神的，相信大家以后，会越来越重视礼仪的学习和实践。我也鼓励大家，平时多留心学习如何待人接物，注意提高自己的文化修养。这些是大的方面。

董重熙 电子邮件是现在人们交流的重要方式，在收发邮件的时候也要注意礼仪。

总体来说，应做到以下几个方面：

1）完整性。从结构到内容，不缺东西。

2）准确性。重视交流效率，措辞要准确，条理分明，逻辑清晰，不要有错别字等。

3）及时性。收到邮件后及时准确地回复。

4）商务性。不同于私人邮件，工作的邮件讲究正规、严谨。

董重熙　做到以上这些方面，这样才能让对方产生信任感，提高对我们专业能力的认可度。这些，都是后续交流和合作成功的基础。

董重熙　过去通信不方便，唐诗宋词中有很多盼望书信的诗句。比如：

　　　　　　　　此书未到心先到，

　　　　　　　　想在孤城海岸头。

董重熙　与之形成对比的是，我们现在邮件、短信、微信等十分方便。不过，不能因为方便，就不珍惜不重视，每一封邮件，在发出之前，应该检查和推敲一下，确保准确无误。每个人的形象，都是在平时与人交往的点点滴滴中建立起来的。同样的事情，有人办起来很轻松很顺利，有人办起来很吃力，个人在对方心中的形象，也是事情成败的关键因素之一。

董重熙　为什么有的人获得了很多机会，而有的人没有，掌管机会的人认为你是可靠之人，才会将机会交给你。可靠与否，都会在与人交往的细节上体现出来。因此，不要小看细节。

董重熙　另外，现在总是说"细节决定成败"，大家想一想，我们做过哪件事情不是"细节"？

董重熙　其实我们每一件事情的成功，都是由一件一件小事积累而成的。比如大家现在是研究生，是因为从小听好每一堂课，做好每一次作业，点点滴滴的事情做好了，考上了理想的大学、理想的研究生。即使是重要的考试，也是做好每一道题，得到每一分，最后成功的。强调细节长细节短的，本身就是对事情各个环节的轻视。

董重熙　做好每个环节，才可做好事情；做好每件事情，才可取得成功。

众学生附和。董教授讲完，起身告辞。大家纷纷回到自己的座位上继续工作。蒙臻睿同穆崖楠和各位同学告别。

■ 第二节　注意事项

一、写好邮件的重要性

学生无论是在学习过程中，还是在以后工作中，电子邮件起着越来越重要的作用。尽早掌握书写、发送和回复电子邮件的礼仪和技能，对以后的发展有着十分重要的影响。

电子邮件的重要性体现在以下几个方面：

1）是方便而又正式的沟通方式。作为学习和工作中的交流方式，打电话和面谈固然重要，但是随着人们工作强度的提高和工作量的加大，工作时间和地点更具多变性，老师或单位主管没有那么多时间和机会面对面处理和听取工作汇报，而电子邮件的收发和阅读不受时间和空间的限制，因而成了学习和工作的重要平台和交流方式。

相比面谈和电话，邮件具有准确性和记录功能。需要让对方明白和知晓的事情，可以详尽地列在邮件中，对方也可以以文本的形式将邮件内容记录、保存或者应用到其他文件中，省去了边谈话边记录的程序，也避免了因记录不全或者听错而产生的误解或错误，可以使交流更加准确和高效。

2）是自然而又详细的工作记录。在学习和工作过程中，养成使用电子邮件与同学、老师和研究团队沟通的习惯，会帮助理清思路，同时记录下整个过程中的所有事项，可以作为工作记录的一部分，以便日后查阅参考。

3）是全面而又深入的专业表现。通过合适的电子邮件和得当的语言，可以传递自身专业性和个人修养等各个方面的形象，特别是对于没有见过面的人，这是对方此时判断我们工作能力和综合素质的唯一途径。

二、不可小看的邮箱域名

如果自己有单位或者学校域名的邮箱，那么毫无疑问，不要做任何犹豫，请用这些邮箱。原因有以下两个方面：

1）这些邮箱域名能帮助对方确认你的身份。单位邮箱申请的时候需要通过单位的实名认证，一个人无法申请到另一人名字的单位邮箱；对方一看到邮箱名字，就知道是哪个单位甚至哪个单位、哪个部门的、名字是"×××"的人发来的，看到邮箱的同时相当于给对方进行了自我身份的说明和认证，能快速取得对方的信任，并且安全性更高。

2）单位域名的邮箱显得正规和正式。大家会逐渐默认单位的事情会用单位域名的邮箱，自己的私事儿才用私人邮箱。因此，作为工作或学习使用的正式邮箱，应该尽量使用单位域名的邮箱。

与之对应，私人的事情，建议用私人邮箱处理，以免公私混淆，有借助公共资源做自己事情之嫌。

三、邮箱名称的问题

除了用单位的邮箱之外，还有许多需要注意的事情。例如，邮箱的名称，用什么样的比较正规呢？

以"蒙臻睿"来说，按照比较常用的做法，一般是使用姓名拼音或者某种组合，如：mengzhenrui@ce.14.jingyi.edu.cn、mzhr@ce.14.jingyi.edu.cn、zhrmeng@ce.14.jingyi.edu.cn。

避免出现使用毫无规则且比较长的名字，或者突出个人非工作特点的名字，如：s1234w567k9@jingyi.edu.cn、qweadszxc@jingyi.edu.cn。

这种邮箱很容易被当作发广告的，今天被拉黑了再申请一个，明天被拉黑再申请一个。

还有的同学比较用心，比如蒙臻睿的男朋友金良越申请了一个邮箱：jly_mzr@gmail.com。这个邮箱用于两人之间的交流或者两家人之间的交流无可厚非，但是用于公务邮箱就不合适了：没有必要将两人的关系带到工作之中。

四、设置适当的发件人

申请好邮箱之后，应该马上进行恰当的发件人设置。用作公务邮箱的发件人，不能为了彰显个性随意设置。

如果你打开邮箱，发现收到了以下这样的发件人发来的邮件，会有何感想：

我很郁闷我要咆哮、我是膀爷有刺青我怕谁、深夜孤独、一称体重就不开心、人群中认识你很不幸、一头不愉快的笨猪、北方的饿狼、只爱过桥米线……

这些显然是没有注意发件人显示的姓名设置，或者是为了显示个性，或者是按照当时的心情随意而设，没有考虑到用于工作的邮件，这些名称是十分不合适的。

现在社会分工越来越细，效率越来越高，人和人之间的交流越来越多，越来越广泛，很多情况下需要根据有限的信息对一个陌生人进行判断，这种情况下任何信息都有可能起到决定性的作用。

在工作方面，你对别人展现的最重要的方面有哪些呢？比如说做事可靠、专业过硬、合作起来令人放心、知书达理举止得体、考虑问题周到等，工作中人们都希望跟这样的人交流或者合作。

谁会放心把重要的事情交给一个情绪十分郁闷想要咆哮的人呢（"我很郁闷我要咆哮"）？谁知道他会不会在将来交往中，不知什么原因产生的郁闷之气咆哮到你的头上呢？或者说是交给感觉胳膊上布满刺青的膀爷手上？万一一言不合，友谊的小船翻了是小事，影响两个单位合作的大事，谁能负责呢？

如果感觉自己是金子，一定要从包装到内在都搞得像块金子，而不能包装破烂，期待别人能拨云见日大浪淘沙，花费一番力气去发现你是金子。首先是，大家没有时间精力去发现你的内在，其次是，有大量选择的情况下，没有人愿意冒着风险去挖掘一个包装不好的金子，万一挖掘后发现跟外表一样不好怎么办呢？

慢慢发现的模式，只适用于过去人们长期在一个固定的地方、跟有限的人长期交往的情况，已经不适用于现在的状况。即使在那种情况下，也应该表里如一。

那么在设置发件人姓名的时候，应该遵循哪些原则呢？

1）简单明了。可用中文名字，或者单位名称＋中文名字，可根据最常用的交流对象的人群设置。如果是外企或者经常跟外国人交流，可用单位＋英文名字；如果很少跟外国人联系，则没有必要起个外国名字用，或者采用拼音，毕竟中国人还是中文方便。工作中避免使用昵称、简称等不正规的名字。如：北方一匹狼、赵老板、钱总、孙老头、李大姐等。

2）帮助对方尽快了解发件人的身份。这时可以用单位、专业、身份、姓名等的组合方式，简单的情况如：京邑大学蒙臻睿。

更加准确一些，如：京邑大学结构工程硕士蒙臻睿，京邑大学土木工程学院董重熙。

五、开始之前的准备工作

写邮件之前，尤其是第一次跟对方联系之前，需要准备好以下的内容：

1）通过不同的途径，了解一下对方的身份、性别、职务、年龄等必要的信息，以便确定称呼和语气等。

2）确认对方的工作、研究等方面的内容，还以联系导师这件事为例，上去就写："岳飞元帅，我想跟您学习耍大刀……"，殊不知岳飞是使枪的，研究方向不一致啊！

3）邮件内容方面的准备，确定沟通哪些方面的内容。

六、发送、抄送和暗送

一份邮件书写之前，首先需要明确这封邮件是发给谁，同时是否需要抄送给谁，或者暗送给谁。

抄送给一个人，相当于发件人请抄送人站在邮件收发两人的对话现场旁观，让抄送对象了解发件人说了什么；收邮件的人也知道抄送对象在旁边站着。

如果收件人在回复的时候选"全部回复"，这时抄送人也能收到收件人的回复。如果选择"回复"，则只有最初的发件人能收到回复的邮件，抄送对象收不到这封回复的邮件。

暗送给一个人，相当于将邮件发出去同时，将邮件内容原封不动地向暗送人做了汇报，也相当于请暗送人站在收件人看不见的地方看着发件人的言行，让暗送人了解发件人说了什么，收件人的回复无法发给暗送人，暗送人也看不到收件人的回复。

如果是一个课题组内，或者项目组向上级或者外单位写邮件，尤其是外企，To 给谁（收件人）、CC 给谁（Carbon Copy，抄送人）、BCC 给谁（Blind Carbon Copy，暗送人），十分有讲究，就是需要让相关的人了解事情的进展，保持同步了解事情的进展。也许没有人在意某事跟自己关系不太大，却收到了邮件抄送，但是经常有人认为自己应该知道事情的发展进程，但是发件人没有把邮件抄送给他。

例如：教授 A 让你做一件事情，发邮件给某位老师 B，发送对象是这位老师 B，抄送对象是给你任务的教授 A。这样做的好处是：一是让教授 A 知道你做这件事了，同时也让他知道你是如何做的；二是让收件人 B 知晓你的行为是发生在教授 A 的视野中的。

同样这件事，如果你认为联系老师 B 的行为应该让教授 C 知道，但是你不想让教授 A、老师 B 知道你同时将邮件发给教授 C 了，可以将教授 C 填在暗送栏里。这样，教授 C 知道你发给了老师 B，抄送给了教授 A，但是教授 A 和老师 B 不会知道你也发给了教授 C。

举个具体的例子，大家知道南府大学墨青教授课题组跟京邑大学课题组有来往，一日董教授在外遇到墨教授，邀请他过来讲学，墨教授也答应了。回来后，因为董老师太忙，联系的具体事情让管老师去做。这时候管老师发给墨教授的邮件应该抄送给董老师，一是让董老师知道，我是这样给墨教授发邮件的，都说了什么，这时墨教授回复邮件可选择全部回复。

整个联系过程结束、讲学的时间和细节确定之后，管老师向董老师做个简单汇报即可，因为整个过程董老师都清楚了。同时，在联系过程中，如果董老师有必要发言，随时可以发邮件给双方，校正双方在联系过程中有可能不周或者不妥的地方。

如果没有抄送给董老师，墨教授这里可能会有这些疑问：董老师知道你在跟我联系这件事情吗？是上次跟董老师谈的讲学那件事情吗？

同时董老师这里也或许会疑问：管老师给墨教授发邮件了没有啊？什么时候发的啊？怎么跟墨教授说的啊？墨教授有没有时间来啊等等。

如果不是抄送给董老师，而是邮件发出去之后再去汇报，敲门、董老师停止工作、汇报、反馈，多麻烦啊，一个抄送轻松搞定。

再举一个暗送的例子。比如南府大学吴老师要来同管老师讨论学术问题，吴老师知道董老师事务繁忙，不想打扰，就只给管老师发了邮件。管老师感觉这件事情有必要让董老师知道，没准儿他有时间参加大家的交流，在回复吴老师邮件的时候可以暗送给董老师，好让他了解这件事情。

如果有抄送人，在邮件正文的称呼处除了称呼收件人之外，另起一行应该写上"抄送：×××。"

请注意：这里的抄送人应该是收件人一看就知道是哪个单位的某人，如果收件人是外单位的，应注意收件人是否能判断抄送人是谁。担心引起收件人的判断困难或者误解，可以写成"单位＋全名"的形式，如"抄送：京邑大学董重熙老师。"

可能有人认为：既然邮箱地址已经有了，在正文里可以不写明抄送人吗？

其实不是的。这里涉及礼仪的一个原则，就是要让对方节省力气、不费脑筋、十分方便地完成某件事情，而不能指望对方只有在十分认真、十分聪明、领悟能力十分强的情况下才能完成某件事情。

还以上面的抄送为例，如果不在正文里写，就只有在收件人很认真地看收件人都有哪些邮箱，而且还得知道哪些邮箱是哪些人的情况下，才知道抄送给了谁，如果不看，就不知道还抄送了，是不妥的。

作为学生，如果老师授意让学生跟校内或校外的人就公事联系，建议抄送给委托任务给自己的老师。

这样显得正规，让对方知道你们的联系过程，老师是知道和关注的，也方便老师在过程中指导；同时也能避免私下邮件往返，可能事情已经走了样，而老师都不知情。

当然这里讲的都是针对公事，跟自己私人邮件无关。

七、恰当的邮件主题

一封电子邮件应该有且必须有合适的主题。

主题的作用：一是提示邮件的内容；二是以后查找邮件方便。

邮件的主题就是邮件的名字，就像人有名字，单位有名字一样自然。

否则，以后查找某个邮件的时候，只能去点开看看，就像想找某一个人却不知道具体门牌单元号码，只能一家一家敲开门去看一样费劲。

主题的原则有以下三方面：

1）应言简意赅，指明邮件的主要内容，如：

《结构动力学》课程学习报告、2016 级研究生开题汇报时间安排。

避免太通用、指代不清、没有实际意义的主题，如：请看一下（发的邮件只要不是垃圾邮件，当让都会看的）、重要消息（不重要就不看吗?）、通知（跟没有说明一样）、请吴老师查收（既然发的吴老师的邮箱，肯定是他查收）。

2）主题文字避免过多，一大长行，反而看不出主题。

3）有的同学感觉事情简单，干脆将主题当成正文写，如图 1-1 所示，是不恰当的。

图 1-1 不当的主题

还有一种情况，有的邮箱是某个办公室或者小组的共用邮箱，好几个人都可查收邮件，这时想写给某个人，可以在主题处标明，如："请管老师收：《结构动力学》课程学习报告"。

如果不确认该办公室管老师是否是唯一一位姓管的老师，则需注明全名："请管经纶老师收：《结构动力学》课程学习报告"。

八、得体的称呼

我们与别人见面，开口首先要称呼对方。邮件也是同样情况。

1）邮件正文的首行顶格**必须**、**只能**是称呼。称呼应该单独一行，问好应该在下一行，不能写在称呼的同一行。最大的问题是称呼、问好、正文都写在同一行，这是需要避免的。

2）邮件的称呼要和收件人一致。如果收件人是群发的若干人，称呼可以用：各位老师、各位同事、各位同学等。如果有抄送对象，在第一行称呼平行的第二行写上"抄送：×××。"

3）称呼应该得体，符合对方的身份，可以职业相称，也可以身份相称。有时准确称呼不是一件太容易的事情，但是也有几个安全用法，如：

① 称呼在学校工作的人，如果不知道明确的信息，称呼"××老师"是比较合适的。即使对方是处长、院长等，称呼"老师"也比较妥当。

② 称呼在设计院或者施工单位的人，称呼"××工"也是比较安全的做法。即使对方是总工或者教高，称呼为"××工"也没什么问题。

4）认识一个人，应该迅速获知对方的身份和职务等信息，以便准确称呼，这是一个需要尽快养成的良好习惯。

同时我们自己也应养成见面准确自我介绍的习惯，让对方能从你的自我介绍中得知如何得体称呼你，而不要期待对方在交往中猜出自己的名字和职位，或者通过别人打听出来。

建议同时养成随身带名片和递名片的习惯，以方便称呼和交流。

九、准确的自我介绍

如果是第一次跟对方写信，在正文的问候语之后，应该首先准确清楚地进行自我介绍，包含所属单位、部门、身份和姓名全称。

有些学生可能感觉对方不认识我或者不可能记住我，就不再进行自我介绍，或者自我介绍的时候不写名字，或者其他信息不全，这都应该避免。

如果不进行自我介绍，相当于强迫收件人跟一个蒙面人交流，交流效果可想而知。

比如蒙臻睿同学给董教授写邮件，可以这么写，如图 1-2 所示。

> 尊敬的董老师：
>
> 您好！
>
> 　　我是京邑大学土木工程学院土木工程专业结构工程方向大四的本科生蒙臻睿，去年9月10日听过您给学院本科生做的题为《×××》的学术报告，对您的研究方向特别感兴趣，今年参加了研究生考试，想联系您做研究生导师，我的具体情况如下……

图1-2　自我介绍的例子

这样一是进行了准确的自我介绍，二是也说明了自己了解董教授的过程。

自我介绍的反面例子：

① 我是京邑大学。存在的问题：老电影中常出现这种画面：手摇电话接通后"喂，我是1234部队"。现在这样不适合了啊！

② 我是蒙臻睿。存在的问题：没有单位、身份等信息。

③ 我是京邑大学……本科生小蒙。存在的问题：姓名应该用全称。

④ 我是京大土木工程学院……存在的问题：单位应该用全称。

⑤ 我是京邑大学土木工程学院结构工程方向2014级本科生。存在的问题：没有姓名。

综上比较完整的介绍应该是：我是京邑大学土木工程学院结构工程方向2014级本科生，叫蒙臻睿，在2017年春季学期上过您教的材料力学课，现在有个事情……

是否只要自我介绍了就可以了呢？

<u>点睛之笔</u>是：介绍完，附加说明自己是如何了解、接触对方的。

例如：作为一名学生，跟某位老师联系，在清楚介绍了自己是××学校/学院××专业的×××之后，加上一句："我×年哪个学期上过您教的什么什么课。"

再如：你在某个会议上认识了一人，下次联系时介绍完自己的单位身份姓名之后，加上一句："我在某年某月某日某地的哪个会议认识的您。"

虽然对方不一定知道或者记得你的名字，最后一句的出现，对方可能就能明确定位你了，之后的交流也就顺畅了。

对于没有当面见过的情况，介绍完一定说明一下是如何知道对方的，如："我同宿舍的同学选修过您教的什么课""我看了您发表在×××的×××作品/文章"等。

十、言简意赅的正文

正文要从称呼的下一行写起，不要同称呼写在同一行。

很多学生习惯在手机上回复或者撰写邮件，更容易出现这个问题。称呼之后往往就直接往后写正文，收件人看到的，是称呼和正文甚至署名在同一行上。

要避免这个问题，首先是重要邮件不在手机上处理，比如在公交车上，车一晃，写半截的邮件发送了。同时手机的邮件往往标着是用什么手机发的，让对方感觉使用手机处理的邮件，不够重视。如果在单位，为什么不用电脑而用手机处理邮件呢？

按照逻辑顺序，正文的安排应为：首先：问候，开门见山，点明主题；其次：详情描述，背景介绍等；最后：提供相应材料。

邮件的核心内容，注意的方面有以下几点：

1）条理清楚。如果有几件事情，建议分点叙述。

2）简洁明快。一定要突出主题，适合写在附件的内容不要在正文中写。因为正文不如附件的文件易于阅读和保存，同时正文不易编辑，格式不易设置，不同设备上屏幕显示的有可能不一样。

正文的字体和颜色应以严肃为主，避免不同的颜色或者花哨的字体和背景音乐。除非强调或者突出个别句子或词语。

如果有附件，注意在正文中提一下附件的主要内容，如：附件中名为"×××"的word文件是关于×××的报告，请查收批阅。

注意正文分段。每一段只讲一个事情，且一段的长度以简短为宜，以便阅读。句子也宜用简单句和短句。

不要为了使句子整齐，人为将句子用回车键截断，这样在不同设备上显示不一样，如图1-3所示。

董老师：

　　您好！十分感谢您上次的指导！通过这次学习，我认真领会了×××原理的使用前提，否则的话就会发生各种错误。

　　举一反三，我今后对别的原理的利用时也一定要注意，争取准确使用每一个原理。

a)

董老师：

　　您好！十分感谢您上次的指导！通过
这次学习，我认真领会了
×××原理的使用
前提，否则的话就会发生各种错误。

　　举一反三，我今后对别的原理的利用
时也一定要注意，争取准确使用每一个
原理。

b)

图1-3　不当的句子截断

a) 自己看到的　b) 对方看到的

十一、正规的结尾

如果希望收件人看完邮件做出某种回应，应该在结尾处表明，如：恳请您百忙之中提出指导意见，期待您的回复，十分感谢。之后，可以写上简短的祝福语如：公司之间，可写

"顺祝商祺";熟人之间,可写"祝工作顺利""祝冬安"。可以自己平时积攒一些实用的简短问候语。古人为了表达对对方的尊敬,结尾署上"×××沐手敬书",即表明为了给您写信,我洗干净手,恭恭敬敬地写。

我们心里对对方心存尊敬,但不要只留在心里,应用合适语言表达一下。

注意不要用各种花哨的图案做结尾,如图1-4所示。

图1-4　不当的结尾图片

最后记住署名。署名的目的是让对方知道你是谁,应该如何称呼你,如何找到你。即使是正文里有过自我介绍,最后也要署名。

为了沟通方便,在邮件系统里设置签名档,里面包括自己的身份介绍和联系方法,是比较方便的一种方法。如Foxmail里设置的签名档样式如图1-5所示。

谨祝:万事如意!

蒙臻睿

2017-10-16
ーーーーーー

蒙臻睿　硕士研究生
单　　位:京邑大学土木工程学院结构工程专业
地　　址:012345 京邑市学府区国学路86号
电　　话:123-4567-8901
网　　址:http://st.jingyi.edu.cn

图1-5　信纸例子

如果跟外国人联系频率比较高,在设置中文签名档的情况下,后面可以设置英文签名档。

注意如果给中国人写信,最好不要用只有英文的签名档。

有可能邮件的联系对象包括工作的同事、朋友和外单位的合作对象,因此可以设计几个常用签名档。因为对朋友来说,太正式的签名档显得生疏;而对于外单位的合作对象来说,太简单的签名档显得不够正式。

十二、不可忽视的语气

如果是现场交流，除了语言本身之外，还有语气、语调、表情、动作和姿势等，这些都可以向对方传递信息，多渠道保证自己信息传达的准确性。而邮件里面只有文字和标点，上述所有其他渠道都没有了，全部任务都需要文字和标点承担。

因此，对于同样的话语，面谈的感觉可能是友好而愉悦的，但是邮件给人的感觉是生硬不悦的。是哪里出了问题呢？这就是邮件的语气问题。尤其是对于从未谋面的第一次联系的人，有些措辞哪怕是标点都有可能是带着感情色彩的。本来是满脸含笑地写了一封邮件，对方感到的有可能是强烈的语气和隐含愤怒的情绪。

表1-1列举了邮件语气对比的一些例子。

表1-1 邮件语气对比

序号	内　容	欠　妥	较　好
1	催要文件	将研究报告交上来！	请各位同学将研究报告发给我，谢谢。
2	催要文件	16：00前将研究报告发给我！	请各位同学尽快将研究报告发给我，我16：00需要上交，谢谢。
3	嘱咐查收	附件是研究计划，请查收！	附件是研究计划，请方便时查收，谢谢。
4	请求反馈	邮件阅完后马上反馈！	邮件阅完后请反馈一下，谢谢。
5	请求反馈	邮件阅完后马上反馈一下，哦——	邮件阅完后请反馈一下，谢谢。
6	请求反馈	邮件阅完后马上反馈一下，呵呵	邮件阅完后请反馈一下，谢谢。
7	请求反馈	亲，邮件阅完后马上反馈一下	邮件阅完后请反馈一下，谢谢。
8	请求反馈	等待回复中……	如果百忙之中能回复一下，将十分感激。

接收我们邮件的可能是各种人，在各种状态下。万一对方正在焦头烂额，对我们也不太熟悉，收到了一个给他感觉你在紧握拳头鼓着肱二头肌示威一样的邮件，不就不合适了吗？因为对方是完全根据文字措辞和标点等判断你的表情和语气的。

最近有位年轻同事就有一次这样的经历。他刚认识了一位校友，电话交流的时候十分顺畅，但是却被校友的邮件惹的很窝火，语气生硬不说，一大片命令式口气加上不容置疑的感叹号，好像校友成了战场上司令，同事是一个不听话的劣等兵一样在训斥。想想也不应该啊！后来意识到应该是校友的书写习惯的问题。

在我国古汉语中，因为缺乏标点符号产生语言歧义的现象很多，后来由于标点的出现，歧义的现象大大减少了，但是由于标点符号的不恰当使用引起歧义的事情也时有发生。比如本来从多少至多少，应该用"～"号，有人用"—"号，有时会误认为是数学的减号。

关于感叹号，建议除了在"你好"和"谢谢"之后，其他情况慎用，以免误解。

除了标点之外，将希望对方做的事情，由直接叙述的方式，变成请对方拿主意做决定的方式，会显得更加委婉一些。

一个技巧是写完邮件之后，再重新看一下，修改语气生硬的表达和容易引起对方误解的符号，再发出去，以避免相关问题。

十三、附件常见问题

如果有附件，在正文中需要简要提一下附件的主要内容，以便提醒收件人下载并阅读附件。

有些内容不适合放到正文里，如图片、表格、主题相对独立的大段文字等，这些内容以附件发送比较好。

附件的文件名要易于理解，标题清楚，文件每页标有页码等信息，同时注意附件的大小，尤其是图形文件，可以通过压缩或者转化格式的方式，使得附件的大小控制在一定范围内，避免对方因邮箱的设置或者容量的问题，无法接收到带有过大附件的邮件。

如果附件太大，就用超大附件方式发送链接，让对方从链接中下载附件。

如果附件是特殊格式的文件，在正文中需要说明一下用什么软件打开；如果这种软件不常用，建议说明一下这种软件的获取方法。

如果是发件人发来的邮件带有附件，需要自己在附件文件内填写内容再回复，则回复的时候需要更改该文件的名字，如加上自己姓名，或者除姓名之外再增添日期。

比如老师给大家群发了一个课程报告的模板，大家写好之后回复给老师，可以这样加后缀；如"结构动力学课程报告_蒙臻睿_20160627. doc"。

这样做的好处是：收件人收到很多人的回复，如果都带有同一个文件名的附件的话，做的第一件事情就是在下载你的附件之前修改文件名，如果不修改，就会覆盖已经下载的文件，给收件人的工作造成麻烦。

全文写好、上传附件之后，发送之前，还需要做以下几个方面的检查工作：

1）对方的邮箱写对了吗？

2）主题是否合适？

3）称呼是否正确？

4）全文是否有错别字？

5）末尾是否提出了自己的希望？

6）是否有祝福的话语？

7）是否有署名和自己的联系方法？

8）正文中是否提到了附件的内容？

9）是否上传了附件？

10）附件的文件名是否做了合适的处理？

检查核对上述问题之后，再发送。

十四、回复和转发

在回复或转发邮件的时候应注意以下几点：

（1）确认回复的收件人　请确认收到的邮件，自己是主要收件人还是抄送者。如果是收件人，应该及时回复确认收到邮件，同时回复的时候需要明确是只回复给发件人，还是回复给所有人，如图1-6所示。也就是说，是选择"回复"（能收到该回复邮件的只是发件人），还是选择"全部回复"（能收到该回复邮件的是原邮件中的所有人，包括发件人和所有抄送人）。如果自己是抄送者，则不一定需要马上回复邮件。尤其是抄送者比较多的时候，回复的必要性就更小了。因为抄送者往往只是旁观者，一般不需要出来发表意见，除非特殊有必要的情况。

图1-6　邮件菜单

（2）确认回复邮件的附件和先前邮件内容　回复的时候检查一下附件或者原来的邮件往来，删除其中不必要的内容。

（3）回复邮件的及时性　及时回复邮件是一个很好的习惯。如果收到的邮件所交代的任务不能马上完成，例如收到董老师的邮件交代完成一个报告，不能马上完成，可以如图1-7所示马上回复。

董老师：

　　您好！

　　您发来的邮件已经收到了，关于××报告的问题已经明白了，我估计一周左右完成，下周一下午16：00之前我会将完成的报告发给您。

　　……

图1-7　邮件回复举例

马上回复的邮件要达到以下几个作用：

1）收到邮件了。

2）明白了具体任务。

3）让老师明白你完成这项任务需要的时间。

如果回复后老师没有反应，则可以认为他认可你的完成时间。

如果他认为事情紧急，可能在回复的邮件中说明需要完成的时间。

有的学生回复的内容不全，如：

1）甲回复：邮件收到。存在的问题：内容明白了吗？能照做吗？

2）乙回复：知道了。存在的问题：能照做吗？

3）丙回复：我尽快完成。存在的问题：尽快是什么时候？10分钟？还是一天？或一周？

以上的回复，事情都没有说清楚，都不合适。

问题最大的回复是"嗯。"等于没说。

某次笔者收到了一位会议组织者发来的通知邮件，结果之后陆续收到好多回复邮件，说通知收到了。造成这种情况的原因是：该通知邮件笔者是众多的收件人之一，其他收件人回复的时候，选择的是"全部回复"，结果发件人和所有收件人都收到了回复的内容。这种情况应该只回复给发件人，即"回复"，而不是"全部回复"。

如果是会议通知邮件，需要看一下内容。一般情况是，如果要参会的话，需要回复"参会回执"，如果没有需要回复参会回执的内容，和其他邮件正文中明确需要回复的内容，可以不回复。即使需要回复，记得只回复给发件人，而不能回复给其他收件人。

4）转发邮件交代事情原委。收到一封邮件需要转发的时候，需要交代这个邮件的来源，并提醒收件人阅读下面的邮件。例如将一封来自老师的邮件转发给同课题组的其他同学，可参考如图1-8所示。

各位同学：

抄送：董老师：

　　大家好！下面是董老师发来的邮件，关于下周进行开题汇报的事情，请大家做好如下方面的准备：……

图1-8　邮件转发举例

5）对于长辈或者上级，邮件往来中让对方中止，也是一个良好习惯。如写邮件向对方请教问题，得到答复后马上回复表示感谢等，而不是对方拿出时间精力热心帮你之后，自己得到帮助就杳无音讯了。如果这样，下次希望别人帮助时，也就容易杳无音讯了。谁会想到某件事情做不成的原因，是 N 天前没有回复邮件埋下的伏笔呢？

十五、群发的方法

如果将一件事情通知给多个人，就需要用到邮件的群发功能。实现将同一个邮件发给多人的方法如下：

1）方法1：将邮件拷贝，一个一个地发。这太笨了，不建议用。

2）方法2：在收件人的地址栏内输入多个收件人的邮箱地址，用半角分号隔开。

方法2的优点：简单快捷。

方法2的缺点：因为收件人可以在地址栏内看到其他收件人，所以只有在不介意收件人相互知晓的情况下才可以使用；建议慎用。

同时该方法一次发送的收件人数量有限，对于收件人比较多的情况，可能需要分几次发送。

3）方法3：利用邮箱客户端进行设置和发送。

重点推荐这个方法。

具体操作1：Foxmail7以上有"设置分别发送功能"，邮件会被分成很多份1对1地发送，这样就避免了收件人能相互看到的尴尬。

具体操作2：Word里面有"邮件"菜单，也可以进行群发。

具体操作3：Outlook里面也有群发功能。

什么情况下可以群发邮件呢？

比如通知课题组的所有学生某个时间开会，收件人地址里可以是课题组的所有学生，称呼的地方可以是"各位同学"，收到邮件的每个同学都知道是群发给自己的，没有问题。

但是如果收件人相互之间不太熟悉，看到收件人地址栏密密麻麻的地址，将收件人一栏挤的像早高峰的地铁不说，另外是否有不经意从别人家的窗户看到了室内的感觉？

有的事情，只能一个一个发邮件，或者等一个收件人反馈之后，再决定是否发下一个。

比如联系导师、联系工作等重要的事情，对方认为你必须足够在意他才可以。

十六、阅读收条的作用

如果发送的邮件比较紧急，需要知道对方是否已经收到或阅读过该邮件，以及何时阅读的，可以在发送邮件的时候设置成请求对方的阅读收条，例如使用Foxmail的时候在"菜单—选项—请求阅读收条"处，如图1-9所示。

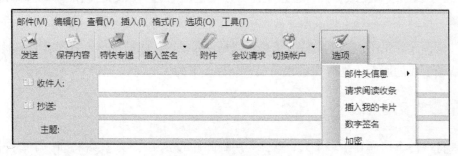

图1-9　请阅读收条菜单

收件人打开邮件阅读之前，会弹出如图 1-10 所示的对话框。

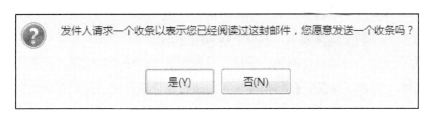

图 1-10 阅读收条

这表明你十分关心对方是否已阅读、什么时候阅读的该邮件。如果对方点"是（Y）"，则你会收到这样一封邮件："此收条表明收件人的电脑上曾显示过此邮件，显示时间：2017-××-××××：××：××"。

十七、邮箱客户端

从收发邮件和保存邮件方便考虑，建议使用专用的邮件客户端软件，如 Foxmail、Outlook 等。

优点有以下几个方面：

1）便于设置新邮件提醒，以便及时回复邮件。

2）接收的邮件是保存在电脑上的，不受邮箱容量限制，可以长久保存。如果只使用网站上的邮箱，经常收到大附件邮件的话，接近邮箱容量上限，需要删除邮箱中的部分邮件。删除邮件岂不是很可惜的事情？万一以后想再查看一下呢？

3）便于联系人比较多时的分组设置和保存。可以根据联系人的不同特点进行分组，便于查找。比如同学一个组，老师一个组，上班后本单位同事、外单位同行等。

为了便于查找，可以将联系人设置为单位＋名字的格式，如"京邑大学-董重熙"、"南府大学-墨青"等。这样同一个联系人的组名下面，同一个单位的人都在一起，便于记忆和查找。

在新邮件提醒方面，可如图 1-11 所示，设置自动接收邮件的时间间隔，以便有新邮件的时候及时得到信息，便于及时回复。

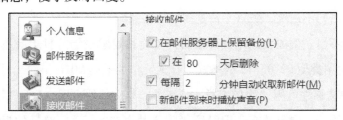

图 1-11 邮箱设置

时间间隔建议不要太长，如果 10 分钟以上就太长了，可以 2 分钟或者 1 分钟，收到新邮件会在电脑的屏幕右下角出现标志，提醒阅读邮件并回复。

有些同学将邮件和手机号绑定，邮箱中收到邮件的时候手机上会有提示，如果在手机上回复，容易出现前面已经说过的问题。手机上收到提示，应尽量在电脑上处理。

如果在手机上关联了邮箱，依然需要这样的邮箱客户端设置，比如在研究生研习室，手机肯定要调成静音，邮件来了有可能不知道，因为不可能频繁查看手机。而只要在电脑边，屏幕上的提示是比较方便和保险的。

如果不在办公室，可能登录专用的邮箱客户端有困难，需要登录网页上的邮箱，这是客户端不方便的地方，这时关联手机的优点就显出来了。

通过专用客户端或者关联手机等，可以及时得到新邮件的提醒，并及时回复邮件。这样可能会不知不觉形成"每个人都应该及时回复邮件"的观念，无疑提高了对收件人回复邮件速度的期望值。

但是不是每个人都会这样设置并及时回复邮件。如果对方较长时间没有回复自己认为比较重要的邮件，可以短信提醒一下，或者用其他方式联系确认。

很多规则和要求，对自己是成长；对别人，就成了苛求。这些是要求自己的，如果别人感兴趣可以推荐，但是无法要求别人也这样做。

十八、常见问题汇总

常见的邮件问题如下：

1）结构不完整的邮件。如缺少主题、没有称呼或者署名、正文中虽然提到了附件但是发送的时候忘了添加附件等。因此建议邮件发送之前再浏览一下整个邮件结构的完整性。

2）内容不完整的邮件。如正文中说明一个问题没有说明白，发送之后再写一个补充邮件或者更正邮件。

3）不恰当的格式。如称呼和正文没有另起一行、格式混乱、字体大小不一、使用过多的颜色、语气不当等。其中字体和颜色，除非想用不同的颜色强调某些内容，一般不使用不同的颜色和字体，以免影响邮件的严肃性。

4）错别字和语句不通顺、叙事不清楚等。

5）数字使用不当。例如表达年月日，因为英美和我国在年月日上有不同的顺序，因此建议写明确，避免用类似 02/03/16 的格式，让人无法明确是 2016 年的 2 月 3 日，还是 3 月 2 日，建议写：中文邮件可用"2016 年 2 月 3 日"，英文邮件可用"Feb. 3rd, 2016"。

6）标点使用不当。常见的有：用引号""代替书名号《》，冒号的提示范围不清，用半角标点的逗号和句号后面没有空格，中英文标点混用等。

值得注意的是感叹号，除了谢谢和你好之外，其他的语句中尽量避免用感叹号，以免引起误解。

7）关于群发邮件。应该注意可以群发的邮件和不可以群发的邮件。通知给大家的可以群发邮件，但是有些情况一定不要群发。

8）关于语言的选择。邮件中的语言是交流工具，不是显示自己某种外语好的手段，语言的选择以方便为原则。在同华人用邮件交流的时候，应该首选中文；如果收件人中有不懂中文的人，应该首选英文。如果收到的邮件是中文的，应该用中文回复；如果收到的是英文的，优先用英文回复为宜。作为华人，收到中文邮件，不宜用英文回复。

■ 第三节 常用模板

一、联系硕士导师邮件

（一）初次联系

初次联系导师，可参考如图 1-12 所示。

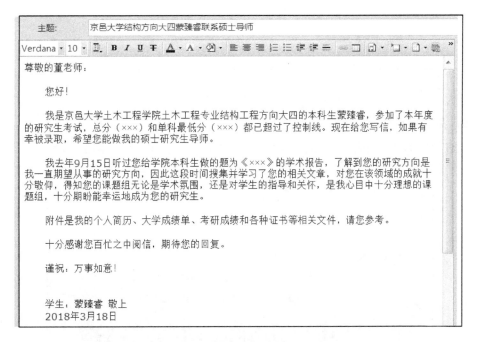

图 1-12 初次联系导师的邮件例子

（二）收到反馈后回复

董重熙教授回复邮件说，请先准备复试，复试通过后再面谈。

收到回复后，蒙臻睿回信，可参考如图 1-13 所示。

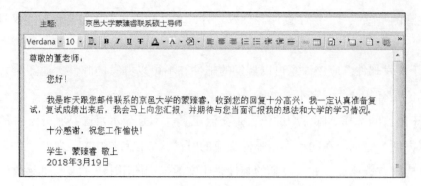

图 1-13 收到反馈后回复导师的邮件例子

(三) 汇报进展

复试成绩公布,蒙臻睿向董重熙邮件汇报,可参考如图 1-14 所示。

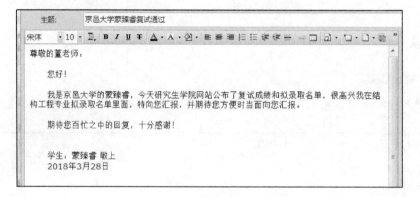

图 1-14 向导师汇报进展的邮件例子

(四) 见面后反馈

得到老师当面认可和接收,蒙臻睿向董重熙邮件汇报,可参考如图 1-15 所示。

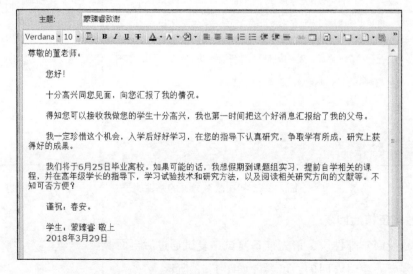

图 1-15 见面后向导师反馈的邮件例子

二、联系博士导师邮件

联系博士导师邮件，可参考如图 1-16 所示。

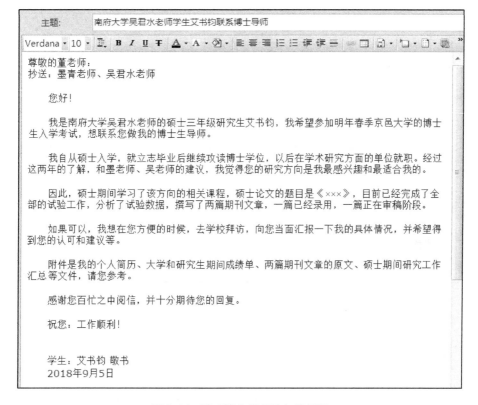

图 1-16　联系博士导师的邮件例子

三、回复老师交代任务的邮件

回复老师交代任务的邮件，可参考如图 1-17 所示。

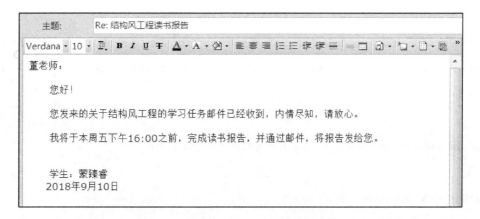

图 1-17　回复老师交代任务的邮件例子

四、联系外出拜访邮件

外出拜访前联系邮件，参考图1-18。

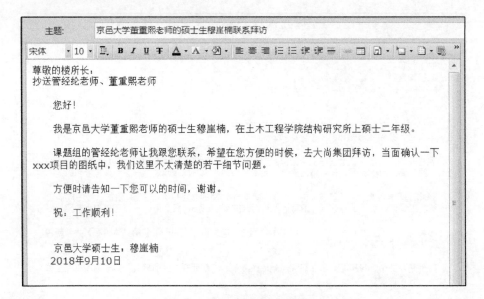

图1-18　拜访前联系的邮件例子

五、英文投稿邮件

英文投稿邮件，可参考下文。

Dear Editors：

I would like to submit the attached manuscript entitled '×××', which I wish to be considered for publication in *Journal* ×××.

I would like to declare on behalf of my co-authors that the work described was original research that has not been published previously, and not under consideration for publication else where, in whole or in part.

All the authors listed have approved the manuscript that is enclosed.

In this work, we evaluated...

I hope this paper is suitable for *Journal* × × ×.

The following is a list of possible reviewers for your consideration：

1）Name A　E-mail：× ×@ × ×

2）Name B　E-mail：× ×@ × ×

I deeply appreciate your consideration of our manuscript，and we look forward to receiving comments from the reviewers.

If you have any question，please don't hesitate to contact me at the address below.

Thank you and best regards.

Yours sincerely，

× × ×

Corresponding author：

Name：× × ×

E-mail：× × ×@ × × ×

第二章

此时无声胜有声

——电话

浪淘沙·春晓

春夜雨绵绵，
朝霞斑斓。
雾纱轻笼麓池边。
群鸟应答花枝颤，
晨韵酣然。

■ 第一节 要雪糕的孩子引发的故事

一、要雪糕的孩子

雨后清晨的映知湖畔美极了。蒙臻睿和桂琪莲按时到湖边晨跑。

鲜艳的运动装在泼墨山水画般的晨景中有节律地跳跃着，小鸟惊落的带雨花瓣不时飘落到两人的头上和身边。

慢慢地，水边的人多了起来。

晨练的，有打拳的舞剑的，一招一式动静结合，相得益彰；

晨读的，有中文的外语的，之乎者也的平仄与英法德日的韵律相和，此起彼伏。

几圈之后两人汗水涔涔，脸色泛红，便停了下，来到一片开阔地，做拉伸动作。

这时，两位年轻的妈妈带着孩子也来这里散步，趁孩子玩耍的时间，两位妈妈抽空讨论起申请国家基金的事情。

妈妈甲　可真快啊！下周的这个时候，申请书就该提交了，可是创新点的那部分，总感觉写得不太顺当。

妈妈乙　创新点这部分，还确实不太好写。拔的太高吧，像是吹牛，自不量力；太谦虚了吧，又显得创新性不足，没准儿就给毙了，真是左右为难。

妈妈甲　深有同感啊！我用了两个"首次"，感觉有点儿心虚，是不是有点儿过了。

妈妈乙　不过啊，昨天我去拜访了一位老师，取了好多经呢！根据他的建议，昨天晚上我把本子又改了一遍，现在感觉好多了。

妈妈甲　真的？都传授什么真经了？说来听听，我也参考一下！

妈妈乙开始一条一条地讲，妈妈甲怕漏了，打开手机的录音机，认真地录着，不明白的地方随时插话提问……

这时妈妈甲的孩子跑过来，边晃动妈妈的胳膊边说。

妈妈甲的孩子　妈妈，妈妈！

妈妈甲　嗯。

妈妈甲的孩子　妈妈，妈——妈。

妈妈甲　嗯。一会儿一会儿，妈妈正忙着呢。

妈妈甲的孩子　不嘛！妈——妈，听我说。

妈妈甲　（向妈妈乙做暂停的手势）什么事儿宝宝？

妈妈甲的孩子　我要吃雪糕，你去给我买。

妈妈甲　妈妈正忙着呢，一会儿就去啊，你们先去玩一会儿啊，乖。

妈妈甲的孩子　不嘛——不嘛——我现在就要——（说着开始跺脚、扭动身体，来回甩胳膊）

妈妈甲　你这孩子！没看到妈妈正忙着吗！这么不听话！等一会儿怎么啦?!

妈妈甲的孩子　就要现在吃！我渴，我渴，就要现在吃！（边说边不顾地面的潮湿，坐到地上，来回踢腿。）

妈妈乙　要不，咱们再找时间吧，等你有时间了，再说本子修改的事儿。

妈妈甲　时间这么紧张，我今天一天的课，明天还要出差，就现在说吧，要不来不及了，学院都已经开始催大家上交了。（说完俯下身，强压怒气安抚孩子，孩子干脆大哭起来。）

妈妈乙　宝宝，要不阿姨去给你买雪糕好不好？买回来可就不许哭了，我跟你妈妈要说会儿话。

妈妈甲　现在超市还没开门儿呢，想买也买不到啊！

妈妈甲的孩子　不开门也要吃——不开门也要吃——哇……

两位妈妈只得终止谈话，你一言我一语地安抚孩子。

蒙臻睿和桂琪莲目睹了这一切，桂琪莲边拉伸边小声说：

桂琪莲　我要有了孩子，可不能惯成这样，关键时刻捣乱坏事儿。

蒙臻睿　到时候，可不一定由得了你啊！多少大姐，生孩子前信誓旦旦，可一旦孩子出生，就宠得不得了，惯成了熊孩子，自己也成了熊妈妈。

桂琪莲　哎呀我都忘了，一会儿要去跟辅导员汇报！

蒙臻睿　汇报什么？

桂琪莲　周末招聘会的会场布置方案。我设计了一下，也不知道合不合适。小蒙你给我看看吧。

桂琪莲掏出设计草图，蒙臻睿看了一下，提了一些修改建议。正说着，蒙臻睿的手机响起，便中断谈话，掏出手机看了一眼来电显示。

桂琪莲　没事儿你快接吧。

蒙臻睿　（拒接电话）没事儿，是金良越（蒙臻睿男朋友）打来的。一会儿再说。（说完接着讨论设计方案的修改建议。这时电话又响起，蒙臻睿只得再次挂掉。）

桂琪莲　你快接吧，可别影响了你们的关系！

蒙臻睿　天天这个时候打电话，就是为了催我跑步，没有别的事儿。咱们赶紧讨论吧，还有好几个问题呢，你这样交上去，又得让辅导员批评了。

刚要讨论，电话又响起，蒙臻睿忍了忍，电话一直响，无奈只得接听。

金良越　怎么不接我电话？

蒙臻睿　我正忙着呢！不着急的话一会儿给你打过去。好吧？

金良越　不行！到底怎么回事儿？这么早，会有什么事儿这么忙？今天没有跑步吧！不坚持锻炼病了怎么办？你感冒的次数还少吗……

蒙臻睿　锻炼呢锻炼呢，啊！我在跟别人讨论方案呢，正忙着呢！一会儿给你打过去。

金良越　不行！一会儿说锻炼，一会儿说讨论方案，你到底在干什么？跟谁在一起？

蒙臻睿　（开始生气）我真——的在忙着！一会儿再打给你，怎么就不行了？你怎么跟那个要雪糕的捣乱孩子一样！不顾别人在干什么，非要停下来跟你说？

金良越　什么？怎么还有个孩子？到底怎么回事儿……

蒙臻睿　（生气地挂断电话）哼！关键时刻捣乱，真像那个要雪糕的孩子。莲姐，没事儿，咱们赶紧接着讨论。

桂琪莲　别啦别啦！这还敢讨论吗？你赶紧打电话吧，我回去准备汇报了。（说完拿起方案匆匆走开。）

蒙臻睿　哎，莲姐——方案里还有个问题呢——你得改改，要不通不过的……

桂琪莲匆匆跑走，消失在晨雾中，留下凌乱的蒙臻睿看着手机，又气又恼。刚拨出去，又生气地挂掉，揣进兜里，沮丧地离开。

谈话被孩子搅黄的两位妈妈，再也没有返回到原来的话题，不停地哄孩子。附近晨读的学生纷纷躲开。

二、凌乱的代价

女生宿舍。

蒙臻睿在楼下转了几圈，消了消气，一身疲惫回到宿舍。

颜琚光早已去图书馆准备复试去了，桂琪莲去找辅导员，只有紫芝兰还在床上磨蹭。蒙臻睿推门进来。

紫芝兰　小蒙，怎么有点沮丧呢？

蒙臻睿　没事儿，都是让电话给搞的。哎，小兰，考试准备得怎么样了？

紫芝兰　昨天刚在系统里提交了申请，在等通知呢。我得好好准备笔试和面试。竞争激烈着呢！对了，邮箱的事情我按照你的建议，已经改成学校的啦，哈哈。

这时紫芝兰的手机响起，她一边左手拿起接听，一边右手穿着外套。

紫芝兰　喂！

电话人　％￥#@

紫芝兰　喂——听不清啊！你是谁啊？

电话人　%￥#@紫芝兰同学吗？

紫芝兰　是我啊！你是谁啊？

电话人　你不是报名%￥#@的考试吗？

紫芝兰　（一听一下子紧张起来，揣到右边袖子里的胳膊停在空中）啊？你好你好，是规划局吗？是我是我，报名了报名了，我叫紫芝兰。

电话人　你的报名表有些问题，填的信息不全，要补充一下，你记录一下，我说给你。

紫芝兰　好的好的，你说你说，我马上到系统里补充。

电话人　第一，教育经历写的不规范，日期连接不上；第二，资格和专业能力证书一栏是空白的，没有的话写无，有的话具体填写。你应该有啊，比如……第十二，你的附件和申请书内容不完全匹配，重新上传一下。好吧？最好上午完成，下午我们要审核。

紫芝兰　好的好的，马上就办，马上就办。（对方挂掉电话，紫芝兰长出一口气。）我的妈呀，这么多问题，我这胳膊都酸了。

蒙臻睿要外出，被紫芝兰叫住。

紫芝兰　哎，小蒙，他刚才跟我说了这么多问题，我怎么记得住啊？就记住了开头的一个。他都跟我说什么来着？

蒙臻睿　（苦笑）我怎么知道他跟你说的什么？你应该拿笔记录一下的，这么重要的事情。

紫芝兰　我又不知道是他们来的电话，要知道的话，一定得准备好纸笔，认真记录下来。这个考试对我来说太重要了，最后一根救命稻草了。

蒙臻睿　小兰，我教给你个窍门：遇到这种情况，你应该事先把他们的电话，存到自己的手机里。他们的电话在招聘信息里不是有嘛！这样一来，一看到是他们的电话，就赶紧在接听之前准备好，万一有重要的事情，随手记录下来，这样不耽误事儿。

紫芝兰　还真是，我赶紧准备好纸笔，打过去问清楚。（说完按照刚才的电话拨过去，但没有应答。）

蒙臻睿　小兰，小兰，赶紧挂掉。

紫芝兰　（小兰一惊，疑惑地挂掉电话）怎么了？对方还没有接呢，都等了这么长时间了。

蒙臻睿　对方的是座机吧？

紫芝兰　是啊！

蒙臻睿　你想，对方不接电话，有可能是几种情况：一是对方在接着手机，没法儿接座机，叮当叮当座机一直响，他手机也听不好；二是，有可能有领导给他交代事情来了，叮当叮当影响他们谈话；还有可能他出去上卫生间了，叮当叮当，他们办公室的别人受打扰……因此，响上两三声，如果没有人接就赶紧挂断。

紫芝兰　哦，还真是挺有道理的。你这都哪儿学的？几天不见，要刮目相看了啊！

蒙臻睿　我也没少吃这方面的亏，才开始觉醒，老老实实学习，这几天没少做功课。

紫芝兰　对了，招聘信息上有联系人的手机，我给他打过去。（说完开始拨号码。）

蒙臻睿　停！停！不要打。

紫芝兰　又怎么了？对方是手机，总该随身携带，不可能不接的。

蒙臻睿　你想想，刚才没有接座机，说明什么？说明或者在打手机，或者在同别人谈话，不方便接电话，或者去别的办公室交代事情去了，或者刚刚外出，在开车，或者上卫生间了……这么多可能性，哪一种情况下，可以马上接手机呢？

紫芝兰　确实都不太方便接手机。那我该怎么办呢？

蒙臻睿　应该过一段时间再打座机，尽量不要打手机。

紫芝兰　为什么？手机不是更方便吗？

蒙臻睿　工作的事情，尽量打座机。你想，如果座机接了，对方一定是在办公室，坐在办公桌前办公的状态，是很安全、很方便接电话的状态；可是手机呢？对方有可能在做着任何可能的事情：上厕所、开会、开车、出差、商谈、被批评等等，如果不在上班时间，还有可能在炒菜、在洗澡、在睡觉等等。对方不方便接手机的时候，你手机打过去，不是打扰对方吗？

紫芝兰　也是啊！真的挺有道理。我之前想起谁来，就马上打电话过去，也不管时间。

蒙臻睿　好朋友当然没关系，但是，也要尽量选择对方方便的时候。对于工作的事情，一定要在上班的时间。

紫芝兰　这是为什么？

蒙臻睿　你想啊，除了对方不方便的情况之外，即使对方方便接电话，比如晚上晚饭后，对方在看新闻联播，你电话过去，跟对方讨论了半个小时工作的事情，是不是让对方加了半个小时的班？

紫芝兰　歇着不也是歇着吗？

蒙臻睿　法定工作时间之外的时间，是人家自己的。你想，你强迫对方加了半个小时班，你又不是对方的领导，不会给对方发加班费，是不是不合适？

紫芝兰　看来工作的事情，只能在上班时间处理。

这时蒙臻睿的手机又响起，一看又是金良越打来的。蒙臻睿没有急着接。

蒙臻睿　你看金良越在上班时间，给我打私人电话，也不适合。上班的时间属于是单位的，单位已经支付报酬，应该都用在单位的工作上；把工作的时间用来处理私人的事情，不就相当于对单位的付出，缺斤少两了吗？

紫芝兰　哎呀好小蒙，不要钻牛角尖了，赶紧接吧！不要影响了感情！

蒙臻睿　什么叫钻牛角尖？规则都是被你们这样不讲原则的人给破坏掉的。（说完接通手机，给金良越解释早晨的事情，并劝金良越上班的时间不要打私人电话。）

三、大音希声

研修室。

大家各自忙着事情。庄辰申拿起电话，边往研修室外边走，边小声接听。走到走廊，接完电话之后返回。一会儿又重复这样。出出进进几次。

茅春农　师兄，干脆你就在电脑前，把电话处理好吧！我看这个电话把你折腾了好几趟了。

庄辰申　这位李工，可真是拿他没有办法。发个邮件，除了附件什么也没有。我正回复呢，电话就来了，只是问一下收到邮件没有。邮件又不会跑掉，发到邮箱怎么会收不到。要是不放心，短信问一下不就行了，非得不停地打电话。

茅春农　也许对方感觉电话省事儿吧。

庄辰申　感觉省事儿，其实一点儿也不省事儿。就说这个项目，明明关于图纸的一些问题，通过邮件沟通，又准确又方便，结果是对方一会儿一个电话，一会儿一个电话。时间和精力都被他们剁成碎片儿了。结果你猜怎么着？他们前面说的什么，后面都忘了，关键是，不同的人说的也不一样，按照哪个执行呢？

茅春农　师兄，你觉得这种情况，怎么办好呢？

庄辰申　效果最好的办法，是设计院的几个人，先就我们提出的问题，统一商量一下，对所有的问题拿出统一的答复，之后用邮件一并发过来，同时抄送给他们内部相关的所有人。这样，我们这里问题清楚了，他们也留下了记录。不像现在，我倒是把问题都记录下来了，还得一条一条输入电脑，再发给课题组的相关人员，结果他们那里没有记录，电话里说的东西，转眼都忘了，恐怕以后还要出错。

茅春农　打电话确实有几个问题。比如，不管你在干着什么，铃声一响都要停下来，优先处理电话，看是谁打来的，有可能是什么事儿，就算不接，你都得暂停手头的工作，中断思路。哎，真让人无语。

穆崖楠　更郁闷的是，有时候不太方便接听，但又不知道是什么事儿怕耽误，咬牙一接，发现根本就不是着急的事儿，明明用短信或微信一句话就能解决。恨不得

　　　　　　嚷对方一句：你就不能发个短信吗？

忻璐远　　其实我奶奶就是这样。她原来不太习惯用短信微信的。给我打电话，我要是不接，
　　　　　她就紧张，会不停地打。我跟她说过很多次，说我这里不是随时都方便接电话的，
　　　　　比如在上课，下了课自然会回过去。大一的时候过了半年，她才慢慢习惯。

穆崖楠　　你是怎么办的？

忻璐远　　寒假回家，我教了她使用短信和微信。她会拼音，只是觉得输入麻烦。我跟奶
　　　　　奶说：想和我打电话的时候，就给我发个信息：奶奶想你啦。我收到短信后，会
　　　　　找合适的时间打给她。反正她在家，啥时候都方便接电话，我这里就不一样了。

穆崖楠　　还挺有招儿！我跟你们说啊，大家还记得上次来这里的那个蒙臻睿吗？她刚刚
　　　　　发明了一个词儿：要雪糕的孩子，就是关于打电话的。

茅春农　　要雪糕的孩子？跟电话有什么关系？

穆崖楠　　孩子妈妈在谈重要的事儿，孩子跑上去非要妈妈立马去买雪糕，硬是把妈妈当
　　　　　时的谈话给搅黄了。熊孩子一个！

茅春农　　嘿，你还别说，真够形象的。不管你在干啥，电话一来，都得停下来给它让
　　　　　路。哎，熊孩子也是惯出来的。熊孩子必有熊父母啊。

庄辰申　　好！好啊。

穆崖楠　　好什么好？惯出个熊孩子还好了？（说完眼睛白着庄辰申。）

庄辰申　　（从自我思维中回过神儿来）现在给我们打电话的人，为什么改不了？你们说
　　　　　说看？

忻璐远　　你说是惯出来的？

庄辰申　　（兴奋地一拍巴掌）对啊！我们一直宠着他们，惯着他们，结果惯成了熊孩
　　　　　子……不对，惯的他们一直不改毛病。

茅春农　　嗯？（一脸疑惑的样子）具体来说？

庄辰申　　比如说我们认为合作单位很重要，就下意识地很尊重他们，就像这个妈妈宠自
　　　　　己的孩子，就什么要求都答应一样。结果，无论对方什么时候来电话都接，从
　　　　　早上七点到晚上十一点多，我都接过他们的电话，有求必应；也不管是周末还
　　　　　是节假日，他们加班，我们就得跟着加班，或者默认我们应该为他们加班，如
　　　　　果发现没在加班，他们还不满意：我们项目这么重要，怎么还在休周末啊？难
　　　　　道项目重要，我们就该取消周末了吗？周末的休息是为了更好的工作啊！按时
　　　　　给你们交成果不就行了吗？

茅春农　　这么说，以后接电话也应该有些规则？

庄辰申　　对！我想以后要这样：下班的时间，争取不接工作的电话。

茅春农　这样不会得罪业主吧？

庄辰申　业主也有很多特别讲规则的。就说刚才不停给我打电话这位，比我去集团还晚，毛头小伙儿一个，可能单位里也没有人提醒他，上次去别的合作单位，也听到别人对他的抱怨。另外，无论甲方也好，乙方也好，都应该是平等的，我受不了有的甲方，一脸的甲方气质。

穆崖楠　我赞成按规则办。要不的话，以后我的业余时间也要被蚕食喽。前人栽树，后人乘凉。庄师兄赶紧栽树吧！

庄辰申　就说上次，好不容易周末挤出时间，陪老家来的爷爷去植物园玩，结果在里面净打电话了，也没有玩成，最后爷爷说：辰儿啊！你这么忙，咱就不玩了，赶紧回去给人家干活儿吧！懊恼的我不行。我从今天起下定决心，马上改变！（说完做了表示坚定的手势。）

忻璐远　也许这是特定阶段的问题吧。一方面，很多人曲解了顾客就是上帝的意思，感觉只要是我出了钱，就得彻头彻尾地为我服务，没有平等的观念。另外，也需要体谅一下业主的苦衷。我同学就有在业主单位的，顶头上司催得紧着呢！

正说着，忻璐远的手机响起，一接，发现是代发论文广告的，气呼呼地挂掉。

忻璐远　这些骗子最可气了！发表论文，我不会自己写，自己投给编辑部啊，要你们代写干吗！相关部门怎么也不管管，明目张胆地造假？！

穆崖楠　早晚会被收拾的。多行不义必自毙！

正说着，忻璐远的手机再次响起，一看，又是一个陌生号码，接通……

电话人　忻璐远同学。

忻璐远　我不发论文！你们早晚会被收拾的！

电话人　什么论文？

忻璐远　你不是代发论文的吗？枪手，骗子！

电话人　忻璐远同学，这里是畅通驾校，你不是周末要考试吗？哪来的骗子？

忻璐远　啊？驾校考试？对不起对不起（边说边往室外走）实在对不起，刚接了个骗子的电话。

庄辰申　所以，广告电话损害了正常电话的功能，同时啊，接电话的时候，也要调整好心情和语气。

穆崖楠　这倒是第一次听说，接个电话还要调整心情。（说完撇撇嘴。）

庄辰申　还在上班的时候，一天早晨跟老爸吵了几句，气呼呼地去上班。结果同事打电话过来，讨论项目的事情，电话之后的几天同事对我很冷淡。估计当时我把情绪带进电话里了，语气不对，用词也欠妥，同事以为我对他有意见，还闹出别扭来了。

穆崖楠 活该！

茅春农 哎，怎么能这么跟师兄说话呢？

穆崖楠 谁让他老欺负我了。

庄辰申 从那以后，无论是接电话还是打电话，我都先整理好自己的情绪。

茅春农 那是生气的事儿。遇到高兴事儿，效果会锦上添花吧？

庄辰申 不见得。比如小忻考下来驾照了，很高兴，结果打电话，谈论图纸的时候眉飞色舞、暗自发笑，对方还以为出了什么问题呢！

茅春农 这倒也是。还有什么要注意的呢？

庄辰申 接打电话的时候，要先准备好纸笔，以便随时记录。另外要调整好姿势，姿势歪歪扭扭的，也影响通话的质量；再者要怀有愉悦的心情，因为什么样的心情，就会有什么样的语气，电话能把你的表情传递给对方，不要以为对方看不见，能感受到的。

忻璐远返回室内，边走边说。

忻璐远 这位工作人员，也不知道是刚才我惹着他了，还是本来就那样，确认个模拟考试，居然这么啰唆，把模拟考试说成是正式考试，把下周日的事情说成是这周日的事儿，多亏我记得清楚，要不就给搞乱了。

庄辰申 看，又一个知识点。电话前要组织好语言和逻辑，不能想起来就先拨通电话，接通之后才支支吾吾地组织语言，浪费时间精力不说，还容易相互误解。

忻璐远 以后都不知道对陌生电话该怎么办了。

庄辰申 鉴于广告电话的骚扰，如果是第一次跟人打电话，记得电话一接通，赶紧进行清楚的自我介绍，尽快让对方明白你的身份，以便接下来的交流。

穆崖楠 上次董老师让我跟外单位的一个人联系，也不知道是当时信号不好，还是怎么的，我是马上自我介绍的，结果还没有说完对方就挂断了，搞得我好郁闷。

庄辰申 也许是对方听错了，遇到这种情况，还有一个小窍门：你可以先给对方短信，清楚地自我介绍一下，之后说想跟对方就什么什么事儿电话一下，大约2分钟还是5分钟的时间，现在方便电话吗？

穆崖楠 这倒是个好办法。

庄辰申 这样一来，就省去自我介绍的环节了。如果对方回复方便，你就可以放心电话了。对方当时不方便，可能会告诉你什么时候再通话，你看，气定神闲，一点儿顾虑也没有了。

穆崖楠 不过现在不少人打电话，不喜欢说自己是谁，说了一通，可能他们认为你应该从声音听出来他们是谁。

庄辰申　其实这是傲慢的表现。潜台词是"我这么牛，我这么重要，你怎么会听不出来我是谁？"，或者让别人绞尽脑汁去猜，都不是礼貌的表现。名字就是方便交流用的，要不起名字干吗？我们又不是古代皇帝，有"名讳"之说。

穆崖楠　看来以后还是要谨慎打电话，多用其他方式联系。我喜欢用聊天软件交流。

庄辰申　各有利弊啊！

穆崖楠　我觉得挺方便的，有啥不好的？

庄辰申　方便只是一方面，但是听说很多同学，整天开着聊天软件，自己的时间不会被碎片化吗？而且无形中每发一条消息都希望对方尽快回，好像对方整天盯着手机屏幕，在等着回信息似的，整个把对方当成了客服人员。这些工具给大家带来方便的同时，也绑架着人们，时间被手机碎片化，碎片时间被手机又重新占有，信息来源被手机控制，人们的正常交流、哪怕是亲人之间的交流越来越少。有时候开会，这些软件也不关闭，各种短信声、彩信声、QQ消息声、微信叮当声不绝于耳，弄的没有一刻清净。

茅春农　我认为这不是手机和聊天工具的问题，而是人们没有正确使用。

忻璐远　我同学说，如果是女朋友发来的消息，不秒回的话，就会有暴风雨。

庄辰申　这是个典型的问题呢！现在好像是手机最大！其实没有任何人有义务，电话一响就要接，各种信息马上回，如果那样，对方不就成电话接线员吗？除了电话没有别的工作？想一想，如果对方在上班，例如医生正看病呢，接个手机聊个天，上课的老师中间接个电话；你们在做试验的时候，让机器转着不采集数据，出去煲个电话粥；公交司机开着车接个电话；如果是前线战士呢，冲锋号一响，"等等，我给女朋友回个微信"，不是很荒唐吗？如果不方便接电话的时候不接，事后再回过去，一点儿都不失礼，也没有任何不妥。一般人没有理由，强迫你停下手头的工作，马上处理他的电话。什么事情有这么高的优先级啊！

穆崖楠　前几天肚子不舒服，去医院做B超，做着做着，操作B超的医生来了个电话，听着也不是什么着急的事情，聊了半天，把我在检查台上晾了半天，肚子凉不说，后面的患者等不及，直接撩开帘子进来了。我当时那个气啊！心想院长赶紧来检查纪律吧，把这个操作员批评个脸红脖子粗，扣他的奖金，最好把他调岗、开除！

茅春农　威武！

庄辰申　返回到刚才的话题，男女朋友或者成家之后，双方尽量不要在上班时间打扰对方，除了比较紧急的情况。既然爱对方，就要为对方的成长和发展助力，而不是经常打扰一下。我以后要是成了家，首先要立的规矩就是：上班时间除了紧急情况，避免电话、短信、微信、QQ什么的。

穆崖楠　（小声嘟囔）咦——咦——真没情趣！怪不得找不到……（"女朋友"三个字还没有出口，茅春农赶紧用食指竖在嘴边做"停"的动作。）

庄辰申　这又是一个大的话题。我们应该从现在开始，习惯上班时间只处理工作的事情，下班处理私人的事情，公私分明。听国外的同学讲，跟朋友私事儿邮件联系，都是下班后才得到回复，原来国外的朋友上班时不登录私人邮箱，也不接打私人电话。当然下班后除了加班，也不再处理工作的事情。我们好像恰好相反，上班的时间打毛衣，下班后将工作带回家做，这类做法是不合适的，上班打毛衣当然不对，把工作的事情带回家做，也被许多大公司明令禁止。公私分明是大企业、大单位的基本要求，肯定也是以后的发展趋势。

穆崖楠　我们闺蜜都用微信联系，能不打电话就不打电话。

忻璐远　可是上次我认识了一位设计院的，想加他的微信，申请了几次都没有通过。有的人不愿意让别人加微信。

庄辰申　也不见得。你是怎么加的？

忻璐远　那还不简单！我们当时互相留了电话，微信自动识别他的手机号就是微信号，就直接添加了。结果一直没有通过。

庄辰申　添加微信好友一般要发送验证申请，你的申请是什么内容？

忻璐远　我的微信昵称是"山高路远"，自动设置的验证申请语言是"我是山高路远"，很省事。

庄辰申　问题就在这里。如果初次相识，对方不一定记得住你的名字，事后添加好友的时候，最好有个称呼，和简单的自我介绍，让对方能明白你是谁，这样就容易通过了。比方说，你认识了当时还在设计院的我，写上："庄工好，我是昨天参加××活动时认识你的京邑大学的硕士生忻璐远"，短短一句话，表达了三个意思：通过称呼，表明了你确实知道我，而不是把我当成陌生人添加的；通过认识的场景，可以让我方便地回忆起你；通过后面的自我介绍，表明了你的身份。在这种情况下，谁会不通过你呢？

忻璐远　原来如此。这里也有学问！

庄辰申　如果只写自己的名字，如"我是忻璐远"，给人傲慢之气，默认对方一看到你的名字就知道你是谁。除非当场添加，否则事后可能忘了名字，就不容易成功了。当然，如果只写昵称，"我是山高路远"，就更不知道你是谁了。现在经常有微信诈骗的新闻，谁会贸然添加一个不明身份的人进入自己的朋友圈呢？

四、工具定位

研修室。

正说着呢，董教授来找庄辰申要资料。

董重熙　刚才这么热闹，讨论什么话题呢？

庄辰申　刚才我们被几个电话折腾了一番，正讨论电话礼仪和注意事项呢。董老师，要不你给大家指点一下吧？

董重熙　好啊。这个还挺重要的。

众人附和，围着董教授坐下来。

董重熙　现在电话越来越普及，打电话成为社交和工作的一个重要手段，所以电话礼仪的重要性也越来越彰显出来。

作为学生，或者毕业刚走入工作岗位不久的职场新人，除了部分同事之外，大部分接触的是我们的前辈、长辈，无论是对前辈和长辈，还是同年龄阶段的人，电话礼仪的第一点是尊重原则。通过语言、语气、语速等表达对对方的尊重。尊重是相互的可以反射的，尊重对方，也会赢得对方的尊重。

第二点是方便的原则。首先是在方便的时间、地点和合适的时机给对方电话，不打扰或者少打扰对方正在进行的事情；其次要顾及周边的人，我们电话的时候不要影响周围的人。因为别人没有义务听我们的电话。

第三点是高效原则。尽量在短的时间内准确地完成电话，并领会、掌握和记录电话的内容。这就要求我们电话前做好准备工作。

总之，电话是交流的工具，是为了人们的交流方便而出现的。随着手机智能化的发展，也增加了学习、娱乐等其他的功能。

任何工具都一样，用好了，能为人服务；用不好，会干扰人的正常学习生活。比如手机，用不好，会成为它的奴隶，会成为打扰别人的不速之客。

就这样吧，你们继续讨论、继续总结吧，挺有用的。总结好了记得群发给大家，每个人都学习学习，领会领会，你们也可以实际演练一下，养成真正的好习惯，而不只是理论。

■ 第二节　注意事项

一、电话礼仪的重要性

电话是现代生活和工作中十分便利的通信工具，随着电话的普及，尤其是手机功能的增多，手机越来越深入人们学习、生活和工作的方方面面，通过手机进行联系交流也越来越频繁，人们每天接打大量的电话，看起来接打电话是一件稀松平常的事情，其实里面很有讲究。

掌握打电话的礼仪和技巧是很关键的，不仅关系到传递信息的准确性和效率，人们也能通过电话初步判断对方的人品、性格和工作方式甚至关系到个人和单位形象。在学校期间养成良好的接打电话习惯，对以后的学习和工作大有裨益。下面从若干方面介绍常用接打电话方面的礼仪和注意事项。

二、座机还是手机

如果知道对方的座机号码，那么选择工作时间拨打对方的座机是比较合适的。因为如果对方在办公室，能够接听座机，那么对方一定是在工作状态，也是比较"安全"的状态；而拨打对方的手机，对方有可能在做着能做的各种事情，在很多状态下对方是不方便接听手机的。因此拨打对方的座机是比较安全、正式和合适的。

但是座机有两个方面的问题，一个是无法显示来电者的姓名，二是不方便保存电话。为了弥补第一个问题，就需要主动自我介绍；为了解决第二个问题，通话结束，可以将自己的手机号码以短信的方式发给对方，以便保存。

三、电话时间

关于学习、研究或者工作方面的电话，除非比较紧急的情况，否则应该选择正常上班时间拨打，比如上班时间 15 分钟之后，下班时间 30 分钟之前。

应该注意避开早上上班前、午休、下午下班后或者周末、节假日等时间，除非是比较紧急的需要马上联系的情况。

另外，也不要刚上班就打电话，也许对方刚刚到办公室；也不要马上下班了打电话，也许对方正在收拾准备下班，电脑关机了，东西收拾好了，打来电话讨论一段时间，影响了对方的安排不说，同时临近下班，对方也许会心不在焉，影响交流的效果。

四、电话前的准备

接打电话前一般需要做以下几个方面的准备：

1）准备好纸笔。需要记录的事情随时可以记录下来，并及时在电话中反馈给对方记录好了。

2）动作和姿势。电话前停止一切不必要的动作，不能一边电话一边做别的事情，如吃东西、翻书等，同时注意调整为端正的姿势，因为不端正的姿势，能通过声音传递给对方，让对方感觉到不正式或不够重视。

3）身份的确认。给对方打电话，需要明确对方的身份，以便准确地称呼；接到电话时，也应该尽快了解对方的身份，以便更有效地交流。

4）结果的预判和应对。对于电话中可能出现的结果，应有一个预先的准备和应对的对答措施。

5）语言组织准备。电话前应该理顺一下准备讲的问题，做到发音清楚、逻辑清晰、重点突出，以便提高效率。

6）注意背景声音。例如外出期间如果周围嘈杂，需要选择比较安静的地方再打电话。

7）不影响周围的其他人。打电话需要注意场合，在公共场合要避免接打电话，如有必要，一定离开公共区域，到不影响别人的地方再通话，或者尽量小声并简短，避免影响他人。

8）注意"禁止电话"的场合，如加油站、医院、电影院和剧院等。

五、响铃时间

如果是接电话，电话铃响 3 遍之前就应该接，多声之后接起应首先致歉："抱歉久等了"。

如果是给对方打电话，也应考虑响铃的时间，4～6 声不接的话，或者对方不方便接，或者没在电话旁边，应考虑挂断，以免持续响铃，影响对方及其周围的人。

六、控制情绪

虽然电话中看不到对方，但是自己的良好心情能通过电话传递给对方，因为面部表情会影响声音的状态，所以要抱着对方能看到自己表情的态度去进行电话交流。

注意不要在自己情绪突变的时候给别人打电话，如心情沮丧、愤怒时等。这样容易将自己的情绪传递给无辜的听电话的人。

当然也不要在特别兴奋、喜笑颜开的时候给别人打电话，应该选择情绪稳定、语气适中的时机给别人电话。

七、准确的自我介绍

如果是首次跟对方通电话，在刚接通时，就应该做准确简短的自我介绍，让对方了解自己的身份，以便接下来顺畅的沟通，避免让对方猜，或者通过其他方法推测。

不进行自我介绍，相当于让对方跟一位不明身份的"蒙面人"在谈事情，可以想象谈话的效果。

如果是熟悉的人，是不是就不用介绍了？

这里分几种情况。如果是熟悉的人之间打手机，确信对方的手机里存着自己的电话号码，一响铃就知道是谁打来的，就不用介绍了。

但是打座机的时候，一般不会在座机上存那么多电话，就需要介绍一下。迅速让对方知道自己是谁，是礼貌的表现，不能指望对方通过自己的声音快速辨别出你是谁。

针对给老师打电话的情况，比方说你已经入学了，如果是前几次打手机，没有把握导师已经将电话存入手机了，应该先说"×老师，我是×××"，等他了解你是谁之后再往下说。如果他已经把你的电话存上了，为了交流的效率，电话接通老师一般会说"×××什么事"，你就可以直接往下说了。

需要注意因为老师比较忙，如果给他打手机，一定提前将要说的话理顺一下，避免边说边想，有可能词不达意逻辑不清，影响沟通效率。

八、聆听和反馈

电话过程中应该将听筒靠近耳朵，以便能全面接收到对方的信息，同时应该让话筒和嘴之间保持一定的距离，以免对方听起来声音过大而失真，过远的话会导致周围过多的噪声进入听筒，让对方听不清楚。

电话过程中对方叙述几句之后，应及时反馈，以表明自己在认真听，同时也应及时对对方的事情给出意见。

电话过程中切忌用"说！""讲！"等命令式的口气，或者让对方感觉自己很忙、没有时间听对方讲或者不耐烦等。

九、终止电话

如果电话双方是比较对等的身份，电话结束的时候，通常由拨打电话的一方提出结束，然后彼此客气地互相道别。就像去串门，应该由客人提出告别，而非主人提出结束一样。

电话双方中，如果一方年长或者身份较高，应由这一方控制电话结束的时机。

电话过程中如果中断，主动打电话的一方，或者年轻、辈分较低的一方应主动重新拨打。

电话结束时，请对方确认交谈已经结束，并轻轻挂断电话，切忌自己讲完对方还没有反馈，或者没有确认交谈结束、对方还有话说，或者刚一结束，就马上挂断电话。

十、其他若干细节

如果是拨打对方手机，可以直接称呼对方并做自我介绍，没有必要进行详细的对方身份确认，因为无论是换手机号码、还是拨错手机号码、还是手机在另外一个人手里的概率都比较小，可以认为电话一接通就是自己要找的人，在接电话一方不清楚拨打方身份的时候，进行过多的身份确认，对方可能会有压力。

在对方座机无人接听，又需要拨打手机的时候，通话应该简短，或者先告知对方希望谈论什么事情，大约需要多少分钟，现在电话是否方便。因为不在办公室时对方不一定方便接听或者不方便长时间接听电话。

除了电话之外，还有短信、电子邮件等交流方式。如果事情不是很急的话，可以选用邮件或短信的方式。因为电话是需要对方放下手头的所有事情马上应对的，而短信或者邮件是允许对方在其方便的时候处理的，处理这件事情的时间，可由对方自行决定。

十一、短信礼仪

手机短信是方便的交流方式。在写短信时，除了没有附件、没有主题之外，其他均参照邮件的要求，包括内容有：称呼、正文、自我介绍、署名。

只要是发给老师、位高年长的人，以及工作单位或者对外联系，都需要署名。署名是对对方尊重的表现。

收到短信，虽然可以选择方便的时间处理，这也不是说下班之后或者节假日可以随时发。跟电话一样，工作的事情，最好选择工作的时间联系。私人的事情，最好选择非工作的时间联系。

十二、微信、QQ 聊天礼仪

随着微信和 QQ 等软件的普及，越来越多的人选择这些聊天工具，作为平时联系和沟通的方式。在使用这些工具的时候，应该注意以下几个方面的内容：

（一）添加好友

无论是微信还是 QQ，成为好友的必要过程是：申请——通过。

在申请的时候，为了让对方明确知道自己的身份，而不是被当作陌生人而拒绝，申请信息里应该包括三部分内容：

1）称呼。通过恰当准确的称呼，可以传递"你认识对方"的信息。

2）认识的过程。这样可以帮助对方回忆起你是谁。

3）简单的自我介绍。这样可以让对方知道你的身份。

表明了你认识对方、是在什么场合下认识的、自己的身份等三方面的信息，这样容易通过对方的审核。

而如果只有自己的名字，如"我是×××"，一是对方可能忘了你的名字，二是也有人冒用别人的名字添加；而如果用自己的昵称，则对方更加不容易判断你的身份，被拒绝的概率会很高。

如果别人在群里@你，希望添加你为好友。在添加成功后，最好在群里@他，告知已经添加，不要把他的留言留在群里没了动静，让对方感觉尴尬。

如果添加成功，申请一方应该主动打招呼，自我介绍，感谢添加微信好友等。当然通过一方也应该互相寒暄一下，而不是通过就互相不理会对方了。

（二）私信聊天

好友闲暇、时间充裕、漫无目的的聊天除外，在双方都学习、工作和生活紧张的情况下，尽量提高交流效率，为彼此节省交流的时间。

1）原则有之一是：尽量一次发言包含尽量多的信息，减少往复交流的次数，可以提高交流的效率。

比如，一种方式如下：

你：在吗？

好友：在。

你：现在方便吗？

好友：什么事？

你：前天咱们一起外出，遇到的那位朋友，还记得吗？

好友：前天外出遇到好几位朋友呢，哪位？

你：戴个眼镜、穿着西装的那位。

好友：你的大学同宿舍的那位同学？

你：嗯。

好友：怎么了？

你：他想让我约你一起吃个饭，他有几个问题想借机问一下。

好友：好啊。

你：要不今天中午如何？

好友：好啊。在哪儿？

你：就在你们单位门口的妙香食府如何？

好友：好的。几点？

你：12点20咋样？

好友：好。

如果是采用上面的这种交流方式，断断续续得需要十分钟的样子。

而如果采用下面的这种方式：

你：前天我们一起外出，遇到大学同宿舍的同学×××（戴眼镜、穿西装的那位），他有几个问题想问你，如果中午方便的话，我们三个一起吃饭如何？边吃饭边交流，也不影响下午上班。你们单位门口有个妙香食府，咱们12：20在那个饭馆门口见面如何？

好友：好，不见不散。

看，一个回合就搞定了。即使你发出信息对方没有在线，看到后一个回复，事情就结束了。而前一种方式，俩人必须同时在线，反复交流，才能确定一个小事，效率太低。

2）原则之二是：如果能用文字，不要用语音留言的方式。除非一次输入比较多的信息很费力。毕竟看文字，比听语音要方便许多。

（三）群里聊天

一个群的建立总有各种缘由，如同学群、同事群，或者就某一项工作临时建立的交流群。

在群里发言的时候，原则以下几点：

1）围绕主题。每个群都有特定的主题，围绕主题的发言和讨论，才有价值和意义。偏离主题的发言，一是大家没有兴趣，二是冲淡了群里重要的发言。

2）点评胜过点赞。如果别人有发言，恰当的点评胜过点赞。比如发言好在哪里，有哪些值得提高的地方等。大量的点赞会冲淡群里重要的发言。如果是大图片或者动画的点赞，一是需要的流量大，二是占用的空间大，会使得重要的发言、通知、讨论等有价值的内容淹没在没有意义的各种点赞图片和动画中。

3）注意隐私。群里是公共空间，发言时注意不要泄露别人的隐私，也不要说不合时宜的话。

4）文明发言。传播正能量，不转发来历不明的消息。

5）及时解散达到目的的群。例如为了准备某次会议，临时组建一个群，讨论会议筹备情况，当会议结束、群的作用发挥完毕之后，应该及时在群里宣布任务完成，将群解散。

6）不随便拉别人进群。如果引荐别人进群，应该向群主介绍朋友的身份和入群理由等，征得群主的同意，进群后将昵称改为单位和真实姓名，以方便交流。

■ 第三节　常用模板

一、联系老师的电话

联系导师电话，可参考如图2-1所示。

> 董老师您好，我是本校结构工程专业的蒙臻睿，是今年考研的学生，通过电子邮件联系过您做研究生导师，我想下午去办公室拜访您一下，请教一下×××事情，不知道您几点方便？

图 2-1　联系老师的电话例子

二、电话前的短信确认

穆崖楠接到管经纶老师的任务，联系大尚集团结构所所长钟璞雨，确认××项目图纸中的若干细节问题。穆崖楠向钟璞雨发短信，确认是否可以电话，可参考如图 2-2 所示。

> 钟所长您好，我是京邑大学董重熙老师的硕士研究生，叫穆崖楠，管经纶老师安排我跟您联系，确认××项目图纸的若干细节问题，我想跟您电话沟通一下拜访您的可能时间和地点，大约需要 3 分钟左右，不知您现在可否方便接电话？

图 2-2　电话前的短信确认例子

三、联系外单位人员的电话

得到短信确认后，穆崖楠跟钟璞雨通电话，可参考如图 2-3 所示。

> 钟所长您好，我是刚才短信联系的穆崖楠，希望当面向您请教一下图纸中的若干问题，我这里本周之内，明天上午、后天下午以外的时间都可以，您那里什么时候方便呢？
>
> ……
>
> 好的，那我按照您说的时间，带好图纸过去。您的办公室是在××路××号，大尚集团××号楼的×××房间吗？
>
> ……
>
> 好的，打扰了您了，谢谢钟所长，再见。

图 2-3　联系外单位人员的电话例子

四、添加微信好友

穆崖楠希望添加钟璞雨为微信好友，在验证申请部分可参考如图 2-4 所示。

> 钟所长您好，我是昨天拜访您的京邑大学董重熙老师的硕士研究生穆崖楠，希望添加您的微信以便请教。

图 2-4　添加微信好友的例子

第三章

人生若只如初见

——入学面试

蝶恋花·庭园

学府仲春花绽早。
桃李芳菲，
彩蝶知多少。
云映碧空遮阵鸟，
子矜勤读争分秒。

■ 第一节　面上的功夫

一、面试前的忧愁

盼望着，盼望着，3月中旬终于到了，研究生入学考试国家线终于公布了！

通过对比历年国家线的变动情况，和以往结构工程专业的复试分数线，蒙臻睿获得复试资格应该没有悬念。为了准备复试，她同颜琚光早早就到图书馆进行复习和准备。

学了一阵子，休息一下，到楼前的小庭园散心。

三月时节，园内姹紫嫣红，鲜花盛开，彩蝶飞舞。

她们寻了一处长凳坐下。蒙臻睿轻轻叹一口气。

颜琚光　又怎么了小蒙？要赋新诗了吗？春愁连连啊！

蒙臻睿　现在哪有那个心情啊！还不是复试的事儿！结构专业复试每年都刷不少人呢。

颜琚光　你基础这么好，都资深学霸了，还怕考试？

蒙臻睿　考试倒是不怕，关键是面试。找工作那阵儿，不都是栽到面试上了嘛。

颜琚光　（若有所思地）面试官们也不知道是怎么想的，倍儿棒的材料，怎么就给拿下了！

蒙臻睿　要是知道怎么被毙的，也就好了。亡羊补牢也不晚；可问题是只知道羊丢了，却不知道洞在哪里，怎么补？岂不是要接着丢？现在一想到面试就害怕。

颜琚光　还真是的。你还好啦，最起码知道有漏洞，我都没有面试过，有没有漏洞还不知道，有多少漏洞也不知道，应该更担心才对。哎……

蒙臻睿　光担心是没有用的，得想个办法啊！

颜琚光　至于办法嘛……只能是找有经验的人帮忙。那谁最有经验呢……唉，我想起来了，你的好朋友穆崖楠不是正在读研究生吗？请她找个老师，给咱们点拨一下，怎么样？

蒙臻睿　老是麻烦他们……不过也只能硬着头皮试一下了。也不知道她认不认识这样的老师。董老师每年都参加面试，可是，不能直接找他啊。

颜琚光　最好找年轻老师。

蒙臻睿　说的对。

颜琚光　咱们空着手去吗？还是带点儿东西？

二、买水果的领悟

菜市场。

颜琚光和蒙臻睿午饭后到菜市场买水果。

转眼来到了水果摊前。看来看去，决定买些苹果，带着去找穆崖楠帮忙找老师指点。

蒙臻睿　（拿起个苹果看看，自言自语）这苹果挺鲜亮的。唉，怎么卖啊？

摊　主　这个5块，那个3块。

蒙臻睿　称些好的吧。

摊主扯下个塑料袋，往里面装苹果。

颜琚光　我们要挑挑，别急着装。

蒙臻睿　是啊！我们自己挑。（说完从摊主手里拿过塑料袋，一个一个甄别袋子里苹果的好坏，将不合意的苹果放回到筐里，合意的重新放回塑料袋。）

摊主趁两人不备，将一个表面有泥的苹果放入袋中，被颜琚光发现。

颜琚光　唉！唉——怎么这样？这是个坏苹果！（说完取出，气呼呼地放回筐里。）

摊　主　没坏，没坏！都是一棵树上摘的，个个儿都一样！（说完拿起又要往塑料袋里放）

颜琚光　什么不坏！你看这泥！

摊　主　里面是一样的，都是从一棵树上摘下来的，一样一样地。（边说边用手擦苹果上的泥，露出苹果皮，颜色同其他苹果一样鲜艳。）

颜琚光　那也不要这个。不要往里放了，我们自己挑。（说完挡住了摊主的手。）

摊　主　都是一样的苹果，回去洗洗不就行了？

蒙臻睿　你看我们挑的这些，个个颜色好，又干净，我们拿去串门儿，哪儿有功夫再去洗？有不用洗的，我们为啥要需要洗的？再者说，洗完发现里面是坏的怎么办？

摊　主　相信我，没有坏的。

颜琚光　好吧，就这些吧，再说我们一个也不要了。（说完将挑好的苹果放到秤上。）

蒙臻睿　即使是好的，有干净的，我们为啥要沾满泥的？真是的！

三、当面讨教

办公室。

下午下班后，穆崖楠约初老师晚走一会儿，带着蒙臻睿和颜琚光去他办公室，请教面试的注意事项。

初稚丰老师两年前从国外回来，入职京邑大学，在董教授的课题组工作。去年作为面试组的秘书，参加了结构工程专业硕士研究生的面试环节。

初老师同管经纶老师在一个办公室办公，这时管老师已经下班离开。

穆崖楠　小蒙啊，来就来吧，干嘛带水果？

蒙臻睿　这不是要去见初老师吗？打扰人家，总不好意思空着手吧？

穆崖楠　唉，你这次还真想错了。我们课题组的所有老师，都不收学生的任何礼物。

蒙臻睿　就几个苹果，又不是什么贵重的。再者说，贵的我们也买不起。

穆崖楠　任何礼物，包括群众，不对，学生的一针一线，都不要。这样吧，水果先放我们研修室，一会儿结束你们再拿走。

蒙臻睿　（面有难色）这……都带来了，下不为例好不好？

穆崖楠　不行！不然的话也会被初老师退回来，那不就更尴尬啦？

将水果放到研修室，穆崖楠、蒙臻睿和颜琚光敲门进入初稚丰老师的办公室。

穆崖楠　初老师，打扰您一下，这就是我说的小蒙，蒙臻睿，这是她的室友小颜，颜琚光，两人都是货真价实的学霸呢！

蒙、颜　初老师好！

初稚丰　来来！崖楠，坐这边，那儿是管老师的座位。

大家坐好。

穆崖楠　初老师，她们今年都考研了，初试成绩都很好，马上要复试了，想向您请教一下面试过程中的注意事项。

初稚丰　可以，这个面试过程很重要的，去年面试的时候，我看到了不同的学生，不同的表现，还确实差别挺大的。

穆崖楠　是的是的，听说每年都有初试成绩很高，最后没有录取的学生。她俩学习好，可是也怕关键时刻掉链子，尤其小蒙，老是担心面试容易发挥不好。

初稚丰　确实应该重视。至于说注意事项，包括两方面的内容，首先是面试问题本身，其次是跟问题无关的方面。

颜琚光　还有跟问题无关的方面？

初稚丰　是的，那我干脆先说这一方面。跟人交往时第一印象十分重要。比如国外公司同另一公司商务往来时，先要了解一下对方公司的企业文化，以便决定以什么样的形象前往。

穆崖楠　这么细致？

初稚丰　是的。比如属于传统和严谨的企业文化，则应该穿十分正规的商务正装前往，以便相互契合，避免在商谈内容之外出问题。面试也是这个样子，因为是比较重要的事情，重要的场合，因此，应该从仪态仪表、着装、应答等方方面面，表现出自己对面试的重视，体现出自己的专业素养。

颜琚光　原来这么多讲究啊？

初稚丰　是的。咱们原来的文艺作品，喜欢宣传不拘小节、不可貌相、不修边幅，实际上如果这样会很减分的。面对同样的回答，着装整齐举止得体的同学，肯定会有更大的机会被录取。哪个导师喜欢成天教人穿衣举止呢？这本身是从小到大应该养成的习惯，也是一个人内在修养和专业素养的外在表现。

蒙、颜　（很受触动，不停点头）有些作品的形象确实在误导人。

初稚丰　打个比方吧！比如你们去买水果——（蒙臻睿和颜琚光一愣，会心一笑）唉，你们笑什么呢？

蒙、颜　没什么没什么。

初稚丰　发现同样价格的水果，有的又干净又鲜艳，有的不太干净，甚至有泥巴，你们要哪个？也许把泥巴洗一下，里面是一样的。

蒙、颜　（再次会心一笑）老师我们明白了，即使里面一样，外面也要干净整洁，要不别人不会要。

初稚丰　太棒了！所以，面试的时候，也应该表里如一，即使专业水平高，也需要外在的表现来反映出来……

初稚丰较为详细地讲解了方方面面应该注意的问题。

初稚丰　我再举个例子。有的同学面试过程中手机响了。虽然马上挂掉了，但是一方面影响了老师提问，也影响了应试者回答的思路，另外也显得不够认真。

颜琚光　所以应该静音。

初稚丰　静音也有振动。放在兜里振动起来，即使面试的老师听不到，但是振动也会中断自己回答的思路，所以最好关掉手机。这个时候，能有什么事儿比面试还重要呢？无论是谁打来的电话，都成了骚扰电话。

蒙臻睿　老师我们记住了。

初稚丰　比如面试结束，退出房间的时候，有的同学随手把门一带，可能声音很大，"咣当"一声。

颜琚光　所以出来就行了，不要关门？

初稚丰　不是的，走到门口应该转过身来，面朝里面退着出来，随手轻轻地把门关上。

蒙臻睿　这个我也要记在笔记本上。

初稚丰　关于非专业的事情，就这么多吧。我说明白了没有啊？

蒙、颜　明白了明白了。都记下来了。

初稚丰　关于专业的事情，我认为总体原则，是反映自己最真实的水平，不要掩饰和答非所问，真诚的态度很重要。

穆崖楠　初老师，具体来说呢？这样有点儿抽象。

初稚丰　比如说，去年复试一开始是英语的自我介绍。很多同学一上来就说"Good morning, dear teachers, it is my honor to have this opportunity for interview. I am ×××, ×× years old. Generally speaking, I am a ×× boy/girl..."。我就纳闷儿了：怎么好几个同学说的都一样啊？除了名字和年龄不一样之外，都是一个模式，难道是商量着来的？面试结束后我上网一搜，结果发现是一个模板，大家就改了一下名字和年龄，整段儿地套上去了。你们说，这怎么反应自己的真实水平？都学了这么多年外语，根据自己的实际情况用心准备一下，该有多好！

颜琚光　看来不能随便从网上搜模板。

初稚丰　参考可以，不能机械地套用。还有，遇到不会的问题，有的同学会天马行空地发挥，不着边际。有的会绕来绕去，隔靴搔痒。不说还好，一说都是错误。

蒙臻睿　初老师，我们正关心这个问题呢！可能无论怎么复习，也不能保证老师问的问题都能回答，遇到这种情况怎么办呢？

初稚丰　面试老师问问题有一定的随机性，估计不会指望每个人都能回答得很好。不过基本理论和基本概念、基本思路应该清楚，更不能为了考研，放弃专业课的学习，这是老师们都很在意的事情。对于有的具体数字和公式等，有可能说不准确，去年有个学生是这么回答的："老师这个问题我们在×××课程上学习过，大约在×××部分，现在确实记不清了；如果在实际研究中遇到这个问题，我会找到×××教材，从×××部分找到这个问题的准确答案。"我觉得这个回答就不错，比直接回答"不会"要好。第一，他实事求是地说明了自己记不清了，第二，说明了实际研究中通过什么方法能解决这个问题，没有掩饰，也没有答非所问，你们可以参考一下。

不知不觉时间不早了，三人致谢，起身退出。

四、传经送宝

研修室。

三月底的一个周末，紧张的研究生复试终于结束了。成绩公布后，董重熙教授约蒙臻睿到办公室见面，谈一下选导师的具体情况。会谈结束，董教授到研修室同大家聊天。他坐到小茶几旁边，研修室的几个同学围坐过来。

董重熙　今年总体情况还不错，报考结构的生源比去年更好一些。不过也有几个初试成绩很好的同学，面试表现很不好，不知是没有准备，还是只学习考研的几门课，其他专业课都没好好学。

穆崖楠　董老师，很多考生对面试其实比较发怵。从导师的角度，您希望学生在面试中有怎样的表现？或者您希望招收什么样的学生呢？

茅春农暗暗向穆崖楠竖起大拇指，表示赞许。

董重熙　　挺好的问题。估计很多考生也比较关心这个问题。臻睿同学，是不是？

蒙臻睿　　是！是！我们经常讨论这个话题……

董重熙　　给本科生上课的时候，经常有学生问这个问题。从我的角度和体会来看，主要有以下几点：

一是，有理想有追求。这一点最重要，希望通过上学达到什么高度，为了这个目标充满激情地学习和研究，与之对应的是混学位走人的情况，老师都不愿招这种学生。

二是，懂配合重合作。这里的配合指跟老师的配合。对老师的建议和指导，可以有不同的看法，可以跟老师反映、讨论，但是形成一致的应该执行；与此相反的，是阳奉阴违，口头上赞同，实际不按照要求进行，这样的话会越来越无法配合，学生在导师这里也会失去信任，咱们学校出问题的一些研究生，很大比例是这个原因。

重合作指的是跟同学合作，因为很多室内试验、外出测试都不是一个人能完成的，必须通过合作才能完成，同时也能培养团结合作的精神，为以后工作打下基础。现在的工作分工越来越细，合作越来越深入和广泛。

三是，积极性、主动性。研究生阶段的学习，不同于本科阶段，本科时老师讲课，留作业，通过作业检查学习情况，基本是老师领着学；而研究生阶段老师指一个方向，提出一个问题，为了解决这个问题，很多知识和技能需要自己主动去学习。比如咱们做试验经常用 Matlab 处理数据，老师只会说学一下 Matlab，而不会手把手教大家这个软件。老师也不会像检查作业一样，那么仔细地检查大家的学习情况，在这种情况下，积极主动的学生，才会顺利地完成研究生阶段的学习和研究。

前面三个方面是思想认识和习惯方面，是最重要的，也是最不容易改变的。如果老师发现学生这几个方面有问题，一般不会冒险地认为自己有能力改变学生。你们看，这几个方面，都不能通过个人简历完全表现出来，所以老师会通过当面接触了解这些方面。

最后是个人能力方面，包括基础扎实、知识全面、学习能力强、表达能力好等方面。前三点可以从高考情况、本科院校、大学成绩、考研成绩、复试成绩表现出来，但是表达能力，包括口头表达和书面表达，需要通过邮件、电话、面谈等表现出来，所以任何地方都可以表现你们的能力高低。

穆崖楠　（董老师说完，接着说）原来我们感觉，自己都挺有表达能力的，至少不会认
　　　　为很差。结果上管老师的《结构动力学》课的时候，我们都被打回了原形，
　　　　知道了自己几斤几两。

董重熙　具体说说，怎么把你们打回原形的？

众人笑。

穆崖楠　第一节课的课间，管老师让我们逐个站起来，做一下自我介绍，只包括姓名、
　　　　本科毕业学校、导师姓名、研究方向四个方面。说看大家能否说好。大家一
　　　　听，这也太简单了！接着管老师说：要求说话的时候，必须端身正立，不能抓
　　　　耳挠腮、扶眼镜、捋头发；语言要连贯，语速要适中，语法要正确，不能有
　　　　嗯——啊——然后呢——这个——等口头语，眼睛看着老师。结果呢，所有学
　　　　生第一次都没有通过，有的站起来就开始晃腿，有的一直低着头看课桌或者看
　　　　天花板，有个说我叫×××，是×××老师的导师，最奇葩的是有个学生一紧
　　　　张，手伸进T恤里面，在肚皮上搓了个泥球出来，弹向了老师……哈哈！

董重熙　对于以后工作，两方面的能力都很重要：一个是个人业务能力，决定自己所完
　　　　成工作的水平；一个是表达能力，通过口头或者书面方式，将自己的工作传递
　　　　给其他人。这两方面的能力相辅相成、缺一不可。其实，以后工作对你们的要
　　　　求，与学校对你们的要求是一脉相承的、一致的、连贯的。工作上对员工的要
　　　　求，会反馈到学校对学生的要求上来。从这方面来看，是否就知道了，该从哪
　　　　些方面培养你们的能力，该从哪些方面回答面试中老师提出的问题啦？总之，
　　　　目标的高度决定日常的行为，期望大家志存高远、脚踏实地。

大家纷纷讨论，场面热闹。看时间不早了，董重熙站起身。

董重熙　好吧，大家继续努力。最后送大家一首诗，作为鼓励：

> 飞来峰上千寻塔，闻说鸡鸣见日升。
>
> 不畏浮云遮望眼，只缘身在最高层。

■ 第二节　注意事项

一、面试的重要性

无论是硕士研究生，还是博士研究生，入学资格的取得，包括初试和复试两个环节。

硕士研究生在复试环节，除了笔试之外，还有面试的内容，该面试在这里称为"复试
面试"。除了这个作为入学资格取得的面试环节之外，在联系导师的时候，作为师生双向选

择的环节，导师也有可能为了掌握学生的情况，安排取得"复试面试"资格且联系了自己的学生见面，以便相互了解，这个面试在这里称为"导师面试"。博士研究生的复试各学校有所区别，应根据报考学校的具体要求进行准备。

"复试面试"作为入学资格取得的环节之一，成功与否决定能否被录取；"导师面试"是在入学资格取得的基础上，决定联系的导师是否同意接收学生，这个不接收可以再换导师联系不影响入学资格。这两个环节对学生来说都很重要。

上述两个环节，应该从准备、面试和后续跟踪三个部分分别应对。

二、研究生复试面试

（一）准备工作

在得知初试成绩并根据往年经验，初步判断具有复试资格的情况下，就应该准备复试的笔试和面试了。准备工作应该包括以下方面：

1）着装和仪容仪表。面试无疑是重要场合，毫无疑问应着正装，如果没有正装，一定要穿接近正装的整洁、干净的服装，同时注意仪容仪表的整洁，具体请参见着装章节的内容。

2）专业方面的准备。面试过程主要是老师考察学生的专业能力，因此本科期间的专业知识、专业方向、毕业设计和论文、英语水平、表达能力、有关专业的兴趣爱好等方面是面试老师关注的内容，应提前准备一下。例如老师问到毕业设计是什么内容，应该流利自然地做出完整回答。

除了上述问题之外，还有可能问到：为什么选择报考这所大学？为什么选择报考这个专业？毕业之后有什么打算？

这些问题虽然没有标准答案，但也不是轻易能回答好的问题。比如选择大学的问题，在对该大学进行较为全面了解的基础上（全面了解该大学是面试的重要一部分，需要好好做一下准备），可以谈一下从校风、学术氛围、影响力、以后毕业的打算等方面说明该大学是自己心目中理想的读研究生的大学。对于专业的问题，除了与本科毕业的专业相同或者相近之外，可以从自己的喜好程度、该专业的发展等方面说明。对于以后的打算，无非是工作和考博士两条大的出路。如果有考博士的打算，一定要说出来。

3）证件的准备。根据学校要求和规定，带好学生证、准考证、身份证、本科成绩单、本科毕业证和学位证（应届本科生暂时没有）、四六级英语证书、奖状和成果、资格证书等。

上述准备，都是为了应对复试面试的，还有一个准备也不容忽视。因为每个学校录取的规则不一样，复试的成绩在总成绩排名中占的比重也不一样。经常有初试成绩不错，因为复试不理想而错失录取机会的情况，因此如果不是百分之百有把握，准备的间隙也应考虑一下万一最终不被录取，是否要调剂到其他学校，有无调剂的目标等等。

注意事项和常见的问题：

1）用英语自我介绍部分，建议用自己的语言介绍，不要从网上抄来一段万能的自我介绍。你能从网上轻松找来，别人也能轻松找来，结果每个考生都是千篇一律的只是改了个别词的自我介绍，效果就不好了。

2）即使背诵的十分流利，也应该用正常的语速和语调"说"出来，而不是流利地"背诵"出来。可以用手机录一下自我介绍的视频，看看是在正常地"说"，还是在"背诵"。

3）对学校、学院、导师的了解，如为什么报考这所学校、这个专业、这位导师？

4）对专业和方向的有关问题。例如初试是材料力学，那么材料力学的研究对象是什么？解决的是什么问题？桥梁工程的学生应该知道最大跨度的几座大桥等。学的最好或者最感兴趣的是哪门课？

5）本科毕业设计相关的问题，如毕业设计的题目、进展、预期目标、应用前景等。

6）各种竞赛的问题，如数学建模比赛、物理竞赛、创新竞赛等。

7）个人能力方面，如参加什么社团、组织过什么活动，有什么收获和体会等。

8）读研究生的规划和未来打算。如毕业后希望就业还是考博士，希望在哪类单位就业等。

9）情商方面。经历过最委屈的事情是什么？学习和生活中遇到的最困难的事情是什么？是如何解决的？

（二）硕士研究生复试面试

按照时间提前到会场外等候。进入会场前请最好关闭手机而不是调成振动。因为面试过程中手机振动会分散精力影响发挥，这时没有什么电话能比面试效果更重要。现实生活中有很多关键时刻手机捣乱影响大事的例子，不再赘述。

在会场外等待时不要到处走动、喧哗，更不要向会场内张望。

根据会场老师的安排，进入面试的会议室应转身轻轻关上房门，向老师问好，按照指示，到指定的位置坐好。建议端身正坐，目光平视，两膝自然并拢（女生需要更加注意），两手放在桌子上，两脚自然着地，不要跷二郎腿、抖腿等，椅子有靠背时，不要将头向后仰靠。整个过程不要有抓耳挠腮等不必要的肢体动作。

除非老师主动伸手握手（一般不会有这种情况），不要跟老师握手，不要主动问老师姓名。

老师提问时，应该聚精会神地聆听和领会，必要时做好笔记，尤其是有的面试是几个老师一并提问，之后逐个回答问题，这种情况下一定按顺序记清楚老师的问题。没有听清的问题，可以按照自己的理解将问题复述一下，或者请老师再讲一下。

回答问题要简明扼要、条理清楚，紧密围绕问题本身展开，不要跑题，视线应该对着提问的老师，不要东张西望，或者低头摆弄别的东西。

面试过程要精神饱满，避免无缘无故的皱眉、叹气，或者表情麻木，或者过于紧张。

对于不明白的问题，坦诚说在什么课程中学过，但是已经忘记了，这比不懂装懂、答非所问要好。

遇到不太确定的问题，不要急于回答，先在头脑中梳理一下思路，按条理分层次回答是比较好的选择。

如果某个问题在教材中有完整答案，回答问题时不妨说明："哪位老师编写的什么教材中，关于这个问题是如此阐述的……"引经据典的效果会更好。

回答问题要从容自信，但不要自傲；语速适中平和，声音洪亮，不要漫不经心。

如果需要介绍自己的本科毕业学校，无论是什么层次的学校，都不要说学校的不好，应该说一些学校的闪光点或者客观评价，也不要将毕业学校跟报考学校进行对比。

面试顺利不要喜形于色，不顺利也不要唉声叹气。

面试结束，应微笑向老师表示感谢，带好自己的东西，转身将座椅放好，出门后轻轻关闭房门。

有些面试老师提出的问题不一定有标准答案，有的问题可能只是考察应变能力和思考能力，只要自己实事求是地回答即可，不要以没有准备为由拒绝回答，或者因为没有准备就高度紧张，不知如何回答。

（三）博士研究生复试面试

除了上述硕士研究生复试时需要注意的问题之外，博士研究生面试，还应注意准备以下问题：

1）硕士期间的研究工作，包括硕士论文的题目、主要内容、研究方法、主要结论、应用前景、国内外的研究动态等。通过研究工作，发表了哪些论文，除了论文之外还有哪些研究成果等。

2）硕士期间主要得到了哪些锻炼？如试验技能、计算技能等。

3）外语水平如何？在哪些方面曾经用到过外语？

4）应该对所报考的学校和老师有充分的了解，通过学校的网站、导师的个人网页和中国知网等进行全面的了解，建议下载并阅读导师的学术论文。如果是跨专业的考生，要准备回答为什么跨专业，对报考专业的了解程度，以及以后的打算等。

5）个人状况，如婚否，家庭状况等。

6）毕业之后的打算，如就职意向（博士后、企业、高校）等。

（四）后续跟踪

复试结束后，请关注报考学校的研究生网站，及时了解录取结果。

如被录取，建议第一时间发邮件给答应接收的导师，同时关注一下后续的环节，例如报到时间、报到需要带的手续和证件等。

倘若没有被录取，也应邮件告知导师。如果有调剂意向，应该及时进入调剂的申请等环节。

三、导师面试

（一）确定理想导师

跟一位理想的导师学习，无疑是考研学生梦寐以求的事情。因为无论是对学生的学术发展、职业规划还是各种良好习惯的养成，导师的影响都是毋庸置疑的。

如何判断一个导师是否是好导师呢？

判断一个导师，应该从为人方面和专业指导方面考虑：

1）为人方面：导师应该是文明和文化的传承者，做人正直，举止得体，营造和谐愉快的学术氛围；在学生学术发展、职业规划、个人良好习惯养成方面有良好的责任感；尊重学生的人格和智力劳动。

2）在专业指导方面：注意激发学生的科研兴趣，既充分鼓励自由实现自己的想法，给学生提供展示和创造的机会，又给予关键的指导和建议；应该让学生能够接触到，并及时给予指导和帮助（而不是一年见不上几次面）；根据每个学生的目标和特点因材施教（而不是按照同一个模式加工产品）；既能高瞻远瞩，又能经常到科研一线；重视学生提出问题、研究方案设计、研究技能、写作训练、报告训练等各个科研环节的训练。

那么，通过什么渠道，才能了解一个导师是否是自己理想的导师呢？主要渠道有以下几个方面：

1）网络途径。如查阅学校研究生网站，或者院系网站上的导师简介；专业学术网站的导师介绍、通过"中国知网"、外文期刊网等搜索发表的文章、搜索主持的课题、研究成果等内容。

2）通过中间人。如有高年级的学长考入该导师门下，或者与导师在同一个系部，可以通过学长了解该导师的情况。

3）直接接触。如旁听该导师的讲授课程，聆听该导师的学术报告或讲座等。这一条适用于同导师在同一个学校或者同一个城市的情况。

通过上述途径，可以了解导师的基本情况、学习经历、工作经历、研究课题、发表文章、出版专著、获奖情况、指导研究生情况、同学生相处的情况、个人习惯等。

每个人本科学习（专业课程学习、相关技能的掌握）、职业规划（是继续读博士还是就业等）、研究兴趣（除了研究方向之外，还应考虑是偏向于试验还是理论，偏向于校内研究还是现场调查测试等）情况不同，应该根据自己的具体情况，选择适合自己的导师。

（二）联系硕士研究生导师

确定自己理想的导师，从工作网站上找到导师的电子邮箱，就可以向导师发电子邮件了。

给导师发邮件，有可能是大学生的第一封十分正式、十分重要的电子邮件，因此应该足够重视。写电子邮件的注意事项，请详见第一章。除了第一章的一般原则之外，联系导师的邮件应包括如下几个方面的内容：

自我介绍（包括姓名、性别、本科毕业学校和专业）、同导师认识的因缘、初试成绩（如果有复试成绩的话）、联系这位导师的理由等。

附件应附上初试各科的成绩、个人简历、大学的成绩单、各种奖励证明等。

个人简历最好是自己设计，突出研究生导师关心的内容，附上近期彩色免冠照片。

需要注意的问题有以下几个：

1）不可向导师群发邮件，详见第一章的相关内容。

2）简历一定是联系导师专用的，而不能拿找工作的个人简历用作联系导师。也许有的同学找工作的简历设计得也挺全面的，为什么不能用呢？因为找工作和联系导师，对方关心的内容不一样，拿找工作的个人简历联系导师，有凑合之嫌。这么重要的事情怎么能凑合呢？这么重要的事情凑合，那什么事情不能凑合呢？

（三）硕士导师面试

如果导师回复邮件并安排见面机会，就说明向成功迈进了一步。导师面试前应准备的内容如下：

1）准备自己的个人简历。如果给导师发邮件的时候已经发过，不妨将该简历打印出来带上。

2）大学成绩单、各种证书。

3）着装和仪容仪表：请参考第四章的内容。

面试时应准时赴约，如果是第一次去导师的办公室，可稍微提前一段时间到达见面场所（一般是导师的办公室）附近，以熟悉情况，建议提前5分钟左右到达办公室门口，正点赴约。迟到是绝对应该避免的事情，但是也不要提前较长的时间到达去敲门，以免打扰导师原计划的安排。

导师会根据自己的研究和感兴趣的方面提问，应据实回答。导师的问题结束之后，也可以问导师自己关心的问题，但是上网能查到的问题，尤其是学校网站导师介绍上有的内容，就不要再提问了，导师会认为既然联系，一定是看过导师基本信息了的，再问这些内容显得是在不了解导师情况的状态下贸然联系的。

会谈结束，导师关于是否接收会有三种态度。一是，明确表示如果复试通过就同意接收，这时导师也希望学生能明确态度，即在面试通过和导师同意接收的情况下，是否不再联系其他导师（这涉及导师口头答应几个人的问题）。二是，明确表示不适合招收，明确拒绝。三是，导师当场不明确表态，这样随后学生应该通过邮件询问导师的态度，在复试通过的情况下是否接收自己。

因为联系导师是双向选择的问题，同时导师每年招收的学生数量有限，因此应该及时得到导师的态度，同时及时反馈自己的态度，这两个态度都很重要。一是，关系到自己能否被导师接收。不能将同导师见面默认为导师接收，建议取得导师明确的态度。二是，关系到导师判断你是否最终来他这里的问题。如果你答应了，却最终没有来，可能会影响他的招生计划，因此双方的态度都很重要。

（四）联系博士研究生导师

选择博士生导师，首先，可以请自己的硕士导师建议和推荐。毕竟导师在该领域工作，对其他老师相对比较了解，可以帮助自己推荐和建议合适的导师。

其次，可以请自己的专业课老师建议和推荐。

再次，在产生考博士想法的时候，就应该积极查询、记录各位导师的信息，根据自己的意向尽快确定导师。

最后，可以请自己在报考学校的同学或者熟人建议和推荐。

无论是通过哪种方式，自己一定要对报考的导师进行较为全面的了解，根据自己的专长、研究方向和特点，选择适合自己的导师。

报考博士研究生，联系导师的工作应该在确定要报考学校之后尽快进行。

因为博士期间，导师和学生的相互配合十分重要，因此应该尽早取得导师的同意和认可，导师一般也会认真考察一下学生的各方面情况，以决定是否同意或者建议报考。

（五）博士导师面试

因为有的学校报考博士的时候需要明确报考的导师，或取得导师的书面同意。因此，在同博士导师开始联系之后，争取在报名之前与导师见面，详细谈一下自己的想法和研究工作。取得导师的认可之后，再报名。

博士的来源有几个途径，比如直博生、硕博连读等，每个导师能够招生的名额有限，在报考之前，应该明确导师是否可以接收报考的学生，以及是否已经有较多的人联系导师报考等，这是报名的基础。

在确定可以报考的情况下，向导师充分介绍自己的本科、硕士研究生阶段的学习和研究工作，包括研究内容，研究方法和方案，取得的成果，发表的文章、申请的专利、参加过什么学术会议等。

同时，也可以了解一下从网上或其他途径无法获得的导师研究方向的信息，或者希望考生具备的能力等。

请注意这里的向导师了解的内容，应该是通过公开途径无法获得的内容。如果网上能查到，就不要再当面提问了，否则表明没有对导师进行充分了解就联系，显得唐突。

（六）后续跟踪

与导师见面之后，应根据以下几种情况，保持跟导师的联系：

1）如果导师当场表示同意接收，回来后应写信表示感谢老师给予见面的机会，以及明确自己希望跟导师读研的愿望。

2）如果通过面谈发现导师与自己的期望不符，也应尽快以邮件的形式告诉导师，以免耽误导师选择其他人选。

3）如果导师明确拒绝了，也可以写邮件表示对给予面谈机会的感谢。这种情况下如果能回信是很难能可贵的。

4）如果导师当场没有明确表态，这样随后更应该通过邮件表达自己同导师见面后的感想，和自己明确的态度，同时也询问导师是否可以接收。

■ 第三节　常用模板

报考硕士研究生个人简历，可参考表3-1。

表3-1　报考硕士研究生个人简历参考模板

姓名		性别		民族		证件照片	
政治面貌			身高				
出生日期	年　月　日		婚否				
身份证号							
电子邮箱				手机号码			
家庭通讯地址						邮编	
本人通讯地址						邮编	
外语水平	通过国家级		计算机水平			通过国家级	
爱好和特长			担任班干部及社团活动情况				

（续）

考研初试成绩					
考试科目	政治	外语	科目名称和成绩	科目名称和成绩	总分
成绩					

报考信息				
本科毕业学校情况	大学（本）		本科专业	
本科专业方向		毕业时间		年　月
第一志愿报考大学		报考专业		
是否调剂京邑大学		拟调剂专业		
报考/调剂导师姓名		高考成绩		
大学获奖情况				
技能证书和其他证书				

教育经历			
自	至	学校名称	
年　月	年　月		小学
年　月	年　月		初中
年　月	年　月		高中
年　月	年　月		大学

工作经历			
自	至	工作单位	职务
年　月	年　月		
年　月	年　月		

家庭成员及社会关系（尽量详细）				
称谓	姓名	住　　址	工作单位	职务

家庭联系人		手机		固定电话	—
硕士毕业后愿望			□就业，□考博士		
报考该专业的原因及希望得到哪些锻炼和收获					

第四章

不着画罗金缕衣
——着装与仪容

西江月·秋季入学

呆呆秋阳斜照，
团团云朵高悬。
稻花香季聚学园，
欢颜花装相伴。

■ 第一节　秀外才能慧中

一、新生入学

盼望着，盼望着，新生入学的时间终于到了。

秋高气爽的时节，天南海北的学子拖着行李，在研究生学院安排的学生志愿者的引导下，有条不紊地办理着入学手续。

新生活的开始，作为仪式感的一部分，很多同学是从穿一件新衣服开始的。

于是，远远望去，办手续的队伍花花绿绿，色彩纷呈，式样众多：含蓄的，张扬的；淡雅的，鲜艳的；传统保守的，暴露奔放的……

虽然旅途劳累，但暂时的疲惫，掩盖不住大家对新生活的向往。大家在排队的时候，充满好奇地猜测、设想以后的学习和生活，彼此交流着。

作为本校毕业的学生，蒙臻睿自然对学校情况较为熟悉，遇到可解释的问题，就不时插嘴解答一下，很快就认识了几位来自外校的学生，其中有一位高个女生格外引人注目，她穿着熨烫平整的浅色衬衣，长短适中的深色裙子，身姿挺拔，显得清爽利索，气质优雅。

在潜意识的攀比心作用下，蒙臻睿偷偷反观了一下自己的站姿，不禁相形见绌，便下意识地挺胸拔背，收拢双脚。趁聊天的时候，特意多问了她几个问题，原来这位叫乐怡舒的同学是建筑学专业的，大学时比较热心社团工作，在礼仪队做过志愿者。怪不得举手投足之间与众不同。办完手续，俩人互留了联系方式，就离开了。

来到新的宿舍，收拾妥当，蒙臻睿躺在床上休息。不知不觉到了晚上。同宿舍的其他人还没有来，一个人略显寂寥，不禁浮想联翩：从小时候的小红花到长大时的获奖证书；从老师的表扬、家长的炫耀……一直到找工作之前，可谓顺风顺水。谁知找工作时的种种碰壁，屡屡当头棒喝一般，将自己打回原形，才重新审视自己。在考研和复试过程中，学到的东西和领悟，似乎开启了另外一扇门……

思来想去，在学生时代，感觉学习成绩很重要，确实能解决很多问题；但是随着进入工作，或者跟人打交道的增多，渐渐发现成绩只是一个因素，课程和课本之外需要学习的东西很多，而且很重要。假如和乐怡舒一起参加面试，同样条件下，面试官有什么理由选自己而不选乐怡舒呢？

小蒙愁绪上眉头，踱到窗前：

> 双手推开窗月，
>
> 丝丝清凉袭来。

鸟鸣虫唱伴携，

乡愁缕缕入怀。

正发呆呢，穆崖楠找她来玩。开门一瞧，呵，画风大变啊！原来那个大大咧咧的、素面朝天的、整天一身雷打不动的运动服的女汉子不见了，面前出现一个从头到脚虽然经过精心捯饬过、但带着明显违和感、同时夹杂着喜感的女生！

蒙臻睿一愣，转眼就忍不住笑了出来。

穆崖楠脸一红："就知道你会笑话我！多亏我做好了心理准备！快来给我参谋一下，这身打扮怎么样？是不是有了点儿女孩子的味道？"

蒙臻睿止住笑，仔细审视一番，突然发问："崖楠姐，是不是恋爱啦？"

二、行为艺术

建筑学院报告厅。

周末，建筑学的乐怡舒邀请蒙臻睿，去参加她们学院的一个小型学术讲座。起初想到建筑学方面的讲座跟自己的专业关系不大，犹豫一番本想婉拒，后来在舍友的建议下，抱着开阔眼界的目的，就去参加了。

讲座时间到了，报告者还没有来，大家交头接耳，猜测着讲座的内容。

结果讲座开始时间过了好几分钟，小报告厅里才进来一个人，大家停止了交头接耳：只见此人头发蓬乱，脸色苍悴，胡子拉碴，上身穿着掉了色的、粘着不少水泥的、皱皱巴巴的迷彩服，下身一件过时二十年的粘满泥污的运动裤，脚上一双破了洞的布鞋，佝偻着腰，眼神避免着与大家接触。

大家惊讶、疑惑，纷纷议论：是不是拾荒者走错门？

此人却置大家的议论和疑惑于不顾，试探着走上报告台，将 U 盘插入电脑，里面有砌砖工资、修三轮车等名称的 word 文件。

打开其中的 PPT 文件，眼睛盯着屏幕，张口说道：

"痛卸闷，大驾浩！额今甜……今甜……给大驾做一个捡住设钗……惯于捡住设钗的讲化……不对，不是讲化，是包搞……"（音近，要表达的意思为——同学们，大家好！我今天给大家做一个关于建筑色彩的报告。）

不开口还好，一开口，大家更加重了最初的疑惑，由小声地交头接耳，逐渐变为旁若无人的大声嘟囔：

"哎，这个人是从哪儿来的？走错门儿了吧？"

"捡了个 U 盘就敢上台？真是的！以后可要小心保管自己的 U 盘，别弄丢喽。"

听到大家的议论，此人的目光从屏幕上移向大家，脸有些红："停额舍，停额舍，这是额最信的艳旧秤过"。（音近，要表达的意思为——听我说，这时我最新的研究成果。）

终于有个同学忍不住，站起来说："这里是我们学院的学术报告厅，你是不是走错地方了？本来你想去哪里啊？有个建筑工地在这个楼的西边，不清楚的话，我可以告诉你地方。"

此人看无法继续下去，便不再出声，打开了 U 盘里的一个视频，一位头发一丝不乱、面容整洁、一身正装的学者，字正腔圆、话语流畅地在做报告：

"……内容包括建筑色彩对儿童、成人和老年人影响三个方面。在儿童方面，具体包括儿童性格和习惯的养成、情绪的稳定性和智力的发展等三个方面的影响；在成人方面，具体包括……首先，我们来看一下对儿童性格养成的影响……"

视频一放，报告厅里瞬间变得鸦雀无声，大家很快沉浸入报告之中，似乎转眼之间忘了刚开始的一幕，也没有注意到此人已经悄悄退出室外。

五六分钟后，视频提示整场报告结束，画面一转，显示听众热烈鼓掌，一位年轻听众举手示意，接过麦克风，激动地说："吴老师好！我一直是您的忠实粉丝！今天现场听到您的报告太激动了！我还有个问题，是关于……"

问答阶段气氛活跃，报告人耐心解答大家的提问。正当大家沉浸其中时，视频结束了。

突然，大家发现，刚才视频上的报告人出现在了报告台的旁边。大家一片吃惊、错乱的表情。报告人面带微笑，说：

"大家好！我叫吴君水，是南府大学建筑学院的老师。"

大家从错乱的气氛中回过神儿来，掌声如星星之火逐渐燎原。

说完，吴老师不紧不慢地打开 U 盘上的一个图片，原来是刚才进来的"拾荒者"。吴老师指着图片，开口说道：

"请大家认真看一下，我和刚才进来的这位，是不是有点像啊？"

大家不停地将目光从图片和现实中的吴老师之间来回扫描，纷纷颔首，小声嘀咕："是啊！原来是一个人！"

这时，报告厅的大门被推开，建筑学院的亓教授走进来，跟大家说：

"各位同学，今天，从南府大学前来的吴君水教授用形象的行为艺术，在正式报告之前，给大家上了生动的一课。其实，他今天要做的报告内容，是关于建筑外在形象与内在功能协调统一方面的。

"不仅是建筑，我们人也一样。就像刚才，虽然内容完全一样，可是吴教授以'拾荒者'的形象前来，没讲几句话，就被大家赶走了；以学者的形象，很快就将大家折服了。

"可见外在形象，对内在的内容是否被认知和接收，具有重要的、不可忽视的影响。

"下面，让我们以热烈的掌声，欢迎吴教授在精彩的序幕之后，开始正式的报告！"

不知不觉之间一个多小时过去了，报告结束，大家意犹未尽，有的听众上去围住吴教授，继续请教问题。

蒙臻睿呆呆坐在座位上，直到乐怡舒提醒，才从沉思中回过神儿来，牵手一起离开。

三、职场丽人

餐厅。

走出报告厅，蒙臻睿突然想起和大学的舍友紫芝兰约了晚饭，便向乐怡舒告辞，匆匆奔向约好的餐厅。

紫芝兰早已到来，安静地坐在餐厅的一个角落。但见她头发整齐地挽在脑后，画着若隐若现的淡妆，整洁修身的浅白衬衣刹在套裙里，上衣搭在椅子背上，在柔和的灯光照射下，宛如一幅静态的黑白画。

蒙臻睿　嗨，小兰（蒙臻睿一边打招呼，一边入座，盯着紫芝兰，兴奋地说）几天不见，要刮目相看啊！转眼从淳朴的"小芳"，变成了职场丽人！

紫芝兰　就知道笑话人家村姑！（紫芝兰边笑边给蒙臻睿倒水。）

蒙臻睿　（一番寒暄之后，突然问）说说看，怎么这身打扮？

紫芝兰　嗨，我们上班的地方，你知道，是为人民服务的。

蒙臻睿　我们都是为人民服务的。（笑着说。）

紫芝兰　虽然这么说，但我们是在窗口单位，每天接待办理公务的形形色色的人，办事之初，就得给人可靠和可信赖的感觉。你想，原来的梳着小辫儿的"小芳"在那里一坐，会给人什么感觉呢？

蒙臻睿　呵，你这还一套一套的，说，是不是单位要求的？

紫芝兰　当然啦！我可没有这个悟性。一上班，单位就组织培训，请了各方面的讲师，讲了很多天的课呢！其中就包括职业着装方面，可是颠覆了我原来的观念。

蒙臻睿　不一定是你独有的观念呢！可能很多人都是这么认为的，只重实学，不修边幅。

紫芝兰　培训讲师可不是这么分的，他们讲"修边幅"就是"实学"的一部分，而不是将两者分开的。

蒙臻睿　这个说法有意思。还有什么重点？

紫芝兰　其实讲究很多呢，比如……

蒙臻睿　这么多学问呢！说说看，我赶紧学习一下，不能老是学生气十足。

两人兴奋地聊了很久。

紫芝兰　其实，不仅是不修边幅，说话也是一样。

蒙臻睿　说话？

紫芝兰　对。比如说，我原来认为说话越随便，说明我跟你关系越好。

蒙臻睿　对啊！你跟我说话客气，表示跟我疏远了。

紫芝兰　对待朋友和家人，确实是这样的。但是在工作单位，需要用比较"安全"并且"客气"的工作语言。因为每天我们面对的，是大量的不同身份、不同教育背景的陌生人，所以标准化的语言，才能保证服务质量。

蒙臻睿　确实有道理。不过这是工作中小的方面，不太重要吧？

紫芝兰　可不是。前一阵子我们单位有位大姐，一直自认为心眼好、说话直，口无遮拦，原来也许习惯了。可是最近窗口安装了服务质量反馈系统，她的用户评价连续很长时间太差，已经调离了岗位，待遇也降低了不少。

蒙臻睿　这么严重！

紫芝兰　头儿有一次私下说：心眼好，也要通过服务态度，和亲切得体的语言表现出来。冷冰着脸、噎的人喘不上气儿的话，还能说是心眼好？好到哪儿去了？服务要看给对方的感觉，而不是自我感觉。

蒙臻睿　你们头儿说的还真有道理。我去有些部门办事儿，从态度上真感觉有的人是"大坏蛋"，也许对方心地并没有问题。

紫芝兰　所以，我可不想不知不觉中变成别人心中的"大坏蛋"，哈哈哈。

蒙臻睿　我还有个问题，你们这样温文尔雅起来，客户会不会就肆无忌惮起来了？我看有些饭店，有的顾客对服务员可凶了。

紫芝兰　好问题！我可以从两个方面回答，首先是，自己温文尔雅之后，会带动对方朝礼貌的方向改变。你想，举手不打笑脸人，不就是这个意思？谁会好意思，在一个很礼貌、很客气的人面前表现的很低俗？

蒙臻睿　真是这样。就像在干净的地方，人都不好意思扔垃圾；而发现地上有垃圾之后，人们就开始无所顾忌地扔了。可能态度和语言也是这样吧。

紫芝兰　真是个好例子！其次，其实我们对客户也是有心理预期的。

蒙臻睿　也有预期？这可怎么预期呢？大家来自四面八方。

紫芝兰　比如我们审批的项目，希望对方能够按时间、高标准地完成。除了从书面材料上反映的信息之外，前来办事儿的人，比如穿着、谈吐、态度和语言等，也能反映出一些方面。纸面材料可以找人润色的很好，但是如果来的人说话随随便便，穿着随随便便，是否可以从一个侧面，反应这家单位比较随随便便？随随便便怎么能很好地完成审批的项目呢？

蒙臻睿　呵，学问还真不少！那我以后到部门办事儿，也要穿的整齐些啦！

紫芝兰　是这样的，要求是相互的，你的穿着暗示着你的态度。

蒙臻睿　（反观一下自己的穿着）我今天的态度可不算太好！失敬失敬！

紫芝兰　哈哈哈！我们朋友之间，怎么穿都不会失敬！

时间已经很晚，在服务人员的提示下，结账离开。

四、课题答辩

会议室。

经过单位申报、形式审查、网络评审等一环一环的过程，课题组申报的一个研究项目进入了答辩环节。

前一段时间，课题组一直在进行准备工作，大家分头梳理研究意义和背景、将各种数据制成图表，制作动画，忙得不亦乐乎，群策群力，最终完成了符合董教授要求的答辩PPT。

上周末董教授和管老师等人去参加答辩，据说挺顺利。很快好消息得到确认：官网公布了最终入选的项目，董教授领衔的项目赫然在列。

大家都很高兴，因为接下来的几年，可以在这个项目的资助下，完成一直希望进行的课题研究。

下午下班前，管老师让蒙臻睿买些瓜子，泡上了茶，在会议室开个小小的茶话会，庆祝并总结一下。

参加庆祝会的除了课题组的老师和同学，还有课题参与单位南府大学的吴君水老师。

董教授回顾了问题的由来，从产生想法开始，到后来的文献调研、研究规划、研究内容、实现方法、现有条件以及缺乏研究条件的解决办法等各个环节，对各位老师和同学的方方面面的贡献表示了感谢，对有些方面进行了肯定和表扬，对于过程中的一些不足和改进方法提出了建议。并诚挚感谢了南府大学课题组。

受到鼓励和表扬，大家都很兴奋，谈话在轻松愉快的氛围中进行。

吴君水　董老师，我申请插播一个花絮。在等候答辩的时候，我暗中观察到一个现象，并且根据这个现象预测了一下答辩的结果。

董重熙　啊？想不到吴老师还会观察天象！快说说。

吴君水　不是天象，而是一种现象，当时我还跟管老师打了赌。

董重熙　什么赌？我想听听。

吴君水　如果我赢了的话，管老师要尽快到我们学校做个报告。

董重熙　原来如此。结果估计是你赢喽？

吴君水　是的。当时我建议和管老师一起预测一下答辩结果，猜哪些项目可以胜出，猜对数量多的人赢。

管经纶　因为我们不可能知道别人的答辩细节，对有些课题组也不是太熟，所以有用的信息有限，我是随便猜的。

吴君水　我可不是随便猜的。有一个重要的信息，当时管老师估计没有注意。

董、管　什么信息？

吴君水　答辩人穿的衣服。

初稚丰　太有意思了！我倒是听说过有的足球教练有这个讲究，比如在比赛时一定要穿哪双袜子等等，难道也是这个道理？

管经纶　原来吴老师已经有预谋了啊！趁人不备打赌！

吴君水　（暗暗一笑）现在请董老师和管老师一起回忆一下，当时各个答辩人分别穿的是什么衣服？

大家开启回忆模式，边回忆边自言自语地说，当时哪个答辩人穿的是西装、哪个答辩人穿的是衬衣。大家一边说，吴君水一边记录，同时提示大家要详细，比如衬衣是否长袖，是否打领带、西装是否是正装，还是休闲装等。

等大家回忆完了，吴君水展示了两张纸，一张记录的是答辩人当时的穿衣状况，一张写的是参加答辩的项目最终评审结果。大家一看结果，纷纷瞪大了眼睛。

管经纶　也就是说，穿正装的几位，答辩都通过了。

董重熙　穿长袖衬衣打着领带的，大部分通过了，也有不通过的。

初稚丰　穿短袖、T恤等便装的，居然一个也没有通过？

吴君水　（很有成就感地）Bingo！确实如此。我当时猜测穿正装的通过率高，不过，可没有敢预测，通过率跟衣服居然如此高度相关。

管经纶　我怎么忘了啊？这正是你的研究方向啊！

穆崖楠　偶然现象，小概率事件吧，吴老师？

吴君水　大家想一想，答辩的时候是八月份，天气还是比较热的。

管经纶　是挺热。在没有空调的地方直冒汗。

董重熙　我想问题已经明白了，我来回答一下穆崖楠的问题。任何事情的发生，都不是偶然的。大热天，谁都想穿的凉快一些。在这种情况下，还能认真地穿上长袖衬衣、打上领带、穿上正装外套的，一定是做事情十分认真、严谨的。而这种认真和严谨，是一致的统一的，也就是说，通过一个人是如何穿衣服的，可以大致判断一下做事方式。比如，这次穿正装的人，可能答辩的PPT做得很认真，项目申请书写得很认真，答辩的时候讲得很认真，等等。虽然我们当时无法互相看到，不过可以从结果上推测出来。要不怎么能通过呢？一个总是随便的人，认真的"阈值"是比较低的，即使他认为已经很认真了，但是在更加认真的人的眼里，还是不够认真。呵呵，有点儿成绕口令了。

大家欣然点头，有的交头接耳议论，有的若有所思。

吴君水　好了，花絮插播完毕。

管经纶　听说昨天吴老师在建筑学院做的报告，既新颖，又成功？

蒙臻睿　（举手）管老师，我去听报告了，太精彩了！吴老师给我们表演了行为艺术！

董重熙　是吗？吴老师，愿闻其详啊！

吴君水　跟刚才管老师说的这个事情有关，是关于建筑的外在形象和实质内容统一的问题……（简单讲了一下讲座开始时的表演。）

董重熙　很有意思！很有意义！我看刚才吴老师的花絮不能当成插播内容，干脆作为今天茶话会的主题：大家可以敞开谈一下，如何更好地穿衣服这个话题。虽然这不是我们的专业，但是可以从自身的经验、经历等说一两个小故事，或者总结的建议等等。要求一下，今天都要发言啊！小蒙，你干脆记录一下大家的发言，会后整理一下发给我，可以的话，做成个小册子发给大家。

蒙臻睿　好的。

初稚丰　我说一个在国外时听到的故事。有次去一对夫妇家里做客。男主人当时在大学工作，女主人带着两个孩子照顾家庭。周末女主人带着小孩到附近的小公园玩，顺便也交些新朋友，因为放弃国内的工作，过来当全职主妇，还是有些寂寞的。可是，刚开始效果并不理想，其他一起聊天的主妇们好像对她不太感兴趣。她百思不得其解，就问一些出国时间比较长的朋友。结果你们猜是什么原因呢？

穆崖楠　是不是语言问题？刚出国话说不利索？

蒙臻睿　去的次数太少？和大家还不够熟悉？

忻璐远　种族问题？我们是黄皮肤？

庄辰申　那个国家没有肤色的问题，跟我们一样。

吴君水　同学们肯定猜偏啦！想想今天的主题。

管经纶　我能猜出来是衣服或者打扮的问题，可是具体是什么问题，我猜不出来。

初稚丰　原来小主妇群体啊，是否接纳一个新人进入，判断依据的第一印象，就是衣服和打扮。因为是带小孩玩，大家穿得都是比较合身舒服的，休闲但不随便的衣服。如果来个新人，穿得很奢华，打扮得珠光宝气的，大家会认为这是个暴发户，敬而远之；如果穿得很破旧，会认为经济条件不太好；如果穿得很随便，会被认为教育程度较低，等等。恰恰我们刚出国的人，如果是有钱的，容易穿得很奢华；经济一般的，容易穿得很随便，有时穿着睡衣就晃荡出来了，所以不易融进对方的小团体。

穆崖楠　我的妈呀，带个孩子玩都有这么多讲究！我这完全格格不入啊！

庄辰申　按照顺序，我说一位女同学就职面试的故事吧。刚刚被拒掉，正郁闷呢！

忻璐远　谁啊？我们这里最近没有被拒掉的啊！

庄辰申　是我的一位高中同学，感觉原来的工作不够理想，想跳槽到另一家规模更大的外资企业，并进行了精心准备，结果面试的时候，她一到这家企业的单位大院，就发现气氛不对：在那家企业里面走来走去的人，从头到脚清一色的制服，而她穿的，用她自己的话说，"像只花孔雀"，虽然出发前也是在试衣镜面前左挑右选，穿上了自己最贵的，也自认为最漂亮的衣服。面对激烈的竞争，面试的过程可想而知，面试官不紧不慢地问了几个不疼不痒的问题，就结束了，告知如果录用的话，两天内会有结果。同预想的一样，她的努力付诸东流了。前两天我们小范围同学聚会的时候她说了这事儿，正郁闷呢！

穆崖楠　毕业到高校当老师的一位姐姐说过一件事，她某次去参加学术会议，计划找专家好好交流学习一下，第一天茶歇的时候她找到的教授，感觉都是寥寥数语就结束了跟她的谈话，而第二天效果就好很多，当时很纳闷儿，后来有个老师告诉原因：第一天她穿着百褶裙，可爱型的，像个学生；第二天换上了正装，像个大学的老师，应该是这个原因。从此之后，她去参加学术会议，再也不穿正装之外的自认为"漂亮"的衣服了。

蒙臻睿　我没有经验和故事，但是我有个问题，我看不少业界大牛，穿衣服风格各异，有的很正式的场合也穿着休闲装，这个怎么看呢？

吴君水　我还没有发言，试着回答一下问题，作为我的发言吧。我的意见是不要盲目模仿。原因有如下几个方面：

　　其一，大牛年轻时受时代和文化等各种方面限制，虽然专业上成为大牛了，但是穿衣上不一定正规、得体，不应该效仿。

　　其二，大牛经常是主导或裁判的身份，他们的穿衣，一般不会给他们带来不利的影响，而年轻学子正是争取机会的时候，是被评判的对象，需要注意穿着。

　　其三，明星穿的另类，有可能被认为是引导潮流，我们年轻学子穿的另类只能被人看作不懂规则。因此，盲目模仿有风险！

蒙臻睿　原来文学作品里，形容一个人，经常说"不拘小节、不修边幅"。看来这不值得提倡。

吴君水　良好的着装和干净整洁的仪容，是对人尊重的表现，任何人没有权力强迫别人通过不修边幅的外表去挖掘自以为美好的内心。比如逛公园，如果门口脏乱差，谁还会捏着鼻子冒着风险进去，去发现里面的美呢？关键是门口也挺整洁美观的公园也不少啊！不修边幅，往好说是不拘小节，严肃地说，是工作态度问题。工作态度的认真是完整的，不但包括桌面的工作，也包括着装等方方面面。比如代表单位外出谈判，穿衣不当可能会直接影响谈判效果，怎么不是涉及工作的大事呢！

忻璐远　我给大家讲个事情。前几天有个亲戚送给我一个十分珍贵的传家宝，一个明代的木头碗，据说很值钱的，还可以拿来吃饭呢！

众　人　不错啊！

忻璐远　从此，我开始用这个碗吃早晚饭，中午在学校食堂吃。

众　人　太土豪了。

忻璐远　不过毕竟是古董，怕剩饭菜的腐蚀。我又不爱刷碗。这时我有两种刷碗的方法。一种是吃完早饭不刷碗，在餐桌一扔，晚上还用这个碗吃饭（大家吃惊的表情），吃完继续放着，晚上睡觉的时候刷干净放起来。第二天早晨起来先把碗刷一遍，再吃早饭，吃完扔在那里，等着晚上继续吃……

穆崖楠　无法忍受！简直太奇葩，你真土豪，不怕碗被泡坏和腐蚀掉，也得讲究卫生呀！

忻璐远　好，祝贺你已经上当了。我继续啊。另一种刷碗的方式是：吃完饭马上把碗刷干净放起来，下一顿吃饭的时候就不刷了，饭后再继续刷干净放起来。大家建议用哪一种方式刷碗？

穆崖楠　当然是第二种刷碗方式啦！我们都是这么干的，第一种无法理解、无法忍受！

忻璐远　好了，我没有古董木碗，不过有比古董木碗更珍贵的东西，是我的牙齿。把牙齿比作珍贵的木碗，看看我们保养这个无比珍贵的东西的方式，是不是我刚才说的，第一种方式？很多人早上起来先刷牙，早饭后不刷，午饭后不刷，晚饭后不刷，等到很晚睡觉的时候才去刷一下。

穆崖楠　这么说，应该是吃一次饭，就刷一次牙？

忻璐远　你可以找牙科医生确认一下。如果外出没有条件刷牙，应该深度漱口。这样，既保护了牙齿，又能很好地管理口腔的气味，维护好仪表。不信的话大家可以试一下，两天后就有不一样的感觉了。

吴君水　这个比喻很好。确实，仪容仪表既包括视觉的部分，比如穿衣的得当、仪容的整洁等，还包括味觉的部分，比如出汗之后及时洗澡、及时更换衣服，维护口腔卫生、管理好口腔气味等，都是仪容仪表的一部分。

蒙臻睿　这样又出现了一个问题。我们早餐喜欢在食堂买个饼和豆浆，边走边吃，到教室的时候也就吃完了。怎么刷牙啊？

忻璐远　这是另一个问题了，不是怎么刷牙的问题，而是不应该在路上吃东西的问题。在路上边走边吃东西，首先就不是 good manner，不能养成这个习惯，老师说过的。干什么事应该在干什么事的地方干，吃饭就该在食堂完成。另外，在食堂吃饭后应漱口，以防牙上粘着菜叶去上课。

大家纷纷发言，气氛活跃。

最后，管老师请董教授总结。

董重熙　衣服，是衣食住行四个生活基本需求的第一个。最基本的功能是保暖和遮羞，随着社会的发展，又逐渐演化出装饰和标识的功能，比如警察、军人、医生和护士制服等具有标识功能。

　　一个国家或民族的服饰，是其传统文化的重要组成部分。我们国家历史悠久，历朝历代形成了各具特色的服饰文化，汉唐以后，吸取了各民族文化的优秀特征，形成了以汉族为主体的服饰文化。你们看历史上有文化的人，衣冠鞋帽都很有讲究。"越罗衫袂迎春风，玉刻麒麟腰带红"。

　　遗憾的是，由于近代受列强的欺负，我们国力渐衰，至今没有形成符合现在社会状况的民族特有的正装。

　　现在，随着国家的发展，不少学者在呼吁制定本国的正装，有的呼吁以汉服作为我国的正装，不过还没有推广开，目前比较放心的正装还是西装。

　　我相信随着我国国力的强大，很快就会有我们国家自己的正装。

　　现在服装其基本功能都没有问题，标识功能也不是我们考虑的，因为某种职业必须要穿某种制服。现在主要的问题是装饰功能，如何利用好这个功能，为自己的发展助力，可能是比较关心的问题。

　　其实，着装和仪容是你们可以利用的一种语言，通过这种语言，可以把你不便说的话，通过着装表现出来。比如一场面试，得体的着装，就在替你说"我很重视这次面试"；职场上严肃的着装，也在替你传递"我很可靠"这样的信息。

　　另外，穿衣本身就是一个人修养的外在表现。古往今来，服饰一直是社会文化的体现和个人文化修养、审美情趣的体现。

　　对于我们将要走上工作岗位学生来说，建议出门前选衣服的时候，遵循以下几个原则：

　　第一是看场合，如果是正式场合，要穿与该场合搭配的衣服。

　　第二是看地点，比如参加学术会议，自然应该是正装为好；但是会议期间组织的技术参观，因为是外出，应该穿适合行走的衣服。

第三是分清漂亮和正式的关系。不少女生参加重要场合的活动时，经常穿上最漂亮或者最贵重的衣服，但这些衣服往往不是正装。漂亮衣服传递的是"我漂亮"，而正装传递的是专业素养。

第四是在得体的基础上，显示出自己的专业精神和面貌。

总之，如何着装，要作为我们专业素养和文化素养的一部分，请大家充分重视，不仅要慧中，同时要秀外，这样才能内外和谐，为我们的工作发展助力。

■ 第二节　注意事项

一、着装重要性

在工作场合穿职业服装，已经成为衡量一个人职业化和专业化的标准之一，服装既是专业素养和规范的体现，也是个人涵养和文化底蕴的体现。

对于研究生来说，除了面试之外，在校期间会有参加学术会议、开题报告、外出同其他单位交流接触、接待来访、就职面试、毕业答辩等活动。这些场合都是所谓比较正式的场合。正式场合穿正装是一个基本礼仪。

也许有的同学认为思想上足够重视就够了，没有必要注重"表面"的东西；也有人说态度上端正、专业上过硬就够了，不需要注重细枝末节。

其实不然。因为恰当的着装，本身就是思想上重视、态度上端正、专业上过硬的表现。另外，你怎么就能保证在短短的几分钟之内，面试者能透过你不专业的、不能表现出对面试重视的、不恰当的着装，火眼金睛般地拨云见日，发现你专业方面的过硬呢？即使你专业过硬，但是谁不喜欢跟穿着得体的人交往呢？即使你可以认为面试大人火眼金睛，但是随便的着装，是否也太冒风险？

请记住：任何人没有义务通过一个人邋遢的着装和不当的修饰，来挖掘其内在的专业和素养。这方面的例子和教训不胜枚举。

二、何谓正装

首先，我们讨论一下什么是正装。

所谓正装就是在正规、正式和严肃场合，或者特定主题的场合穿着的服装，与此对应的是居家、休闲和娱乐等场合的着装。西装、中山装、唐装或其他民族服装都可以认为是正装。

不同的场合和身份，对应不同的正装。

例如参加婚宴，以具有喜庆色彩的服装为宜；军人的军服，就是无以匹敌的正装；运动员参加运动会时，运动装也可认为是此时的"正装"。

我们平时所说的正装，除了特别指明之外，大多指西装。而作为研究生在校期间的正装，可以认为是西装。

那么休闲西装是正装吗？不是的，不可作为正规场合的正装出现。

其次，关于优先顺序。

如果不是要求很严的场合，或者针对学生，服装的优先顺序是怎样的？

比如天气热的时候，长袖浅色衬衣＋领带＋深色西裤＋深色皮鞋也可以。

长袖浅色衬衣＋深色西裤──→短袖浅色衬衣＋深色西裤──→有领子的T恤衫＋长裤──→圆领T恤＋长裤──→圆领T恤衫＋七分八分裤若干分裤──→圆领T恤衫＋大短裤……再往下，就没有啦，只能在被窝里穿啦！

因此，在买衣服的时候，有领子的T恤比圆领T恤要好。长袖衬衣比短袖衬衣更好，等等。

在做不到最高配置的时候，应尽量向高配置靠拢。

任何情况下的凉鞋、大短裤都是败笔。各种五分、七分、九分裤都不能当成正装。

正式场合，最差，也要短袖浅色衬衣＋深色西裤＋深色皮鞋袜子。

突破这个底线，无论如何都不能及格了，这里衣服的品牌价格不影响排名和及格与否。

三、男士套装

西装分为单件和套装。单件指的是一件和裤子没有配套的上衣，套装分为两件套和三件套。两件套包括上衣和裤子，三件套除了上衣和配套的裤子外，还包括颜色一致的马甲。

单件西装仅用于非正式场合，正式场合必须是套装，三件套比两件套更加正规。

西装的上衣有单排扣和双排扣之分，单排扣更时尚一些，双排扣更传统一些。目前单排扣的较为多见。

在造型方面，有欧式、英式、美式和日式等种类，相对而言，英式和日式更加符合中国人的身材和气质。

正装的颜色以深色为主，如藏蓝、藏青色、黑色等，无图案的纯色为宜。

除了套装外，还需要浅色衬衣＋领带＋深色腰带＋深色袜子＋深色皮鞋。

刚买回的西装，在穿着之前应拆除衣袖上的商标，熨烫平整。对于单排扣的西装，最下面的一个扣子可以不系；双排扣的西装则需要所有扣子都系上。无论单排还是双排扣子，不系扣子是不正规的。

西装里面宜配浅色、纯色的衬衣或者暗格的衬衣，忌大花或者夸张图案的衬衣。衬衣袖子宜露出西装袖子 1~2cm 为宜。

正装里面，不宜穿短袖衬衣。

西装的袖子和裤腿均不可挽起。

兜里不装或者尽量少装东西，至少不能装显得鼓鼓囊囊的东西。

上衣左内侧的口袋可以放名片、钢笔等小而薄的东西，不宜放容易发声的钥匙串等东西。

四、男士配饰

除了套装本身之外，还有一些其他方面的注意事项，如领带、鞋袜、公文包等。

（一）领带

第一个问题：正装一定要打领带吗？是的，一定要打。有的事情记住结论是最高效的方式。

第二个问题：关于图案，以纯色或者条纹、方格、圆点等规则的几何形状图案为宜，不宜的是比较夸张的花色图案。

第三个问题：关于颜色，根据场合，如一般的商务场合，可选蓝色、灰色等。喜庆的场合可选红色，有些场合可选黑色。

第四个问题：关于领带的长度，打好领带后，领带的尖下垂到腰带扣的中间为宜。领带尖悬在皮带上方显得太短，越过皮带下线则显得过长。

第五个问题：领带外面套什么？西装上衣里面以马甲或者无马甲的衬衣为宜，避免衬衣外面套羊毛衫，羊毛衫的 V 字领下局促地挤着领带。

为了保暖，衬衣里面可以加背心或者用保暖衬衣，比羊毛衫要好。理由是：外套也好衬衣也好，都是大面积单一颜色的，穿上羊毛衫，在领口打上领带，会在领口的方寸之间形成诸多的颜色和图案，显得十分局促。迫不得已，就选用低 V 字领的羊毛衫，将领口的空间留的尽量大一些。

第六个问题：领带夹夹在哪里？

方案一是将领带正面之后的另一头穿过背面的环套，将环套之下的部分夹在衬衣上，这样既固定了领带，从外面又看不出来。

方案二是将领带外面和里面两层都夹在衬衣上，扣上外套的纽扣后正好挡住领带夹，从外面看不出来。

穿上外套后能看到领带夹的方案均不在上选之列。避免的方案是在羊毛衫十分狭小的领口处再夹上个夹子，方寸之间两撇衬衣领子、一个倒三角的领带头，垂下的短促的领带，再夹上个夹子，用羊毛衫的领口括起来，太密集了。

（二）鞋袜

鞋子颜色：应该与西装的颜色相配，一般来说黑色或者深色皮鞋为宜，忌穿与西装颜色具有较大色差的鞋子。

如果有系带的皮鞋和不系带的皮鞋，系带的更正规。通常认为三接头系带黑色皮鞋是经典和正规的样式。

一个公司同另一个公司初次接触时，会先了解一下对方的企业文化。如果是传统的严谨的风格，去拜访时一定是三件套西装和系带的皮鞋；如果对方是轻松活泼的风格，有时会穿不系带的鞋子，以便显得不那么"死板"。但是一般来说，系带的皮鞋是最放心的选择。

无论颜色、款式和价格，凉鞋都不能当作正装的搭配。一招错棋毁全局！

关于袜子，颜色应该与鞋子一致。无论本命年还是什么年，避免红色、白色的袜子，与皮鞋和服装的反差太大。

袜筒的长度：以中长为宜，无论是站立、坐，还是跷腿时，都不应露出腿上的皮肤。

（三）包

正装的场合，公文包是上好选择，与之对应的是登山包、户外双肩包等。

包的颜色应与正装的颜色一致。

看到这里就能总结出：除了外露的皮肤之外，只有衬衣、领带、外套（与外套同色的鞋袜、包包）这三种颜色。

西装的口袋里不应放钥匙、钱包等容易引起鼓囊的物件，因此这些东西都应该放入包里面。

五、女士套装

话说某个挺牛的大公司，对女性职工着装有若干规定，其一是必须穿制式裙装。

夏天还好，如果冬天外出会见客户，穿着裙装经常瑟瑟发抖。于是乎，员工们向公司请愿，希望在冬天可以不用穿裙装，允许穿裤装上班。

结果公司高层经过协商，回复大家：不能将裙装的要求放宽到裤装。原因是经过调研发现：女性的裤装太复杂，从长短上，有五分七分裤九分裤；从面料上，有厚薄之分；从裤腿上，有宽、窄、喇叭之分，等等，无法规范和统一。如果允许大家穿裤装上班，公司形象会显得混乱，在客户心目中大打折扣。

如果注意，会发现确实如此。女性在重要场合经常以裙装出现。你看，一个简单的细节，都会在公司高层中引起如此高度的重视。有些同学可能已经按捺不住了：女生的正装是啥样的呢？

最简单的一个方法：每天19：00看看新闻联播，各国女政要，或者男政要携夫人在出席外交活动时的装扮，即可作为参考。女士的正装选择比男士稍多一些，如西装上衣＋套裙或者西装上衣＋长裤。比起长裤，有些国家认为上衣＋套裙更正规一些。衬衣以纯色浅色为宜。关于领带，一般情况下可以不用打领带。鞋子以深色皮鞋为宜。如果是套裙的情况，则需要配深色或肉色长袜，忌网眼袜。无论如何，凉鞋都不能同正装搭配。如果要拎包，则包的颜色同西装颜色一致为宜。

值得注意的是，不要将漂亮的衣服、贵重的衣服、时尚的衣服同正装混为一谈，因为传递的信息完全不一样。

六、女士配饰

无论是着装还是配饰，应该以表现专业能力、学识才智、工作经验、效率组织等方面的特征为主，而不是表现漂亮可爱等。

掌握了这个原则，就可知道如果要带配饰，就必须佩带简单配饰，有些不合适的配饰会成为职场的大杀器。

（一）头饰和首饰

如果是年轻女子在非工作场合，头上搞得花花绿绿的，我们会觉得这个女孩很可爱；

如果是职业女性，头上有很亮丽的饰物，如蝴蝶结、发卡或其他装饰物，会分散别人的注意力，反而不利于工作的进行。

长的、大的、形状怪异的耳环、手链、脚链等是不适合职场的配饰，留到外出游玩时再戴上吧。

（二）包

简洁大方为原则。

颜色与服装搭配，避免颜色艳丽、同服装颜色反差过大。

图案以单色或简洁的几何图案为宜。

避免装饰太多、粘贴卡通元素，或者凸显"可爱"的风格。

七、头等大事

男生的发型基本千篇一律，女生的发型万种风情。

从家庭与职场来说，如果在家里女士将头型弄的纹丝不乱，例如盘在脑后，给家庭成员一种马上要外出工作的感觉；但是如果在职场，头发散乱下垂给人不修边幅的形象，长发飘飘则给人不够干练和比较繁琐的印象。

再如，作为学生，马尾辫显得清纯可爱；但是如果已经进入职场，或者已经是部门的负責人，马尾辫晃来晃去，则不能给人可靠和信任的印象。

因此，女性的发型，需要根据场合、年龄、职位等进行调整。

在职场，最重要的是要展示职业素养和规范性，而不是女性特征和个性，因此简洁干练的短发，或者将长发扎起来或者盘起来，是更加适合职场的选择。

如果稍加注意，可以发现电视上经常出现的女性形象，头发的长度同职位、名气、年龄的高度成反比。国内外的政要、商界名人、学界精英，大部分的女性是短发。

对于男生，头发长度以不触及衬衣领子，不要盖住耳朵和眼睛为宜。

无论是服装也好、发型也好，世界各地都不例外，很多女性的装扮可能很时尚、很漂亮、很奇特，但是却与职场的氛围不匹配。

当你装扮好出门进入职场，就在向外界传递这样的信息：你是什么样的人，希望得到别人怎样的对待。

你的形象和言谈举止都将成为你的名片。

八、注意细节

先来讲一个故事。

在日本去别人家里做客，进门换鞋是惯例。进门之后，主人（或女主人）会在合适的时间将鞋整理成鞋头朝外，如图4-1所示。

图4-1　门口鞋子

在整理的过程中，主人会观察一下鞋子的品牌品质、保养的清洁程度、以及有无异味等，作为评价访客的一个小方面。

看完是否一惊：我的天，鞋子暴露了我的气味和品味！

可见，任何小的方面，都可能在会见尤其是初次会见中，作为对方评价自己的方面。因此适当注意一下，会功不唐捐的。

（一）头发

头发，应该注意干净整洁，定期进行清洗、梳理和整理。有时不清洗，无论怎么梳都是白费的。

整理完头发，请注意一下正装的肩部。

有时会发现有的男士肩部散落着一些"雪花"：或许梳头过猛，将头皮屑梳落到了衣服的肩部，白花花一片。

（二）面部

面部需要细心的整理。

除面部的清洗之外，胡须应该修整干净。

检查鼻毛是否已经想看外面的世界，不经意之间伸了出来（修剪干净）。

面部、脖子等（黑痣处）个别有毛的地方进行修剪。

耳朵及周边应注意清理。

（三）手部

手部的整理，主要是检查并修剪、整理、清理指甲。

（四）鞋子

打理鞋子。无论档次价位，清理干净，尤其是鞋帮和鞋底之间的缝隙，将灰尘清理干净。

（五）衣服整理

整理衣服。检查衣服是否沾有灰尘、毛絮等，并进行清理。

（六）口腔清洁

参加重要事情的时候，要注意口腔的清洁。口香糖是最为理想清洁口腔的用品，但切记跟人谈话时嚼口香糖，是十分失礼的行为。

（七）其他

语言的准备。

参加重要场合前需要预演各种场景，任何精致的外表都有可能被一句不合时宜的语言破坏掉。

精神状态的准备。如果精神上无精打采或者垂头丧气，前述的注意事项也就没有任何意义了。

（八）总结

着装上得体，从头到脚，从面到点整洁干净，口气清新，容光焕发，信心百倍，怎会不在交往中大大加分呢?

其实,做好"表面文章"只是必要条件,内外的和谐统一,专业和技术的过硬,为他人着想的态度,是相辅相成且缺一不可的。

外表的整洁需要内在的积淀做基础和支撑。

九、非正规场合着装

除了上述比较正规的场合之外,一般情况如上课、做试验、到研修室学习等情况,也就是不用正装的情况,注意也不要穿着过于随便。夏天,至少应该是带领子的 T 恤或者短袖衬衫,加长裤,男生不应穿大短裤和赤脚凉鞋(拖鞋绝对禁止);女生不宜穿短裙、各种露脐装,更不应穿短裤,各种拖鞋绝对禁止。

十、女生化妆

随着化妆品行业的发展和有关商业的宣传,出门遇到同一种字体的眉和同一种模板的脸的几率与日俱增。不由得想起唐朝杨玉环的姐姐:"虢国夫人承主恩,平明骑马入宫门。却嫌脂粉污颜色,淡扫蛾眉朝至尊"。虢国夫人美丽又自信,即使进宫见唐玄宗,也只是淡画眉毛,素面朝天。

在没有虢国夫人那般自信的情况下该如何是好?协调而自然的妆容是较好的选择。协调是指化妆应该同五官、肤色、气质、职业等协调一致,扬长避短;自然是指没有化妆痕迹的妆容,似有似无,以假乱真。让人一眼就看出的浓妆是失败的化妆。同时,化妆是十分私人化的事情,一定不能当众化妆,甚至当着交往对象的面化妆。

化妆不应该只停留在面部,更上一层楼,在语言和举止上"化妆",未言先笑、和颜爱语给人如沐春风的感觉,文质彬彬、落落大方给人尊敬谦和的感觉,远胜单纯外在形象的化妆。

更进一步,应该是心灵的化妆。"慧中",必然彰显出"秀外",而仅是"秀外",不一定能达到"慧中"。

试想,一个身心和谐、温文尔雅、知书达理、气定神闲、充满智慧、富有爱心的人,谁会注意他(她)的脸是否有几道小皱纹、几点小雀斑呢?

外表干净清爽,举止彬彬有礼,内在兰心蕙质,将所向无敌。

十一、注意仪态

与妆容和服装相比,仪态无疑是更重要的方面。

例如在坐的方面,如果是椅子,以坐三分之二、不靠背、双腿并拢(不翘二郎腿)、双手放于膝盖、端身正坐为宜；在行的方面，以靠走廊或人行路一侧、跟在长者或老师后面、不边走边说、不东张西望为宜。

无论是行住坐卧，还是举手投足，应该注意仪态的文明和美观。可以从视觉和声觉两个方面分析。声觉方面，不要制造噪声，动作轻盈稳重和谐；视觉方面，稳定、稳重、对称、舒展、大方是原则。站如松、坐如钟、行如风，不摇头晃脑、抓耳挠腮、耸肩抖腿等。

十二、增加魅力的方法

比如，想考大学的话，可以找已经考上名牌大学的人取经，而不能听中学生瞎讲；同理，塑形美容的话，也要找个美丽达人指导帮助。

于是，找到某位大牛"教练"，给出了如下有针对性"锻炼"的方法：

若要魅力的双唇，要说亲切友善的语言。

若要可爱的眼睛，要善于看到别人的优点。

若要苗条的身材，把你的食物分给饥饿的人。

美丽的秀发，在于每天有孩子的手指穿过它。

优美的姿态，来源于与知识同行而不是独行。

人之所以为人，是应该充满精力、能够自我反省、自我成长，而不是抱怨他人。如果你需要一只援助之手，你可以在自己的任何一只手臂下找到；随着年龄的增长，你会发现你有两只手，一只用来帮助自己，另一只用来帮助别人。

人的美丽不在于穿着、身材，或者发型。人的美丽一定从他（她）的眼睛中找到，因为那是通往心灵深处的窗口，"爱"居住的地方。

人的美丽不在于外表，真正的美丽折射于一个人的灵魂深处，在于亲切的给予和热情。

一个人的美丽随着岁月而增长。

这位"教练"是谁呢？

她就是奥黛丽·赫本（Audrey Hepburn）。

好像上述这些，也不用花钱去健身房啊！从今天开始，按"教练"说的，开始健身塑形，练就美丽身材和迷人气质！

■ 第三节　常用模板

一、男士正装

男士正装可参考如图4-2所示。

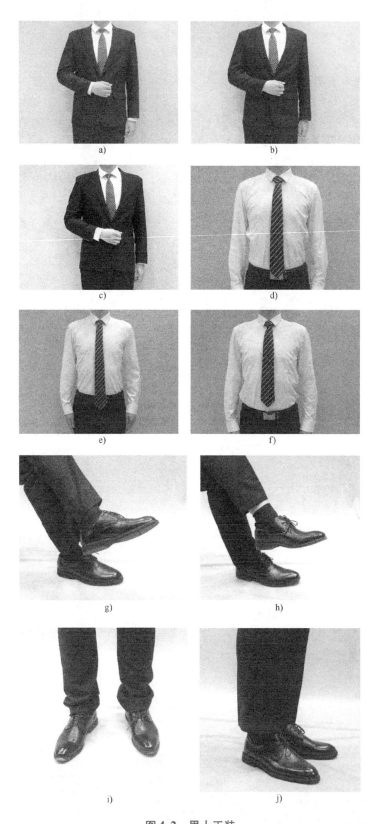

图 4-2　男士正装

a）合适的衬衣袖长　b）衬衣袖长太短　c）衬衣袖长稍长　d）合适的领带长度
e）领带太长　f）领带太短　g）合适的袜长　h）袜子太短　i）裤子太长　j）裤子太短

二、女士正装

女士正装可参考如图4-3所示。

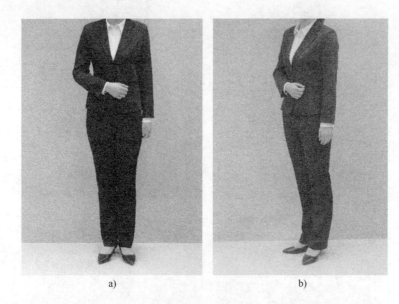

a)   b)

图4-3　女士正装
a）裤装正面　b）裤装侧面

第五章

相逢何必曾相识
——接人

相见欢·初冬

风急月瘦星寒,
雪枯残。
游子忽聚忽散,
夜阑珊。

■ 第一节　想当然的代价

一、阴差阳错

傍晚，蒙臻睿打车来到机场，接南府大学墨青教授一行。

一下车，凛冽的寒风扑面而来，禁不住打了个寒战。

她赶紧用右手捏住衣领，挡住往脖子里钻的冷风，左手捂住外套的下摆，咯哒咯哒一路小跑着，进入接机大厅。

这次墨教授课题组来京邑大学，同董教授课题组一同讨论批复课题的研究计划。

为了主动锻炼自己，蒙臻睿向管经纶老师、初稚丰老师和庄辰申等，表达了希望承担一些事务性工作的愿望，以提高自己同人交流的能力。

这不，上午一到研修室，忻璐远就拿着初稚丰老师的一张便条交给蒙臻睿，上面写着墨教授课题组联系人端木湘佳的电话和航班号，让她去接墨教授一行，并特意嘱咐不清楚的地方一定找初老师去问。小蒙觉得，接个人还不容易，况且上面还有联系人和电话，不要去麻烦初老师了吧！

看到联系人，蒙臻睿想：墨教授课题组果然名不虚传，真是国际化啊，还有一位日本人！为了万无一失，拿起手机准备给对方打电话。想到原来大学选修过日语，这次终于有了实际应用的机会，还感到暗自高兴，就自己反复练习了几遍久未使用的日语，拨通电话，就赶紧说：“もしもし，京邑大学の蒙臻睿と申しますが……”

结果一句话还没有说利索，对方就挂断电话了。咦？这是怎么回事呢？看看时间，应该可以啊！是不是对方信号不好呢？再打一遍吧。结果，对方没有接听，就直接挂断了。也许是在上课或者开会吧，估计过一会儿会打回来。

结果左等右等都没有回复，无奈，那就发短信联系吧。还好，捣鼓了半天，在手机上弄出了日语输入法，费了半天劲儿，给对方发了个日语的短信。

结果，石沉大海。再打电话，手机已经关机了。

眼看时间不多了，就赶紧打车来到机场。进入接机大厅，从提示屏幕上确认了航班降落的时间，就到出口区等待。

这时，电话来了，是忻璐远打来的。

“小蒙，初老师不放心，让我问一下。你是带车去接的吗？”

“带车？带什么车？”

“那你怎么去的机场？”

"打车来的啊!"

"打车?那怎么把他们接回来啊?"

"接回去?还打车呗。"

"那他们几个人来啊?一辆车能坐下吗?现在机场打车方便吗?要不要排队等很久?"

"几个人?我不知道啊……"蒙臻睿心虚起来,弱弱地说。

"哎呀,有点担心了!刚才初老师问我安排妥当了没有,说你也没有去找他。看来有些疏漏。这样吧,我赶紧跟初老师汇报一下。"

蒙臻睿有些慌了,接人需要订车?打车坐不下?是啊!万一对方来四五个人,一辆车确实坐不下,那就打两辆车,是否就解决问题了?

正焦急呢,忻璐远发来短信,说车牌号邑C×××的一辆商务七座车已经出发来机场的路上,司机师傅电话×××,马上跟司机联系,约定停车地点。

燃眉之急啊!一阵电话,联系好之后,看飞机快降落了,就赶紧从包里拿出接机牌,展开,用手捋了捋褶皱,用手举着,茫然地看着出来的人群。

等待过程中,旁边一位接机的人员瞅了几次她的接机牌,后来忍不住说:

"姑娘,你也接人?"

又是一个没事儿套磁儿的。"嗯。"蒙臻睿轻轻地应了一声,扭过脸去,不想继续交流。

那人顿了顿,说:"你把客人的名字,用黑字印在白纸上,还加上这么粗的黑边框,容易让人不高兴的。"

听此人这么一说,她警觉起来,赶紧看了一下接机牌,可不是吗,她第一版打印出来之后,感觉太简单,就在A4纸的边上加了一个黑色的边框,以便醒目。

"为什么不高兴呢?"转脸面向此人,认真地问。

"一般去世的人才加黑色框呢,你看书上都把去世的人加个方框围起来。一会儿你接的客人出来看到,别不高兴。我就多嘴提醒一下。我也是来接人的。"

蒙臻睿一听,又紧张了。可不是嘛,原来怎么没有意识到呢!怎么办?怎么办?赶紧再去弄一张吧。

事不宜迟,赶紧跑向旁边的商铺,一番口舌,借了张A4纸,用笔写上"墨青教授"几个字,匆匆忙忙跑回来挤到跟前,举起纸面向出来的人。

时间一分一秒地过去了。

乘客从稀稀拉拉的状态,到成群结队地出来,又变成稀稀拉拉的状态,没有一个人跟她搭话。不对啊,航班信息确认无误,虽然晚点半个小时降落,可按时间来看,应该都出来了啊!赶紧再次跟联系人电话,还关着机呢。不行,赶紧跟忻璐远商量!

结果初老师电话过来说,墨教授他们看没有人接,就去打出租车了,让蒙臻睿赶紧给墨教授打电话。

好在及时，墨教授他们的出租车刚启动不远，还没有上高速，请他们跟出租车师傅说明情况，在路边等一下，蒙臻睿坐商务车去追他们。

说是简单，蒙臻睿看着司机短信，去找地下停车场车的位置，可是颇费周折。好不容易上了车，从地下开出来，一边电话墨教授询问具体位置，一边往前开，接到他们时，几个人已经在寒风中被吹了二十多分钟，一个个头发凌乱，面色发白。

好吧，接上就好。所有人上了车，蒙臻睿一个劲儿跟对方道歉。客人倒也大度，不停安慰她，气氛马上又轻松起来。墨教授亲切地问起她的学习和研究情况，蒙臻睿一一认真回答。

转眼车到了宾馆门口，蒙臻睿吸取教训，赶紧从包里拿出手机跟初老师汇报。结果一打开手机，发现好几个初老师的未接电话和短信，原来电话在包里振动状态，没有感觉到。迅速翻看短信，初老师说到宾馆之前十五分钟给他电话。现在已经到了，赶紧电话过去。初老师说和董教授就在宾馆大厅等呢。

挂上电话，墨教授一行已经进入宾馆大厅，蒙臻睿赶紧追上去，发现董教授他们已经在寒暄了。寒暄过后，初老师领着客人到前台办理入住，结果发现没有预订，房间不够了。初老师强压着怒火，责问蒙臻睿："小蒙，你怎么没有预订房间呢？"

"没有告诉我他们住这里，也没有告诉我要预订房间……"蒙臻睿低着头，眼睛偷偷地看着初老师，怯怯地小声说。

"你就不会问一下？住在这里都不知道？多亏追问了一下，要不他们打车要去哪个宾馆？接人接人，都把人给接丢了！"初老师有些着急。

蒙臻睿自知理亏，红着脸不出声。

一番周折，安顿好客人，等待客人晚上就餐的时间，初老师将蒙臻睿和来参加就餐的学生叫到大厅角落的茶座。南府大学的端木湘佳怕初老师批评蒙臻睿，到房间放下行李，就赶紧下来帮着解释和解围。

二、查漏补缺

酒店大厅茶座。

大家落座，初老师平复了一下情绪，开口说话。

初稚丰　小蒙，虽然承担这次接机的任务积极主动，很有热情，不过总体来说，任务完成的有太多的疏漏。为了以后的进步，你先说一下过程，我们一起分析一下，看看都哪里出了问题，亡羊补牢，引以为戒。

蒙臻睿　首先怪我没有事先了解清楚接到任务后，就跟端木老师联系，我以为她是日本人，就用日语联系的……后来……（小声简单回顾了一下过程。）

端木湘佳　我一听是外语，也听不懂，心想对方肯定是打错了，或者遇到国际诈骗电话了，就挂掉了。

初稚丰　你接到任务第一步，就应该到对方的官网上查一下客人的信息，包括身份、性别、研究方向，就不会出这个问题了。端木老师是湖南佳人（端木湘佳），怎么给变成日本人了呢？另外，最好能找到照片，这样你才能从出来的人群中分辨出客人，主动打招呼，不能等着客人在人群中找你。假如查不到信息，也应该问一下高年级的同学，或者找我。你想，假如做了这一步，不就避免这个问题了？

端木湘佳　这事儿也怪我，当时电话时我应该用汉语对答一下，也许就避免这个问题了。

初稚丰　在电话不通的情况下，应该短信联系一下，请对方确认一下航班信息、随行人员人数等。同时应该提醒一下这里的天气情况。你看今天突然大风降温，也不知道端木老师她们是否准备了合适的衣服。

端木湘佳　（苦笑一下）这也怪我，没有提醒墨老师他们。我们记得以前这个时候京邑没有这么冷啊！

初稚丰　当你跟端木老师她们联系上，确认好信息之后，就应该及时预订好房间。比如今天这么冷，应该请前台在客人到之前，将暖风打开，保证客人一进房间就是暖和的。

端木湘佳　刚才进房间，打开暖风了，一会儿就暖和了。新生没有经验，我当学生的时候犯的错误比她还多呢！小蒙不要太难过。

初稚丰　还有，哪有问都不问人数，就打车去接人的？接上怎么办？排着长队在冷风中等出租车？得知客人多少位之后，应该预订相应座位的车过去，记住停车位，再去出口等客人。再说，打车的话一辆也坐不下，两辆的话，也不方便。对了，端木老师他们虽然只坐了一小会儿，估计不给出租付全程路费，司机也不同意。毕竟出租也是排了好长时间的队，才轮到拉客人的。

初稚丰　另外，我联系不到你，就和董老师按照估算的时间来迎接墨老师他们。你应该及时汇报进展状态，结果你电话也不接。

蒙臻睿　当时怕打扰别人，就设置成静音状态，放包里了，没有听见。

初稚丰　汇报的目的是让我们掌握动态，好知道什么时间到宾馆，什么时候出门迎接。结果今天飞机晚点，让董老师他们在这里等了一个多小时。客人都到大厅了，我们还不知道呢，反倒是墨老师他们先发现我们，跟我们打的招呼，很不妥啊。

庄辰申　小蒙，有点奇怪啊，你好像打印了接机牌，怎么就没有接到呢？

端木湘佳　对啊，小蒙同学，我们当时想了是否有人接机，还在出口一个一个确认了大家举的牌子呢，没有发现你啊！当时你在什么位置？也许我们看漏了。

蒙臻睿　我就正对着出口来着，一直举着写着墨教授名字的 A4 纸，真的，不信你看，现在胳膊还有点酸呢。

端木湘佳　也许我们没有发现，看漏了。

蒙臻睿　（猛地想起）对了，当时我打印的纸不合适，就到旁边的店里重新写了一张，也许是这个时候你们出来的？您看……（说着从包里掏出皱皱巴巴的两张纸，小声地说了一下第一张的问题。）

初稚丰　怪不得人家说你，幸亏你遇到了个好心人。这张纸除了人家说你的问题之外，还有一个问题是：打印出来，你应该平平整整地放到硬纸袋里，或者透明文件夹里，而不是折成这样皱皱巴巴的。第二张的问题是，这么细的字，别人根本看不见，也看不清。当然了，当时也没法儿要求别人给你提供粗笔。

庄辰申　其实这种情况，有两个解决办法，一个是用红色的纸打印，或者打印我们这里的名字，如"京邑大学结构组"，对方一看，可能也就明白了。

初稚丰　噢，还有个问题。你上车的时候，坐在哪个位置上了？

蒙臻睿　我请他们先上，结果两位老师就去后排了，墨老师坐在了中间一排，我就坐在他旁边了。

初稚丰　来的客人无论年龄和身份都比你高，你应该请他们做到第二排和第三排，你坐在副驾驶的位置上，作为接待、助手和秘书的临时身份，为司机指路、协助司机。

蒙臻睿　我以后一定要好好学习一下座位的优先顺序。

忻璐远　还有一点，我上次接机的时候没有查询路况，结果引导司机走了一条正在修路的路线，堵了很长的时间，今天还好，应该没有堵车。以后建议提前查询一下，确认好路况和路线，以便顺利到达。

　　大家你一言我一语，针对接人的环节，讨论了容易发生的各种问题，以及为了避免问题的各种建议。正说着呢，董教授从楼上下来，也加入了大家的讨论。初稚丰向董教授简要汇报了一下事情经过，董教授安慰了一下蒙臻睿，接着说。

董重熙　接人的事情，应以"放心、省心"为原则，即让对方放心和省心，也让派你出去的人放心和省心。为了加深理解，我说几个反面的例子。

　　　　有一次我去某地讲学，对方的教授联系好时间、地点和航班后，就没有消息了。该地的机场离学校很远，打车排队时间比较长，我估计他们可能会派车接，但是直到上飞机前也没有接到接机的消息，当然也不好意思问他们"你们派人接我吗？"感觉可能是对方疏漏了，便自己预订了车辆，以便尽早到达宾馆休息。

结果下飞机后一开机，发现好几个不同号码的未接来电，按顺序打过去，第一个是他们课题组的年轻老师，说派了张三同学去机场接我了，电话是×××，打过去之后对方说是张三，在地下停车场的 D 区 456 号停车位等我呢。

你看，我首先要退掉预订的车，之后再去找停车的地方。如果提前发个短信，说谁谁去机场接，不就没有这个问题了嘛！

其次，从到达厅出口到地下停车场的 D 区 456 号停车位，七拐八拐好一通找，到了发现张三同学在车里听着歌玩手机呢！这不是重点，重点是他们到得很早，听歌把汽车电瓶里的电用的很多，结果准备出发时，汽车打不着火了，于是又联系 4S 店，派救援车过来给电瓶充电，折腾了好长时间，出了一连串的问题。

初稚丰　很小的一件事情，引出这么多的麻烦。其实刚才也是这样，对方客人到了机场，肯定不好意思主动打电话问"派车接我们吗？"所以就自行排队打出租车了。

董重熙　下面说一下省心的原则。

还拿刚才的事情为例，为对方服务，应该最大限度地不让对方费脑筋，不能指望对方才思敏捷、记忆超群，应该抱着即使对方不怎么思考，也能顺利完成任务的原则。

比如，上次我到某国的一个大学，约好到某位教授的办公室拜访，为了不迟到，我就提前较长时间到了大学的门口，来接我的学生还没有到，我想干脆自己走过去吧，还能逛逛校园，就问门卫。

结果门卫拿出一张中文的大学简易地图（看，还准备了中文版的地图），在上面用红色笔，画了一条从学校大门口到该教授办公室门口的线，我便拿着地图，再也没有问第二个人，就找到了该教授的办公室。

所以，在路上如果有人向你们问路，应该比较详细地告知，不能抬手一指说向东，走了没有几步遇到路口，还得问别人。这就是没有方便别人。

还有一个例子，在超市问服务员：有洗衣粉吗？服务员不会说：往前走10 米左拐，到第三个货架的下面第二档右手边的头上，是洗衣粉。想想看，马上记住这些多费脑筋，一点都不省心。

他们恰当做法是：有，请跟我来。于是领到洗衣粉摆放区，用手一指说：

看，在这里。这才是省心的体现。

有次咳嗽去医院，说需要做个 CT，我问怎么去 CT 室啊？护士说看地上的线，可不是吗，在地上用不同颜色的线标着不同的路径，其中一条标识的是 CT 方向，于是就沿着线走，很快就找到了，十分方便。

以后大家在工作中做各种规划设计的时候，也一定要考虑到方便别人，尤其是公共建筑，不能指望客人不停地问，才能找到某个地方。一个简单的标识，没有，就很不方便。如果有，就很人性化。

转眼之间晚餐的时间到了，大家起身离开，走向餐厅。蒙臻睿心里难过，去卫生间，发现自己的头发被西北风吹地乱成一团，脸色苍白，赶紧整理，顾不上难过，奔向吃饭的地方。

第二节　注意事项

一、准备工作

领到任务之后，到出发去机场接人之前，需要按照如下次序依次完成各项准备工作。

（一）信息查询

以前述事件为例，可以在南府大学网站，查询墨教授及随行人员的个人情况（如性别、年龄、职称、身份等，越详细越好）及照片，最好将每个人的基本信息和照片打印下来，记住长相。

查询并关注该航班的航班动态或列车时刻表，确认起飞降落或列车到站以及出发去机场或车站的时间。

查询该航班到达的航站楼或车站出站口，熟悉路线，确定机场或列车到站见面具体地点。

（二）初步联系

发短信给对方联系人。如果没有告知航班号（车次）、随行人员信息，则短信的内容应包含这几个信息：自我介绍，明天你去接；确认航班号（车次）；确定随行人员的人数等信息。举个例子，如图 5-1 所示。

> 尊敬的端木老师：您好！我是京邑大学董重熙老师的硕士研究生蒙臻睿，本周四去京邑国际机场接你们来学校。为了做好准备工作，请方便时发一下你们的航班号、同行人员数量、住宿需要的房间类型和数量，十分感谢！京邑大学蒙臻睿

图 5-1　初步联系短信

如果从导师那里已经得到这些消息了，可直接略过这个步骤。

（三）预订房间

根据初步联系获得的信息和对方的要求，预订对应类型的房间，注意保存宾馆前台的电话号码，以便随时联系。如果是夏天或者冬天，为了防止一进房间太热或者太冷，请告知服务员在你们到达前半小时打开空调。

（四）预订车辆

根据人数、行李情况，预订可容纳的车辆，告知司机师傅出发时间、地点和目的地，保存司机师傅的手机号码。

（五）打印接机（接站）牌

可用红色 A4 纸横向黑体大字两排打印，或者打印自己单位的信息。

打印好切记不要折叠起来揣到兜里！正确的做法是平整地放到能装 A4 纸的大信封或透明袋里，之后放到随身带的包里。

可参考以下例子：

南府大学

墨教授一行

或者打印自己单位的信息，如：

京邑大学

结构课题组

（六）再次联系

上述工作准备完成之后，回短信给对方的联系人，告知你带车（几座、什么车、车牌号）、去什么地方接他们到什么宾馆、路上大约车程多久、未来几天本市的天气（以便他们准备什么衣服），举个例子，如图 5-2 所示。

> 尊敬的端木老师：您好！明天在您航班到达时，我将在 T3 航站楼接机出口手举接机牌等您（红色 A4 纸牌，写着"南府大学墨教授一行"，如人多发现不了请电话我），之后乘坐 7 座商务车（车牌号：邑 C12345），经机场高速到京邑大学旁边的幽州酒店，已经给你们预订好了房间。从机场到酒店大约 40 分钟车程。明天开始未来三天这里晴，气温 18～23℃。祝一路顺利，明天见。京邑大学蒙臻睿

图 5-2　再次联系短信

（七）向老师汇报

这些工作完成之后，短信或者当面完整汇报交给自己任务的老师，并确认一下有无会议议程等资料，需要在车上或者酒店里交给对方的。

之后就关注着航班动态，穿戴整齐（最好正装或接近正装），按时乘车出发去机场了。

如果航班起降时间有变化，随时短信汇报交代任务的老师、联系司机师傅调整出发时间、并通知酒店的前台。

（八）联系订票

有的情况下需要接待方为来访客人预订和购买机票，这种情况下在领到任务之后，查询航班（列车）信息，并同对方的联系人短信联系，确认来访者的姓名和身份证号等购买机票（车票）需要的信息，以及对方希望的航班（车次）、要求，记录好之后进行预订，并将预订结果及时反馈给对方。

二、接人过程

终于万事俱备，带着接机牌和相关资料，在指定位置上车出发啦！

到了机场之后，工作顺序如何呢？

（一）等待客人

首先，协助司机师傅，将车停到离接机口比较近或者方便到达的地方，告知司机航班预计降落的时间，或列车预计到达的时间，同时自己需要熟悉从接机口（接站口）到车辆停放地的路线。尤其是有的机场和车站，地上地下线路和结构复杂，兴冲冲地去了接机口，不要回来的时候找不到车辆了。

其次，根据航班动态和机场的航班起降信息，提前到航站楼接机出口等待。在等航班降落或列车到达的时候，可以提前把计划发给导师的短信写好存下来，以便在车上随时发出。因为在车上如果说起话来，中止话题低头摆弄手机也不太妥当。

（二）接人

当该航班或车次有乘客出来时，举起接机牌，面向出来的人容易识别和辨认的角度，并聚精会神，从陆续走出的人流中分辨墨教授一行。

从人群中发现墨教授他们后，挥手致意：墨老师，我在这里！

他们出来后马上问好："墨老师好，各位老师好，我是董老师的硕士生蒙臻睿，我带大家到大学旁边的酒店。从这里到酒店大约40分钟车程。需要上洗手间的话，在那里——（手指一下）"。

注意这时手里还拿着接机牌呢！不要忙中出错一揉揣到兜里，还是应该平整地放到包里。

等大家从洗手间回来，走在前面引导大家去车里。这时要不要帮助教授提行李呢？可以征求一下意见："墨老师我帮你背上包吧"？如果教授推辞，不要热情过度强行抢夺。

等教授一行坐好以后，关好车门，你再最后坐到副驾驶位置上，就可启程了。

（三）握手

如果接到的客人主动伸手，则可握手。如果对方不主动，作为学生一方，不宜主动伸手握手。这里涉及握手的顺序问题。

握手的顺序是由上向下的原则，即不同职位之间，上级向下级先伸手；不同年龄之间，长者向幼者先伸手；男女之间，女士向男士先伸手；宾主之间，为表示欢迎，在同等条件下主人先伸手。

握手的姿势，应该是面带微笑、身体稍微前倾、眼睛正视对方，伸开手掌，四指并拢、拇指张开，与对方虎口相接，紧握并轻摇几下，松开，如图5-3a所示。

如果同对方年龄或职位差别较大，低者可用两手握住对方的单手，以示敬意。如果级别年龄相当，一方双手握，另一方为表礼貌，也可再伸出另一只手相握。同时，位高、年长者为示亲切，握手时另外一只手有可能拍拍对方的肩膀等，位低年幼者不可拍对方。

握手的力度以体现真诚感为宜。握手无力、只让对方握自己的指尖，则不能达到握手的目的，如图5-3b所示。

另外，洗手后手未干、出汗、戴手套、戴着墨镜或帽子、口罩、围巾围着面部或者口鼻时均不能伸手和对方握手。

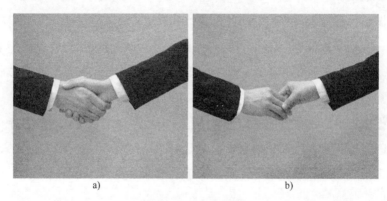

图5-3　握手姿势
a）适合　b）不适合

（四）座位安排

接到人之后，应该引导客人坐到汽车的哪个座位上呢？或者自己被人接，自己应该坐到哪个座位上呢？想必这是大家经常遇到的一个小问题。

一般情况下，国内左舵小轿车座位的优先级是这样的：对于两排座位的轿车，如果是司机开车，则依次为后右──后左──后中──前右，副驾驶的位置一般是秘书和助手的位置。如果自己是比客人年轻、辈分低的人，应该引导客人坐到后右的座位上，自己坐到副驾驶的位置上。

如果是主人（与客人对等）驾驶车辆时，客人为了表示不把驾车人当司机看，应坐在副驾驶的位置上，这是对主人的尊重。

如果由司机开车，你作为主人去接客人，且同客人身份年龄等相当，则引导客人在后面坐好后，自己也应该坐到后面的座位上。

上述座位顺序可参考如图 5-4 所示。

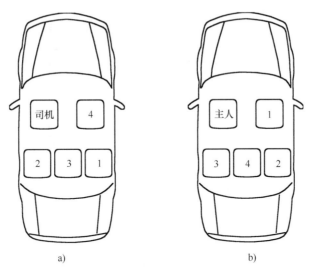

图 5-4 两排座轿车座位顺序
a) 司机驾车 b) 主人驾车

如果是夫妇二人同时开车去接人，或者同时作为来客，则二人应该坐到一起。即接人时同时坐到前排，作为客人时同时坐到后排。

在有异性的情况下，应该遵循同性坐同一排、异性分别在前后排的原则。如只有一位客人且为异性时，则无论年龄辈分，该异性客人都应坐到后排。

如果是多排座位的轿车或者中巴、大巴轿车，总体原则是前排优先级高于后排，右侧优先级高于左侧。距离前门近的座次优先级较高。

三排座位商务车的座位顺序，如图 5-5 所示。多排座位客车的座位顺序，如图 5-6 所示。

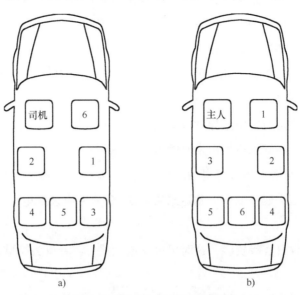

图 5-5 七座商务轿车的座位顺序
a) 司机驾车 b) 主人驾车

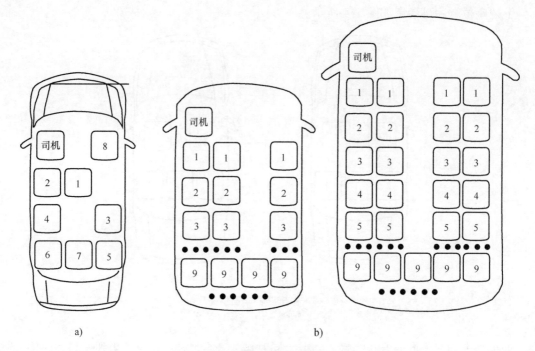

图 5-6　多排座位客车的座位顺序

a）四排九座　b）多排多座

另外，这个原则也不是一成不变的。如有的人坐后排容易晕车，则尊重对方的喜好和习惯是最佳选择。

有了这些"基本原则"，无论接人还是被接，就都胸有成竹了吧？

（五）返程路上

在车上的谈话以放心话题为主，教授可能会关心地问你学习研究情况，或者是哪里人啊什么的，注意一定不要说你的学校、学院、课题组的负面、抱怨的话题（切记!），因为你和他们说，就像在跟你的导师说一样。

另一点需注意的是：教授可能礼贤下士主动跟你拉近距离，但是建议不要"顺竿爬"，主动跟教授套老乡关系等主动套近乎行为。

在返程途中，注意随时短信给导师或者交代任务的老师，告知行程及路况等，以便他们判断到达的准确时间。最好从机场出发时短信告知一次。

在到达宾馆前 30 分钟，可以打电话给宾馆前台，确认空调冷风（热风）是否开启。

如果导师要到酒店去迎接的话，到达酒店之前 10 分钟应该打电话（注意是打电话，不是发短信）告知一下。

如果随身带着会议日程等资料，这时可以交给教授，或者口头简单说一下时间安排。

（六）引领

在车即将到达还没有开门的时候，如果你发现导师站在那里，马上告知墨教授说：那位穿深色西装蓝色领带的，就是我们董老师（如果他们认识就省略该项）。

这样做的好处是：如果他们是第一次见面，墨教授一下车，就可以径直走向董教授寒暄问好。如果他们在大厅说起话来，你可以替他们到前台办理入住手续，将房卡交给客人。

如果没有来迎接，则协助带全行李，引导客人到前台办理入住手续。

办理完成，协助带好行李，引领至房间门口：

1）在引领过程中，如果是走廊，自己应该走在客人左前方，遇到拐弯或者台阶伸手示意。

2）如果是普通楼梯，应该走在楼梯拐弯的外环。

3）如果引领进出电梯，对于有电梯操作员的情况，应该让客人先进、先出电梯；对于没有电梯操作员的情况，应该自己先进入电梯，按好楼层和保持开门的按键，等客人进入电梯后，关电梯门，到达客人的楼层后请客人先出电梯，自己再出。

引领时说明就餐时间、地点，报告的时间、地点，来酒店接他去会场的时间，说明白之后，就可以短信汇报给导师，之后即可告退了。

三、其他环节

可能读者已经体会到接人这么简单的事情，居然有这么多需要做的环节。但是这些还不够，容易出现的问题汇总如下：

（1）天气查询　出发前查询好天气。比如雾天和下雪等，机场高速有可能封闭，需要提前出发；如果下雨，确认是否需要雨伞等。

（2）路况的掌握　根据航班信息、出发时间，确认路况以及备用路线情况，预留时间的富余量，以备路上堵车耽误事情。

出发前及时查询路况信息，以便能够按时到达。

（3）见面的地点　有的航站楼出口人多拥挤，不容易互相发现，这种情况下，可以选择一处能够方便互相找到的地方，短信给对方，举个例子，如图 5-7 所示。

> 尊敬的端木老师：您好！明天在您航班到达时，我将在 T3 航站楼出口右拐，前行 30 米左侧的中国银行柜台边，手举接机牌等您……

图 5-7　联系短信

（4）接送安排　如果整个过程的接送都由你负责，则需要熟悉每个环节，如讲座前到宾馆接人、讲座完成送至宾馆、最后离开时安排送到机场等。根据接人的环节，举一反三，以周到、细致、不卑不亢为原则。

第六章

醉翁之意不在酒

——就餐

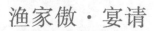

渔家傲·宴请

旧友新朋喜相见，
笑迎把手嘘寒暖，
脱帽挂衣开雅宴。
灯璀璨，
茶瓯香篆谈锋健。

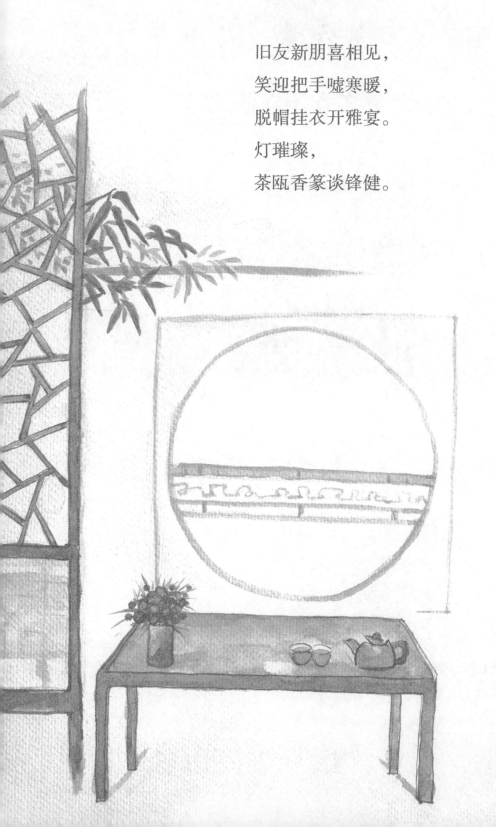

■ 第一节　白饭青刍诚为贵

一、餐桌教学

窗外寒风凛冽，屋内暖意洋洋。

茶饭已备，宾主落座。

董教授致辞，众人举杯，宾主尽欢。

同大家的欢声笑语形成鲜明对比的，是蒙臻睿的愁容，她还无法从一连串的失误引起的懊恼情绪中脱离出来。

慢慢地，小蒙的状态被墨教授发现了，就关心地问起。初稚丰向墨教授道歉，接机安排不周，造成了不便和麻烦，同时说明了蒙臻睿情绪的原因。

蒙臻睿　对不起墨老师，我真的不是故意的，确实是因为没有经验，也不懂得其中的注意事项和规则，才造成这个结果，多有冒犯，十分失礼，向您和各位老师道歉。（说完站起来向大家鞠躬，忍不住流出眼泪。）

墨　青　没有关系的啦！小蒙很热情，态度也很真诚，是个好孩子。只要注意观察和学习，一定会快速成长的。

初稚丰　董老师、墨老师，今天的责任主要在我，是我没有交代清楚。小蒙作为一年级的研究生，很难一开始就每件事情做完美，我应该事前好好交代一下。

忻璐远　其实，我们低年级的学生，基本有共同的感觉，就是老师一交代事情，就既兴奋又紧张，兴奋的是老师委以重任了，紧张的是生怕做不好，想要学习一下吧，又找不到合适的参考书，其实挺困惑的。

初稚丰　璐远说的挺有代表性，我当年也是这样，尤其是刚出国的时候，这种感觉更加强烈，因为除了璐远说的担心之外，还担心给中国人丢人，因此，当时也是到处找资料看，也想着办法找人请教，很长时间才摆脱这种情绪。

庄辰申　我们都有这种感觉。董老师、墨老师，你们有没有什么好的方法，给我们指导一下？

董重熙　看来大家都关心这些问题。也确实是现实情况。要不这样，墨教授，我有个提议，不知合不合适，刚才我们的主题内容已经交流得差不多了，接下来就给各位年轻人来个现场教学，讲一下相关的注意事项，好不好？

管经纶　这个提议太好了！刚才接人的环节，我听小初说已经讲解过了，可否就眼前的情景，针对就餐的主题，大家各抒己见？

墨　青　双手赞成！我们这里的年轻人，恐怕也有同样的问题。要不这样，我们既作为被服务对象，也作为服务者，包括但不限于眼前的场景进行讲解和点评，如何？当老师的就喜欢讲东西，改不了的毛病。哈哈！（说完挽了下袖子，作开讲的架势。）

董重熙　一呼百应啊！我先抛砖引玉，从入座开始吧。各位年轻人，请看一下咱们现在的座次，这其实是有讲究的，可以总结一下规律。（几位年轻人面面相觑。）

初稚丰　我给几位解释一下，你们看董老师坐在最中间的位置，代表接待方的主人；他的右手边是墨老师，主宾的位置；左手边是吴老师，是客人的位置；分别向外对称，是我们这边管老师和我这里，是主方的位置，再向两侧，分别是客人方的端木老师和霍老师。

蒙臻睿　接下来就应该是咱们这边的人了，怎么不是呢？繁博士不好意思啊！

初稚丰　看，没有做作业的问题，又在暴露。繁（fán）作为姓氏的话，读pó。繁秋禾同学祖上是许昌的吗？

繁秋禾　老家确实是许昌的，父辈到的南府。

初稚丰　接着刚才的话题，按顺序排的话，应该是辰申和璐远了，但是规则不是唯一的，如果这样的话，相当于把繁博士排到璐远后面了，这是第二个规则，应该从高位到低依次排序，不只是机械地按照宾主的次序排列。（众人点头，蒙臻睿掏出笔记本记录。）

管经纶　（看墨教授没有接话，接着说）我来说点菜的事情。今天点的不错，各种搭配。点菜之前，也应该做些作业，了解一下客人的年龄、性别、是什么地方的人等等，如果能从其他途径，了解到客人的喜好和忌口，就更好了。比如墨教授是浙江人，那么要注意一下江浙一带饮食的习惯；吴老师是陕西人，那么要注意西北地区的习惯；端木老师是湖南人，因此要有一些"怕不辣"的菜……

墨　青　这可难为点菜的同学喽！其实这些年天南海北地跑，各种饮食都已经习惯了。

管经纶　其实，这些细节，也是向客人表达尊重的一种方式。现在大家或许不再关心吃的内容，而更关心吃的寓意。

墨　青　说的好！我接着管老师的话题，来引申一下。"寓意"这个词用得很好。我们作为脑力劳动者，其实每天的热量消耗是有限的，饱腹的目标是很容易达到的，很多食物，除了刚开始的新鲜感之外，会逐渐失去吸引力，人们会慢慢回到营养、回到健康、回到文化上来。比如吃什么更有营养、吃什么更健康、吃什么更有文化等。

忻璐远　营养和健康我们容易理解，文化方面，是食物来源的故事或者某个菜相关的诗
　　　　词歌赋吗？

墨　青　包括，但也不全是。（看吴君水一直没有发话）吴老师，你对这方面比较有研
　　　　究，给大家普及一下如何？

吴君水　好的。比如看到一桌子好饭，就想到"兰堂置酒罗饈珍"，看到竹笋想到"夜
　　　　打春雷第一声，满山新笋玉棱棱"，等等，固然是文化的表现，但是还有若干
　　　　更进一步的层次。比如，现在空气污染问题是大家广泛关注的问题，那么想
　　　　想，哪些食材或者饭菜能引起小的环境问题，就跟环保挂上了钩。

忻璐远　（吃惊）环保？

吴君水　是啊！比如说这道白菜（指着桌上的白菜说），有可能是咱们这里，离京邑大
　　　　学不远的地方种的大白菜，现在正好是收获的季节，三轮车送到这家饭店，做
　　　　成这道菜，想想看，整个环节，基本没有什么碳排放和环境污染；比如这道
　　　　菜，服务员报的名字叫泰森牛肉，如果货真价实的话，是总部位于美国某地的
　　　　一家公司生产的牛肉。那么你想，可能是咱们这里离京邑大学不远的地方种的
　　　　玉米，长途运输到泰国某集团，加工成牛饲料，再坐船运到美国，在美国当地
　　　　喂牛长大、屠宰、冷冻、坐船坐车到我们这里的超市冷冻货架上，再到饭店的
　　　　冰箱里，炖熟，端上来，整个过程的碳排放，比起同样能饱腹的本地白菜，估
　　　　计要高上百倍。如果单纯从热量上说，统计数据表明，一个人吃鸡鸭鱼肉的消
　　　　耗，能正常养活十多个只吃蔬菜粮食的人。对于比较注重节能环保的墨老师、
　　　　董老师他们来说，如果点的菜比较环保，估计会比较合他们的心意。不知我猜
　　　　的对否？（说完看向董老师。）

墨　青　说得很好！还有啊，我们每个人都有好生之德，不要点做法残忍的菜，生吞活
　　　　剥的，也不雅观。你们看，今天的菜就很好。如果按照我的喜好点菜的话，估
　　　　计大家今天就都吃不上肉喽！我看，咱们还是回到董老师的提议上来，从具体
　　　　小事方面提建议如何？

初稚丰　我刚才注意到璐远两个细节，一个是倒茶，一个是敬酒。倒茶的时候，茶壶嘴
　　　　不能对着客人，不要倒的太满，手不能捏着茶杯的沿儿。敬酒的细节，要不霍
　　　　老师作为客人讲一下，他如何敬酒会更加妥当？

霍晋科　好的，既然初老师点名，我就以交流和探讨为目的说一下，刚才几位同学敬酒
　　　　的时候，我观察了一下，有如下几个问题：

　　　　　　第一，如果对方是长辈，应该端着杯子走到长者跟前，而不是坐在桌子的

对面。

　　第二，走到长者跟前的时候，应该选择恰当的时机，不要在长者正在交谈的时候打断，也不要选正在夹菜、吃饭的时候，这时候应该在后面等待机会，选择打扰程度最小的时候。

　　第三，应该在长者的右手边敬酒，这样比较方便，如果在左手边，大家试试看，除非长者站起身来，要不的话身体需要扭转很大程度，才能面对来敬酒的人。

　　第四，长者有可能认识咱们年轻人，不过不一定能够记住，所以来敬酒的时候再简短自我介绍一下名字，是学生的话说一下是几年级，老师的话也说一下身份，工作几年了，等等，以便长者准确称呼和了解咱们。

　　第五，我觉得酒不论多少，以尽兴和适量为目标，我不赞成喝的越多感情越好之类的劝酒，因此敬酒时不向对方提要求，我觉得是比较妥当的。当然这是我个人的想法，遇到劝我喝酒的我会发怵，不知道其他老师怎么看这个问题？

墨　青　既然说起了这个话题，估计年轻人也比较关心，我就说说我的不一定入流的观点。我们国家饮酒的历史太长，产生了各种关于喝酒的文化。酒能刺激神经兴奋，使人变得爱说话，能活跃气氛。但是一旦过量的话，除了对身体的伤害之外，会变得逻辑混乱、行为怪异等，是社交场合的大忌。另外需要注意的是，我国酒文化源远流长，可不是说硬劝酒的历史有多长。历史上酒可是稀缺商品，普通人家平时舍不得喝，有客人来访才舍得拿出来，不劝的话对方根本不好意思喝。劝对方多喝几杯，可能是待客热情的表现。现在时过境迁，但习惯却没有与时俱进。

吴君水　另外，人一般喜欢与自己有同样经历、经验或者体验的人。你喝醉了，难受了，我也变成跟你一样的难受，或许有义气在这里吧。比如有人说或者暗示：你不喝就是看不起我，你可以分析一下结果：你不喝，就是看不起对方，感觉关系破裂；如果喝，而自己又不愿意或者没有能力，或者喝了难受，在这种情况下喝了，相当于用自己的困难或者难受，来换取同对方关系延续，等同于用一杯酒，来绑架彼此的关系，不是建立良性关系的方式。我认为，此话一出，本身就已经看不起你了。相当于先将你打到地下，再看你是否能用酒换取重新坐到椅子上的机会。所以，至少我们不要用酒去绑架别人。

管经纶　古代的绿林草莽，为了表忠心，需要两肋插刀，现在除了老婆为老公生孩子剖腹产，相当于肋下划刀，哪还有两肋插刀的事情？如果是真朋友怎么会让你去两肋插刀？最近看到几个喝死人的新闻，比如有个婚礼，客人逼着伴娘喝酒，结果当场就晕了过去，抢救无效死亡，喜事变成了丧事，岂不是愚昧落后的表现？跟我们文明健康的生活方式是背道而驰的。

蒙臻睿　我其实比较害怕硬劝酒的人，我感觉他们希望看女生喝醉出丑，心怀叵测的感觉。管老师，遇到这种情况该怎么办呢？

管经纶　所以己所不欲，勿施于人，我们不要强劝或者逼迫对方喝酒。其实，随着经济和文化的发展，逼人喝酒、不醉不罢休的习惯已经逐渐改变。不信你看，越是经济和文化发达的地方，劝酒的现象越少，而越是落后的地方，越是硬劝、死劝，不喝不饶。据说大多数发达国家很少有劝酒的现象，基本是想喝什么喝什么，想喝多少喝多少。

蒙臻睿　那太好了！现在担心的是，不喝酒是不是会失去很多进步的机会？

管经纶　这个问题我不好回答，但是我的理解是：我们的进步，往大说是通过自己的能力和技术解决实际问题，为人民服务，获得别人的认可和实现个人价值；往小的方面说是提升自己的幸福指数。既然喝酒与幸福指数背道而驰，那为什么还要强迫自己呢？如果喜欢喝酒，则另当别论。不过作为知识女性，如果别人说小蒙的酒量很大，感觉与知识女性的优雅气质是相悖的。另外，无论是咱们京邑大学还是南府大学，还是设计院和建设集团，有很多滴酒不沾的人，既有普通人，也有名教授和高管，至少说明，喝酒不是成为名教授和高管的必要条件，大可不必担心，还是把精力用在自身业务和能力的提高上比较有用。

端木湘佳　所以我感觉，看到别人快喝多了，一定要拦着点儿，如果不拦着，喝多了出丑，事后清醒过来没准儿会埋怨：那帮家伙，当时为什么让我喝成那个样子？！反正如果是我，我会这样想。

董重熙　好吧，各位，酒逢知己千杯少，志趣相投的人无论多久，都有说不完的话题。鉴于明天还有会议，墨教授一行舟车劳顿，就早些休息，我们就此结束吧？最后让我们共同举杯，预祝本次交流会的圆满成功！

曲终人散，在得知第二天的时间和内容安排之后，客人纷纷离去。京邑大学的几位年轻老师和学生留下来收拾。

二、总结残局

饭店。

点的饭菜有点多，向服务员要了餐盒，准备打包带走。大家边收拾，边聊天。

蒙臻睿　初老师，国外有剩饭菜怎么办？也是打包带走吗？

初稚丰　这个问题涉及两个方面。一方面是，很少有剩饭菜，这跟他们的习惯有关系。像这样一个大圆桌子转着吃，可能只有我们国家或者华人圈里有，国外分餐制的情况比较多，每个人只要自己饭量匹配的套餐，不太容易剩下。这样，也就不存在要的越多，好像是显得越热情这个问题。另一方面，文化里就有节约粮食、注重环保、不浪费的观念在里面。

忻璐远　我们国家确实粮食浪费现象很严重。我看到过一个统计，说我国的粮食浪费一年相当于几千亿人民币。乖乖，几千亿人民币，得用大卡车拉多少车啊！可以盖多少小学啊！可以解决多少上不起学的大学生的问题啊！可以解决多少看不起病……

蒙臻睿　我给你算算啊！这些浪费的粮食……相当于我国 GDP 的百分之……

忻璐远　我的天！

初稚丰　除了桌餐之外，自助餐浪费也很严重。自助餐剩下很多，不但说明对自己胃口估计不足，还说明贪食、不珍惜食物等。

蒙臻睿　我看到自助餐厅的人浪费那么多食物，就怀疑他们是不是跟养猪场勾结着呢，多浪费一些，好挑到养猪场喂猪去！上次在有个自助餐厅，餐桌的角上贴着个纸条："不剩饭菜，你会看到碗底的美德"，当时感觉特别好，就突发奇想：将自助餐的桌椅设置成智能的，如果有剩饭菜在桌上的话，会自动感应到，就餐者离开时，桌子就会发出提示声音：你还没吃完呢……你还没吃完呢……

庄辰申　还有啊，现在大家都恨餐饮业用地沟油，其实地沟油从哪里来的呢？还不是从剩饭菜里来的？如果每个人都吃干净的话，哪来的地沟油？恶性循环，自作自受。

蒙臻睿　上次在自助餐厅看到一个男生，吃到最后，剩了一小块馒头，将盘子和碗擦的干干净净，之后还吃了，接下来将碗和盘子摆的整整齐齐，服务员过来一端，桌上干干净净，服务员甜甜地向他微笑感谢了呢！

庄辰申　更高的境界是倒些开水，将碗和盘子冲干净之后喝掉，就完美了。

忻璐远　我又有一个创意：餐盘下面应该加一面镜子：如果剩饭菜太多，叫作迷失了自己，因为看不到自己啊！如果剩得不多，叫作扭曲了自己，因为从剩菜缝儿里看到的是扭曲的脸；如果吃得很干净，叫作真实的自己。

蒙臻睿　谁有兴趣做一下吧，没准儿能申报个专利，不但能节约粮食，或许还能卖个大价钱呢！

忻璐远　说完自助餐厅，其实有的食堂的浪费也很严重。除了用餐人本身的问题之外，还有一个因素是：不管男女高矮胖瘦，套餐的分量都是一样的。一米八多爱运动的壮汉和不到四十公斤的小巧女子，饭量怎么可能一样，但是从食堂买到的，大都几荤几素，固定搭配，加上固定量的米饭，大个子不够可以再买别的，小个子女生吃不完又不能退，结果只能浪费掉。

庄辰申　有的食堂的托盘有问题。托盘上有几个小格子，有的放米饭，有的放菜。比如西红柿鸡蛋，用筷子夹不上来几口，剩下都是汤。但是在托盘里没法喝啊！只能剩下。另外，学生遇到不想吃的东西，随手拣出来放到桌上，有的吃面条等干脆不用托盘，其实带格子的托盘也没法用啊！放在桌上呼噜噜呼噜噜吃完，碗周围的桌上溅出好多汤水。总之，吃完端走托盘，桌子上汤水剩菜外加纸巾一堆，如果没有保洁人员打扫的话没法再坐。所以就餐高峰期学生端着盘子到处找地方、空桌子上狼藉一片，保洁人员提着垃圾桶跑来跑去，感觉学生好像没有自理能力！

忻璐远　好的方式应该是用平托盘，所有米饭和菜等都用另外的碗和碟子盛着放在托盘上，万一有不能吃的也是放在托盘上。吃完饭将托盘一端，桌上干干净净，根本不需要打扫。上次到管理好的学校食堂就餐体验了一下，食堂一直干干净净，赏心悦目。

蒙臻睿　我每次打饭，都会告诉师傅说少要些米饭，这样不至于剩下。不过有的学生认为我掏的钱一样，不能少要，宁肯剩下。观念的改变挺难的呢。

庄辰申　这种情况，不能单纯怨素质，需要改变观念、加强引导和管理，如果食堂能用平托盘，饭菜用碗盛，饭菜有大中小各种量的搭配，用餐人有不剩饭菜的理念，问题就解决了。

忻璐远　等着大家理念的自然改变、食堂卖饭方式的自然改变，猴年马月。干脆这样算了，我们给管理食堂的工作人员建议一下，改变卖饭方式，这样也能为他们节省开支啊！

蒙臻睿　同时建议食堂的电视不要演电视剧和广告，让学生拍几段如何文明就餐的视频，滚动播放，另外，向食堂建议加入引导学生的方式，减少食堂饭菜浪费，做到文明就餐，如何？

忻璐远　太好了！我们这就开始行动吧！

初稚丰　我们的自助餐厅也好，食堂也好，确实浪费严重。对于不确定是否喜欢或习惯的食物可以询问一下服务员，或者少取一些，尝过之后确认习惯或者喜欢再去取，避免取回不喜欢吃而造成浪费。其实这个现象说明一个心理问题。四十多年以前，我国的粮食供应还不充足，有挨饿的记忆。现在虽然温饱都不是问题了，但是，某位名人说的"穷根儿未断"。潜意识里要多拿多吃多占，其实不一定需要这么多。现实当中很多这种现象，比如明明没有几个人在等电梯，门儿一开，里面的人还没有出来，就往里挤；等绿灯耽误不了几秒钟，过马路也要闯红灯；机场安检的时候，如果新开一个口，大家会蜂拥而至乱成一团，你去问问如果按照原来的队伍排，有几个赶不上飞机的，应该是没有。一旦条件出现，潜意识里未断的穷根儿就会显露出来，斯文扫地。

忻璐远　上次电视台在街头采访闯红灯，一位路人说，闯红灯，成功了，快了十几秒；失败了，快了几十年。意思是少活了几十年，由于车祸而去了。说的很有才！

蒙臻睿　所以，任何情况下都注意仪态仪表，气定神闲，是不是就能说明穷根儿断了啊？（终于露出笑容。）

庄辰申　引申一下，各行各业的乱象，很多都可以用穷根儿未断来解释。比如学术界，有剽窃抄袭，甚至抢夺别人的学术成果去评职称、评先进的。试问，不剽窃不抄袭，按照自己的实力晚一两年评职称，会影响生存问题吗？应该不会，也许正是这个心理，驱使着自己不顾一切规则和斯文，去抢名夺利。哎，多一些风骨多好啊！

忻璐远　我看一位专家讲，现在出现了很多"精致的利己主义者"，智商高、情商高、有方法、有能力，但是这些都用在了自己获得名利方面，唯一缺少的是社会责任感和人文情怀，知书不达礼，文凭很高但是道德水平不高。

初稚丰　所以我们的教育应该防止把人教成只会一门儿手艺的人，而应该是有技术有情怀有风骨的人。有能力没信仰，能力越高不是越可怕吗？另外，社会的文明进步可以提倡道德的提高，但更重要的是靠规则和制度，奖罚分明，利用规则引导人文明起来。

蒙臻睿　大家跑了题了。刚才说的打包，第二方面呢？

初稚丰　哦，回到刚才的话题上。因为不剩饭，所以打包带走的问题，指的是不是自己要了没有吃完，而是特意多要一些饭菜打包带走。国外很多饭店默认是不让打包的，除非有专门的提示。

蒙臻睿　这是为什么呢？

初稚丰　我了解是两个方面的原因，一是，饭店方担心顾客就餐后，如果身体不适，坚持说是吃了带出的饭菜导致问题，有个责任界定的问题，比较麻烦；二是，可能是出于对自己饭菜做法的知识产权的保护吧。另外，刚才你们注意了没有？其实每个人都配有公筷母匙，不过有的同学不习惯用。

蒙臻睿　公筷母匙是干什么的呢？

初稚丰 很重要的问题。你们上网查一下，我国胃病的患病比例十分高，很多胃炎、胃溃疡甚至胃癌，都是幽门螺旋杆菌引起的[一]。澳大利亚的两位科学家发现了幽门螺杆菌的致病作用，获得诺贝尔奖[二]。

为了提前发现和预防由于幽门螺旋杆菌引发的种种问题，现在医院体检用碳14呼气试验检查。

有一次例行体检，呼气检查之后，我瞥了一眼护士在登记簿上的记录，发现标明阳性的哗啦啦一大片，真是惊出一身的冷汗。想一想，周围有多少这种病菌的携带者？你是否跟他在一个桌上、从同一个盘子里不停地夹菜吃饭？

其实远不止是这种病菌，如果在网上检索一下，会发现很多很多大家不想看的各种病菌和疾病，都是病从口入的。

蒙臻睿 听起来有点吓人。不光上了岁数的，像我们这样的学生也有很多胃不好。

初稚丰 维护健康，人人有责。于是乎需要在源头上下功夫，在入口之前，切断传染源。

蒙臻睿 那应该怎么办呢？

初稚丰 方式具体有如下几个方面。

一是，定期体检。定期体检无疑是保障健康的一个重要手段。体检，可以早发现、早预防、早治疗，在星星之火的阶段就用滴水之力给予扑灭，而不能等到燎原之势的时候再亡羊补牢。

二是，推广和选择自助餐。自助餐的好处除了可以避免交叉感染之外，还有选其所好、定量取食、避免浪费的作用。在有条件的情况下选择自助餐，或者宴请的组织方选择自助餐，善莫大焉。

三是，分餐制。可以考虑国外比较流行的分餐制，就是到饭店后各点各的菜，服务员给每位客人端出一个托盘饭菜，各吃各的，互不干涉。分餐制除了自助餐的好处之外，还有一个好处：能定量，避免暴饮暴食，对于嫌自己胖、希望身材更苗条小伙伴，请选择分餐制吧。你将托盘上的饭菜吃完了，总不好意思再要一份儿吧？

⊖ 大部分的胃溃疡和绝大部分的十二指肠溃疡，是由幽门螺旋杆菌引起的。这种病菌经口到达胃粘膜后定居、感染，经数周或数月，引发慢性、浅表性胃炎，数年或数十年后发展成为十二指肠溃疡、胃溃疡、淋巴增生性胃淋巴瘤、慢性萎缩性胃炎等，也是导致胃癌最危险的因素之一。如果没有幽门螺旋杆菌感染，将有35%－89%的胃癌不会发生。

⊖ 澳大利亚科学家巴里·马歇尔和罗宾·沃伦发现了幽门螺杆菌以及这种细菌在胃炎和胃溃疡等疾病中扮演的角色，从而获得2005年诺贝尔生理学和医学奖。

　　　　四是，公筷母匙。现在比较讲究一些的饭店会配备公筷母匙。公筷母匙是用于从公共的餐盘上，取用菜肴和汤类，到自己的食碟上或者汤碗中，之后再用自己的筷子和汤匙食用，这样就切断自己的筷子和汤匙同公共菜肴之间的接触，从而切断交叉传染。

忻璐远　初老师讲得太好了！不过有的同学认为，这些都是小事儿，端茶啦，倒水啦，拎包引路啦，自己又不是服务员，没有必要做这些。

庄辰申　好大的话题呢。初老师我先说一下吧！我到公司就职之后，除了进行结构设计，还会遇到很多事情。比方说，有时所长临时出去找不到车，正好我会开车，就救急了。比方说，打印报告、整理办公室以及跑腿等很多事情，都是工作的一部分。很多小事原来感觉想当然能够干好，其实不然。现在通过这些小事得到锻炼，用心做好，以后会更加自信，更加得心应手。做好每一件小事，其实都很有成就感。记得刚入公司，让打印装订一个简单的报告，订好之后交给主管，结果被批评了，只是用订书针装订的方式，就被找出了好几处错误，从此就再也不敢轻视小的事情，再也不敢自以为是地能做好。我们的工作其实也就是为别人服务。即使是搞设计，原来感觉很高大上，其实我刚进入公司时，光画楼梯就画了半年呢。

初稚丰　在对外交往中，不卑不亢是原则，但什么是真正的不卑和不亢，不同的人有不同的理解。比如你认为倒水是低三下四的事情，本来是想做到不卑，但在董老师眼里，你不愿倒水，恰恰是"亢"的表现。如果茶壶在他手边，他可能随手就会给客人倒水，也没有问题啊。我们学好专业的同时，也不要忽视小事对我们的锻炼和提高。总之，我现在已经不认为这些事情是低三下四的事情。不过，应该以我们的专业和专长为主，如果心里只想着如何拎包倒水，那就本末倒置了。

庄辰申　讲得太好了。时候不早了，原来每次讲完，董老师都要给大家总结一下。现在董老师不在，初老师总结一下吧？

初稚丰　吃饭，是衣食住行四个生活基本需求的第二个。从功能上说，在果腹的基础上，逐渐发展成不但讲究色香味俱全，还讲究滋补的功能；除了自身的需要，还具有社交平台的作用。因此，重视饮食文化，掌握饮食和就餐的礼仪，对于培养大家的自信心，从容应对相关的场合、养成文明的习惯，是很有帮助的。

　　　　无论是宴请别人，还是作为客人赴约，有几个简单的原则：

　　　　一是，知彼知己，不但根据彼此饮食的习惯、喜好、食量等准备餐食，还可根据彼此的兴趣爱好提起话题讨论。

二是，避免浪费。无论是主人还是客人，都应该注意避免浪费。现在有剩饭菜时可以打包带走，也是一个不错的习惯。

三是，彼此尊重与方便的原则。不仅是宾主双方的尊重与方便，还应尊重与方便服务人员。

四是，注意举止和谈吐。既然是社交平台，那么增进彼此了解、给对方留下好的印象，也是就餐的目的之一。因此应该注意自己的举止和言行，做到举止有礼、谈吐高雅。

庄辰申　男生们应该注意，不要喝点酒就开始带脏话、讲段子。这是很不雅观的。

初稚丰　待客最重要的是真诚。最后杜甫描写迎接客人的诗句送给大家：

> 舍南舍北皆春水，但见群鸥日日来。
>
> 花径不曾缘客扫，蓬门今始为君开。

众　人　（大笑）真是董老师的亲学生啊！连结尾都这么像！

■ 第二节　注意事项

一、就餐礼仪的重要性

就餐不仅是基本的生理需求，同时是十分重要的社交平台，也是展现个人家教和修养的重要场所。因此，无论是东方还是西方，无论是主人还是客人，都十分重视就餐礼仪，我国历史上的很多典故，都和就餐有关；日本有通过观察客人用筷子的方式判断对方家教和出身的说法。

了解并掌握就餐礼仪，可以避免失礼于人，增进宾主之间的了解和友谊，同时也可以展现个人素养。作为学生，同样应该了解和掌握必要的就餐礼仪。

就餐的方式有很多种，有中餐、西餐，有圆桌餐、长条桌餐，有桌餐、自助餐等。除了坐在座位上的就餐方式，还有冷餐会的方式，端着盘子可以自由走动。

二、前期准备

作为招待方的人员，应该比约定时间提前到达饭店，做一些力所能及的准备，如茶水准备等。

如果被安排点菜的话，应该询问分配任务的老师就餐的人数和标准。在数量上，应注意冷热搭配，不要量多浪费。另外应该尽力了解客人的偏好和忌口等。注意不要贸然点吃起来难度较高的菜，如蟹类或某些水生动物、少见的、吃法做法残忍的菜。

根据就餐人数，确认座位的数量和摆放等。

如果是被招待方，则应按时赴约，不要提前时间太多，不要在主人到达之前就到饭店的房间。

三、餐桌座次

客人到达之后，第一个问题就是每个人应该坐在哪个位置上，或者引导每一位客人坐到哪个位置上。

先要判断餐桌的顺序。两桌的情况，如果两个桌子离门口的距离差不多远，则面对门口右侧为上。如果两桌离门口的距离有差别，则以距离门口远的桌子为上。多桌的情况，参照两座的情况，根据左右、距离门口的远近依次确定桌次顺序。

定好了餐桌的次序，再定座位的次序。总原则为：背靠墙、远离门的位置为上。

有了大原则，我们先从两个人用餐具体说起。有一天你请一位朋友吃饭，进了家餐馆，发现里面有四张小方桌，如图6-1所示。应该选择哪个桌子呢？根据刚才远离门的原则，应为左上——右上——左下——右下，即Ⅰ——Ⅱ——Ⅲ——Ⅳ顺序即可确定。比如选择Ⅰ号桌，①为上位，②次之，③最后。

对于多人圆桌的情况，如图6-2所示，可确定①～⑩的座位，其中①、④、⑤、⑧、⑨为主人方，②、③、⑥、⑦为客人方，数字越小越优先，⑩为秘书/助理/司机的位置。

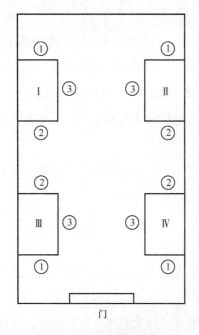

图 6-1　小方桌就餐座位图

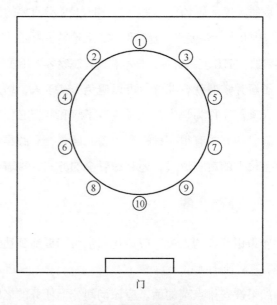

图 6-2　圆桌就餐座位图

如果一个房间里有两张或者三张桌子，顺序是远离、对着门的为上，主桌对门方向右侧为上，如图6-3所示。

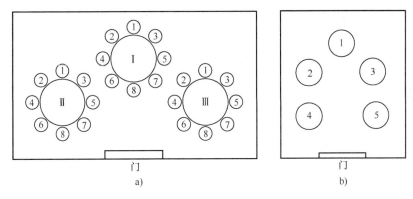

图 6-3　多桌就餐座位图

a）三桌　b）五桌

对于长条桌的情况，一种方案是主人坐在靠近门的一侧，客人坐在面对门的一侧，如图 6-4 所示。

另一种方案是宾主各在桌子的一端，见图 6-5 所示。不过这种情况不如图 6-4 所示的情况多见。

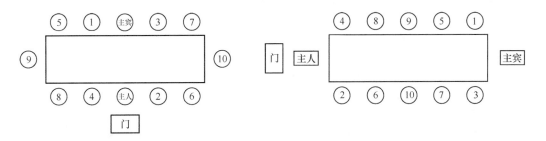

图 6-4　长条桌就餐座位图：宾主各在一侧　　图 6-5　长条桌就餐座位图：宾主各在一端

如果是到家里做客，男女主人均出席招待，与上面的座位顺序对应，如图 6-6（男女主人各在一端）所示。

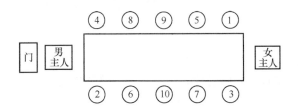

图 6-6　长条桌就餐座位图：男女主人各在一端

综上所述，掌握这些基本原则，作为客人的时候可以比较从容，作为主人的时候可以进行合理的安排。

当然，每个地方或者单位可能有自己的规则，作为客人身份时，不拘泥于上面的条条框框，遵从主人的安排便是合理，即客随主便。

作为学生，应该等待客人和老师等落座之后，再选择合适的位置坐下。

四、餐具使用

（一）筷子

使用筷子时注意以下禁忌：

1）中途筷。先夹住菜，再放下夹别的菜。

2）游动筷。在餐盘里翻来翻去、挑来挑去。

3）窥视筷。手里拿着筷子不夹菜，犹豫不决，目光在各个菜盘中扫来扫去。

4）滴泪筷。筷子上菜汁滴滴答答，像眼泪一样往下滴。

5）牙签筷。把筷子当成牙签用。

6）敲打筷。用筷子敲打桌子、盘子和碗。

（二）汤匙

自己的汤匙用于从自己的汤碗中舀汤喝，不能用于取食餐桌上的汤或者菜。舀取汤食时不要过满，以免溢出来弄脏衣服或者餐桌。同时注意汤食的温度。如果过热，可晾凉再喝，不要用嘴吹。

（三）长柄匙

用于从自己的食碟中取食物食用，不要用于喝汤和从公共餐盘中取食物。

（四）食碟

用于盛放从餐桌上取回的食物。注意一次不要取的太多，即无论是数量还是种类都不宜多。不吃的残渣不要吐在地上、桌上，应该用纸巾包起来放在食碟的边缘。如果残渣过多可以适时请服务员换一个碟子。

（五）杯子

桌上一般备有水杯、茶杯、红酒杯、白酒杯。水杯，用于盛放清水、果汁、汽水等。自己不用的杯子，可以请服务员或者自己撤下。各种杯子不要混用。

（六）牙签

不要当众剔牙，不要长时间叼着牙签，不能用牙签取食物。

（七）碗

用于盛放面条、米饭等。吃的时候应该端起，不应放在桌上嘴去凑碗，并发出呼噜声。

五、公筷母匙

现在比较讲究一些的饭店会配备公筷母匙。

公筷母匙是用于从公共的餐盘上取用菜肴和汤类到自己的食碟上或者汤碗中，之后再用自己的筷子和汤匙用餐，切断自己的筷子和汤匙同公共菜肴之间的接触，从而切断交叉传染。

尤其是非典过后，一些不具备高标准消毒条件和不配备公筷母匙的小餐馆，无人敢问津。

公筷母匙一种情况是给每个人配两双筷子和两把汤匙，一副用于从公共餐盘取食物和汤汁，一副用于自己食用。还有一种情况是每道菜的旁边均配有一副筷子或汤匙，用于搬运饭菜至各自的食碟里。

不少人不习惯两副筷匙，嫌麻烦。但为了自身健康，建议还是养成用公筷母匙的习惯。

没有公筷母匙的情况，该怎么办呢？如果就餐的桌上没有配备公筷母匙，自己也不好意思要求服务员配备，可以采取的一个折中方式是：把自己的汤匙当作自己的母匙，有菜上来之后，适量取食到自己的食碟，而不再次从公共餐盘中取食。同时注意该母匙不做自己喝汤用，保持单纯的搬运功能。

改变观念很重要。我们向来以不分你我，共用东西来表示亲热，从歇后语"好的穿一条裤子"，到大学食堂里屡见不鲜的男女互相喂饭现象（公共场所人来人往同学注意一点啊！）。

转变一下观念，养成文明卫生的就餐习惯，维护好自己的健康，才能更好地帮助朋友、帮助家人；保护好朋友、家人的健康，就是对他们最好的亲热方式。

六、如何敬酒

宾主落座后，一般先上凉菜，合适的时机主人会举杯致辞。作为学生，应该等导师或者老师敬酒之后，再去向客人敬酒。

如果不确认对方确实记得自己，应该简短自我介绍。因为年轻的记住年长的是容易的事情，而年长的记住年轻人不太容易。因此简短自我介绍，可以帮助对方迅速回忆起来自己的身份。

与自己相邻的客人，可以坐在座位上敬酒；对于不相邻的人，尤其是对于位高年长者，则应站起来走到客人的右手边敬酒。

敬酒时酒杯沿应该比位高年长者的略低，以示尊重。

在量和次数方面，请对方随意，不可强求对方干杯，不宜多次敬酒。自己也一定不能过量，避免失态。

如果发现对方不喝酒，不可要求或强劝对方喝酒。

如果自己不喝酒，可用茶或者饮料代替，并说明自己不喝酒，请对方喝同样的茶或者饮料。如果对方喝酒，则请对方随意。

在时机的选择上，应该等对方方便时去敬酒，不要在对方正吃菜或者跟别人说话时打断去敬酒。

七、添茶倒水

添茶倒水按照宾主顺序，可从主宾开始按照顺时针依次进行，不可间隔。

添茶倒水时，如果是有杯盖的杯子，可用右手无名指和小指夹起杯盖，用拇指、食指和中指拿起杯子，左手持茶壶倒茶，之后轻轻放到茶碟上，再盖上杯盖。对于没有杯盖的杯子，如果有杯耳，应持杯耳拿起，没有杯耳则持杯身拿起，不可捏杯口。

不应直接将茶倒向茶碟的茶杯中，以免茶水溅出烫人，更不可茶壶嘴向着客人倒茶。

无论杯子大小，都以 7 分满为宜，不可倒得太满，以免溢出，弄湿餐桌和地板，也容易烫到人。

八、其他细节

筷子不用的时候要放到筷子架上，不可横放在碗上或者桌子上，更不要插在饭碗上。

如果食物比较烫，要等凉下来再吃或者喝，不要用嘴吹气，或者不停地搅动。

就餐过程中应该端身正坐，脚不可伸的太远，也不可跷二郎腿，更不可晃腿和抖腿。

在吃菜或者米饭面条时应该将碗碟端起，不可用嘴去凑桌上的食物。

注意举止优雅，注意不要狼吞虎咽、低头凑食、仰头灌食、大声咀嚼或者吧唧嘴、碗筷频繁碰撞出声。

就餐过程中的交谈以同身边的人交谈为主，不要中间隔着人同别人交谈。另外说话时口中不能含着食物，或者边咀嚼边交谈。声音不宜过高，更不应大声喧哗，或者口中有食物时说话。

吃东西尽量轻声，不要发出大声的咀嚼声和碗筷碰撞声。

饭后不要当众剔牙。

食物残渣应该放到餐巾纸中包好，放在桌上，不要放的到处都是，更不能直接吐到桌子上。

不要在餐桌上玩手机或者频繁看手机。如果有紧急电话，应离开房间去接打。

作为主人一方，应该先等客人用餐完毕再停止，否则显得客人吃得慢或者吃的多。

如果安排结账，则可在将近结束不再添加饭菜时，悄悄离席去结账。

用餐完毕，应该等待主人或主宾宣布结束并走出房间后，再离开房间，并检查是否有遗漏物品。不应在就餐过程中早退，或者离席太长时间。

如果就餐的地方离住宿地点有一段距离，则应提前安排车辆的事宜，就餐结束，接人的车辆应停到门口，不可停到较远的停车场。

九、关于自助餐

随着社会的发展和文明的进步，自助餐的市场越来越大，发挥着越来越大的作用。在自助餐就餐时，应注意以下几点：

1）按序排队：自助餐一般用于人数较多、就餐时间集中的情况。因此经常是较多的人同时去取餐。应该按照顺序排队，排队的时候应避免前后左右交谈，会使得队形散乱。

2）少取多次：一次取食不宜太多，以免吃不了浪费。

3）干净整洁：就餐过程中注意维护餐桌的干净整洁，不吃的东西或剩下的如鸡蛋皮等，不宜放到餐桌上，而应该放到餐盘里，将餐盘端走之后桌上干净整洁，避免就餐后狼藉一片。

4）收拾餐具：就餐完毕，应简单将吃干净的碗盘等简单收拾叠放起来，以方便服务员收拾，方便下一位就餐者。

5）不占座位：应该注意一人一座，不要用书包、书本等占座，尤其是自己坐一个座位，让书包等物品还占一个座位，使得其他就餐者找不到座位。

十、关于西餐

在西方，就餐礼仪备受重视，除了食物的精美之外，还注意餐具的搭配、食物的搭配、优雅的用餐礼仪、放松的心态等。

如果去西餐厅赴约，应该着装正式。

（一）餐具使用

西餐桌上的餐具很多，每一样的食物有其特定的餐具，一般不相互替代，或者混着使用。与摆放位置一致的，右手拿刀或者汤匙，左手拿叉子。根据上菜顺序，依次从两侧向中间使用。

刀是用来切割食物的，不可用刀挑起食物往嘴里送。一般带锯齿的刀用来切割肉类食物，小巧圆头的刀用来切面包和抹果酱和黄油。

叉子由左手持，叉齿朝下，叉起食物往嘴里送，如果吃面条等食物叉齿可朝上。叉中的食物要一次性放入口中，体积大的可切开，不要咬一口再放下。使用叉子时动作要轻，往嘴里送食物时牙齿不要触碰叉子，甚至发出声响。

勺子中较小的是用于咖啡或者甜点的，扁平的用于涂抹黄油、吃蛋糕等，大的用于喝汤或者取食碎小食物用。

如果把刀叉分开成三角形摆放，表示继续用餐，服务员不会把盘子收走。如果把餐具放在盘子的边上，表示用餐结束，服务员会把盘子收走。

（二）注意事项

吃饭时两唇合拢，不要出声。

口中食物未吞下，不要再送入口中。

喝汤时不能发出啜食声音，也不能端起汤盘喝，喝汤必须借助汤匙。

发言和交谈的时候，宜将刀叉放在盘子上，不能拿着刀叉指手画脚，更不能用刀叉指着别人。

十一、饮茶礼仪

饮茶包括在餐桌上的喝茶和专门到茶馆的饮茶，这里指到茶馆的饮茶。

中国茶文化源远流长，也是茶的发源地，外语中的茶的发音，一个是类似"cha"的发音，是经由陆路、丝绸之路传播的；一种是类似"tea"的发音，经由海路，由荷兰商人带到西方的。

如果是招待方，应该了解和掌握茶的种类和茶具的使用、不同茶叶的冲泡讲究，以及对应的茶文化、茶的功能等。如果能辅佐以该种茶的渊源、典故就更好了。

作为被招待方，也建议事先简单了解一下基本的茶文化，包括以颜色命名的六种茶的分类和特点，不同茶叶对茶具的要求和品茶的观茶叶、嗅茶香、赏茶汤、品茶汤的过程。

品茶讲究的是和敬清寂，即和谐和悦、相敬相爱、清洁整齐、静寂安稳。因此，品茶过程中应怀着安静、感恩、柔和的心态，举止得体、动作安稳、和颜悦色，这样，才能与茶室的环境协调，体会到茶文化的奥妙和饮茶的意趣。

■ 第三节　餐具及功能说明

一、中餐餐具

中餐的常用餐具如图 6-7 所示。

图 6-7　中餐餐具

1—食碟　2—湿巾　3—汤碗　4—公筷公匙，从公共餐盘中取食物
5—红葡萄酒杯　6—白葡萄酒杯　7—水杯　8—茶杯　9—私筷和汤匙

二、西餐餐具

西餐的常用餐具如图6-8所示。

图6-8 西餐餐具

1—水果叉 2—主餐叉 3—沙拉叉 4—主菜盘 5—汤底盘 6—主餐刀 7—鱼刀 8—汤匙
9—面包及奶油盘、奶油刀、点心叉 10—水杯 11—红葡萄酒杯 12—白葡萄酒杯

第七章

百川与海终相会

——参加学术会议

破阵子·学术会议

玉树琼枝北国，
群英帷幄商磋。
为赋华章词句琢，
临众登台运巧舌
交锋争辩多。

■ 第一节 舌战群儒

一、临战演习

再有一周，就要外出参加两年一度的学术会议了。

大家兴奋而紧张地盼望着，准备着，心想可以通过学术会议长长见识，看看国内同行都在进行哪方面的研究，并借机当面请教一些问题；同时，通过 PPT 向别人展示一下自己的研究，听听别人的意见；还有一点，这次学术会议在塞北市召开，会议之余，没准儿还可以欣赏一下塞北风光呢！

下午，按照约定的时间，初稚丰召集大家进行会议的 PPT 试讲。

蒙臻睿由于入学只有半年时间，还没有真正进入研究阶段，也没有自己的成果投稿，因此一直帮着穆崖楠制作和润色她的 PPT。

这是穆崖楠第一次制作正式学术会议报告的 PPT，自然十分重视，花费了大量的时间，并且对着 PPT 和论文，试着讲了一下，感觉还不错。

大家陆续来到会议室，庄辰申模拟会场主持人，初稚丰示意开始，庄辰申主持说：

"下一位汇报的是来自京邑大学的穆崖楠，她汇报的题目是×××。"

穆崖楠微笑登台，打开自己的 PPT 文件后，环视大家，说：

"然后呢，我开始讲。北国风光，千里冰封，万里雪飘。然后呢，这是我第一次来到塞北市，十分高兴，感谢会议主办方的精心组织。然后，我叫穆崖楠，是京邑大学硕士二年级的学生，我汇报的题目是×××。"

说完将 PPT 翻到下一页，接着说：

"然后，这是我的汇报提纲，分为研究背景、研究目标、研究内容、研究结论四个部分……"

她边讲边点鼠标，每点一次，就从不同的方向带着声音跳出一个图案，连蹦带跳，稳定之后，上面分别写着汇报提纲的四个部分的问题，文字也是艺术处理过的，色彩绚烂。

"……然后，塞北大学土木工程学院结构工程研究所的副教授张老师 2014 年认为，目前针对这些问题，缺乏机理的解释；南府大学土木工程学院的副教授吴老师在 2016 年提出了……"

"然后呢，我的汇报结束了，欢迎大家有机会到京邑大学玩，我会带着大家泛舟映知湖，谢谢。"说完，屏幕上跳出一个偌大的"Thank you very much."，蹦来蹦去。

"用时 17 分 36 秒"。庄辰申向初稚丰汇报说。

"PPT 很下功夫。"初稚丰说。"大家看有哪些问题和修改建议?"

见大家不吱声,初稚丰开始点评:"有人帮你记录问题吗?"

"有,小蒙帮我记录。"

"那好,请把 PPT 翻到第一页。

"第一,你的开场白,不适合这个会议的场合和身份。我们不是参会的唯一单位,你也不是参会单位的团长等,不能代表学校等向组织方致谢。

"第二,虽然现在塞北冰天雪地,不过这个同你自己的研究没有关系,那首诗显得十分多余。汇报的时间是固定的,应该充分利用汇报的时间,展示自己的研究,而不是讲跟自己研究无关的东西。

"第三,主持人已经介绍了你的名字和汇报题目,因此就不用再重复了。一重复,大家就失去了兴趣,大家的注意力就转移了,汇报就失色了。

"你再翻到第二页。

"第一,看这个 PPT 的模板,这个模板很漂亮,颜色丰富。但是,无论是模板还是色彩,是为内容服务的,是为了将内容讲清楚这一目标服务的。

"你看这个图标,始终显示在这个位置,我注意到后面好几个页面,这个位置有文字和图表,就是因为这个图标而看不清楚了,因此这个图标是来捣乱的;

"再看背景色,这片绿,这片红,这个位置还有朵花,所有这些背景也应该烘托或者突出我们的内容,但是你看,显然是让内容更不容易显露出来,因此这个背景也是减分的。

"再看我们学校的这个 logo,这么大,一直在这个位置,占用了大片的地方,总共 PPT 能用的页面就这么大,每页都让它用去一大片,是浪费没有必要的。因为,没有必要在每一页都告诉别人你是京邑大学的啊!

"第二,动画的应用一定要慎重。在需要突出某个内容的时候,可以选用合适的动画突出一下。你看你的,点一下鼠标,大家看着一个图标翻跟头,翻了半天,一看,原来是'研究背景',再翻上半天跟斗,出来个研究目标,浪费大家的时间和精力。应该将这几部分直接显示在屏幕上,而且不应该再一个一个去念。大家一目了然,这一页出现后,只说'我的研究'分为如下四个部分,首先讲第一部分:'研究背景',即可翻到下一页,简洁明快。

"请翻到下一页。

"我们在讲研究背景的时候,应该注意这几个方面。

"第一,要讲主要的、影响力大的成果,例如这个领域的权威期刊、引用率高的文章等,而不是罗列文献。有些小刊物,东拼西凑的只有一页半的内容,这种文献就不要引用了。

"在同样的情况下,应该引用最新的期刊文章,之后才是会议论文、学位论文和书。

"另外引用的时候，我们只讲期刊上出现的内容，不添加其他内容。比如南府大学吴老师的那篇文献，讲的时候不应该说那么仔细，虽然你知道的比较清楚，但吴老师发现和提出的是自然现象和客观规律，跟自己是哪个单位的没有关系；另外他现在是副教授，写这篇文章的时候是副教授吗？过几年评上教授了，会影响这篇文章吗？都没有关系的。最好说'××年吴君水提出×××理论'。另外你说的2016年是不准确的，应该用这篇文章正式发表的2017年，虽然我们知道作者是在2016年提出来的，可是没有文献证明啊！一切应该以文献时间为准。

"这是讲法上的问题。另一个重要问题是，研究背景不是研究文献的罗列，而是通过对重要研究文献的总结，明确目前国内外的研究现状，这不是最重要的，最重要的是从研究现状中，引出还存在哪些问题，哪些问题应该研究，你后面的研究内容，就是这些应该研究的问题中的一个，这样前后就呼应起来了。像刚才你讲的这样，呼啦呼啦一大片文献，话题一转，我研究一个什么什么问题，前后没有关联，跳跃性太大。

"第二，再说后面的内容。我们应该注意PPT跟word是不一样的，Powerpoint，应该是有power的point，就是关键词、关键点、核心的图和表，自己用完整、逻辑清楚、层次分明的语言说出来，而不是大段大段的从word文件里拷贝过来文字，自己照着念。如果是这样，我们还做PPT干什么？直接放一个word文件，照着念就好了，或者都不用投影，让大家翻开论文集多少页，给大家读一下文章即可。但是这样能起到效果吗？这不就成课文朗读了吗？

......

"请翻到最后的致谢。讲完结论，口头说一下感谢就行了，不要出现这么夸张的英语致谢。我们选择语言的时候，无论是说还是写，首先应该看交流对象。比如我们这个会议是全国会议，没有不懂汉语的外国人，因此PPT上出现的和自己说的，都应该是汉语，无论我们自己还是听众的英语多好，也应该用汉语，这是对大家尊重的表现。

"同时，同开头一样，不要讲跟内容无关的邀请大家来玩儿等内容。私下交流的时候说没有问题，讲PPT的时候说这些内容，不但显得不正式，而且还浪费了时间。

"好，说完了细节的问题，我再说一下总体的问题。

"我们讲的时候，应该注意站姿和身体语言。正确的做法是：在有必要的时候用激光笔和手势，指引一下PPT上的内容，其余时间应该是挺身站立，面向听众，不合适的做法是：第一，不停地用鼠标在屏幕上晃，搞的大家眼晕；第二，一直瞅着投影，始终给大家一个后脑勺；第三，始终盯着电脑屏幕，与大家没有眼神的交流；第四，身体重心有规律地在双腿之间转换，看上去向一个单摆一样，频率还很明显……

"好，这是姿势的问题，大家以后有针对性地练习一下"。

"下一个问题，她讲了多长时间？"初稚丰问庄辰申。

"17分36秒。"

"我们大会规定汇报时间是10分钟，之后两分钟提问和交流。如果照你这么讲，负责的主持人会在第10分钟的时候终止你的汇报，让大家提问。可是大家怎么提问呢？你的研究背景部分讲的时间太长了，整个汇报的各个部分的时间不平衡；如果遇到不负责任的主持人，任由你讲，则整个报告会延期，耽误后面的进程。所以，一定要在10分钟之内结束，最好是在9分30秒至50秒之间结束。"

听着初老师的点评，穆崖楠像是犯了错的孩子一般，脸色越来越红。听到时间应该如此准确的时候，为难地吐了一下舌头。大家哄笑。

初稚丰见状，接着说：

"大家觉得将时间控制在这个时间之内，难吗？"

"难——"大家异口同声。

"那是大家练习的太少。通过刚才穆崖楠讲的，我推断练习应该不超过2遍。任何人都没有能力做好PPT后，一遍都不练习，一上来就能讲得流利、时间分配合理、总体时间掌握恰到好处。没有这样的神仙。每一个讲得好的人，都是提前认真练习的。"

"初老师，我看有的大牛，根本不遵守预定的汇报时间。"茅春农插话说。

"确实如此，不过这是反面教材。因为不遵守时间，或者挤压别人的汇报时间，或者打乱预定的会议日程，更进一步，破坏了规则，或者根本没有练习，不重视不尊重听众，等等，无论从哪个方面讲，都不应该提倡。回到刚才的话题，辰申，你说一下，建议大家练习多少次？"

"应该练习多少次我不敢说，我给大家举个例子。某位大学的副校长，现在被誉为是离诺奖最近的科学家，他在日本留学的时候，有机会参加一次国际学术会议并作报告。这是他第一次参加国际会议。为了纠正英语发音、准确掌握各部分的时间和整体时间，他把每一张PPT要说的话，都写下来，反复推敲，确定内容之后，反复练习了80多遍（大家哗然）。正式开会的时候，当场得到了国际同行的赞扬和认可。"说完看了一眼穆崖楠，接着说："我相信崖楠如果认真练习，一定能讲好的。"

初稚丰看了一眼庄辰申，接着刚才的话说："如果大家感觉比这位副校长更聪明，比如比他聪明一倍，那就不用练习80遍，练习40遍估计也就可以了。总之，像刚才这个样子，是不能去参加会议的，把我们课题组的人都丢尽了。

"最后，说一下语言表达问题。穆崖楠平时说话不这样啊！是因为紧张吗？一句一个'然后呢'，如果你将刚才的汇报录下来自己看一下，你会发现问题的，因此大家练习的时候，建议用手机录下来，播放给自己看，从中发现问题、解决问题。

"如果准备不好，现场组织语言，嘴比脑袋快，脑子里还没有组织好语言呢，嘴就要说，只能用'嗯——哎——啊——然后呢'等语气词口头语填充空白；如果语言准备地十分流利，又要防止像背诵课文一样，一个语气一个语调背诵出来。正确的做法是准备熟练，正式讲的时候抑扬顿挫、流利而又自然地讲出来。大家肯定有这方面的体会。关于口头语，有很多这方面的例子，大家不妨说说，看看我们是否有其中的问题。"初稚丰说完看着大家，等待大家的反应。

茅春农看了一眼大家，说：

"除了'然后呢'比较常用之外，还有一些口头语。我前几天看一个访谈节目，采访嘉宾是某地人，每个句子之后都会加上一句纯正口音的'你知（发音，音似"资"）道吗'，略去具体内容，画风大概是这样的：

"'那一天啊，你资道嘛？'

"'我刚出门，你资道嘛？'

"'就刮起了大风，你资道嘛？'

"'我在马路边，你资道嘛？'

"'捡到一分钱，你资道嘛？'

……

"于是乎，你资道嘛，整个节目下来，你资道嘛，大家萦绕在耳边的，你资道嘛，只有节奏感极强的'你资道嘛'。"

大家被茅春农绘声绘色的表演所感染，哄堂大笑，气氛活跃起来，一时忘了初稚丰严厉的点评。

忻璐远跃跃欲试，开口说：

"我上周遇到一位做研发的，据说产品会很有市场。于是大家感兴趣，请他介绍一下。

"'咱们现在经常用的这款××产品，是不是啊？'

"'优点不少，是不是啊？'

"'但是也有不少的缺点，是不是啊？'

"'我们的研发啊，是不是啊？'

"'就是针对这些缺点，是不是啊？'

"听完基本没有记住产品，只有单曲循环的'是不是啊'在天花板上萦绕三日不绝。"

初稚丰见大家对这个内容感兴趣，舒展了一下一直紧皱的眉头，说：

"我有次外出开会，也遇到这种情况。正儿八经的一个节奏紧凑的会议。主持人说：'下面请赵总讲话'。

"赵总先咳嗽两声；再起身，往前拉拉椅子，配着吱吱声；再喝口茶（动作很快，免得浪费大家的时间）。结果放杯子的时候，不小心将茶水洒了出来。

"'对不起'。赵总向大家道歉。会务人员赶紧拿来纸巾递上，赵总边擦桌面上的茶水边向大家道歉。擦干净后，再度拉拉椅子，摆正身体，环视大家。

"'我呢，也没有什么准备……'

"'也没有什么可讲的……'

"'前面的几位已经讲的很全面了……'

"'非让我讲两句，我就凑合着讲两句……'

"'讲什么呢……'

"'确实前面讲的挺全面了……'

"'为了不浪费大家的宝贵时间，我就简单啰唆两句……'

"'大家在百忙之中，放下手里重要的工作，有的牺牲自己的休息时间，来开这个会，就是为了有所收获。'

"'这样吧，为了节省时间，我就简单讲三点内容。'

"'在讲第一点之前啊，我先说一下重要性……'

"结果五分钟过去了，他还没有入题，而别人发言的时间都规定在三分钟之内。"

初稚丰顿了顿，环视大家，接着说：

"其实这是官僚主义的一种表现。大家以后都是各行业的精英，有的要走上领导岗位，到时候如果要发言，干脆利索；无话要讲，痛快回绝，可不要像这样啰唆。既然没有准备，还要说出来'没有准备'，表明不但事实上不尊重大家，还要明确说出来，罪加一等。"

"那好，我们回到主题上来。小蒙，问题都记录下来了吗?"

"都记录下来了，一共56条修改建议。"

"好的，这里面的很多问题是通病，后面的同学也要好好对照，同一类的问题我们就不再更正了。往下继续吧!"

"下一位汇报的是来自京邑大学的忻璐远，他汇报的题目是×××。"

……

演习会开到很晚，大家对每一个人汇报的PPT都进行了全面的点评，并指出了修改建议。初稚丰老师要求大家修改完PPT，再进行第二次演习汇报。

会议结束，上台汇报的几个学生就像霜打的茄子一样，耷拉着脑袋，拖着双腿挪出会议室。

二、大会报到

会议酒店。

经过反复练习，大家整装出发，舟车劳顿，一行人来到了塞北市。真是名不虚传，北国风光，千里冰封，万里雪飘。

大家说着笑着，欣赏着路边的玉树琼枝，不知不觉之间，来到会议地点：迎宾大酒店。

远远就看到饭店门口挂着欢迎参会代表的条幅，进入大堂，会务组人员一字排开，正在接受大家的登记报到。

大家排队，分别按照签到、缴费、领资料、办理入住等程序，办理着相关的手续。正排着队呢，穆崖楠在塞北市的同学来找她，俩人一见面亲热的很，拉着手又说又笑。

在初稚丰的示意下，蒙臻睿拉了一下穆崖楠，穆崖楠凑了过来，初稚丰说：

"大家都在办手续，在这里说话影响工作人员，也打乱了队伍，要不你约一下同学，一会儿在茶吧或者到房间再说话，或者你让别人替你办手续，你去会同学。"

穆崖楠听到一吐舌头，不好意思地道歉，将手续交给蒙臻睿，拉着同学到旁边说话去了。

说话间大家办理好了手续，各自领到了房卡，初稚丰招呼大家：

"大家各自回房间安顿一下，20分钟后到我的房间，1206房间集合一下。另外，我们已经领到的胸牌，请马上佩戴上。"

"初老师，这个胸牌戴上挺累赘的。不戴可以吗？"忻璐远问。

"报到后，一直到会议结束，应该一直佩戴胸牌。"

"为什么呢？"

"它的作用有如下几个方面：第一是方便交流。别人可以看出你是哪个单位的，如何称呼，比如你想找某位只在文献中见过的老师交流问题，从胸牌上很容易辨识，交流很方便。

"第二是参会代表的标识。你看学术会议有场地、就餐、交通、资料等各种费用，这些会务费用大家是以缴纳会议费的形式支付的，胸牌相当于一个缴费证明，或者说门票，方便管理。否则，组织方如何知道谁缴费了，谁没有缴费呢？给管理带来麻烦，又不能将缴费的证明贴在脑门上！"

"反正学术会议大家都是穿正装，不会穿花里胡哨的衣服，胸牌不会影响大家形象的！"茅春农对着女生们说。

转眼间大家到房间放好了行李，汇合到初稚丰老师的房间。

"我想再给大家强调几个事情。"初稚丰见大家到齐了，开始发话。

"我们来参加这次学术会议的目的。总体说来有四个方面，第一，是将我们的成果汇报给参会者，接受大家的询问和建议，以便补充完善我们的研究。

"第二，是聆听其他报告人的报告，了解最新的研究动态和研究成果，学习别人的研究方法。

"第三，是利用共同参会的机会，相互交流，针对自己研究的困境，寻找解决的办法，向同行专家请教，同时激发研究的灵感。

"最后，是结识研究同行，为以后的研究交流和合作打下基础。

"因此，不要认为只要自己报告完了就万事大吉，也不要认为可以一门心思准备自己的报告，而不去听其他的报告。你真的不知道灵感会来自哪个报告，因此应该一直听下去。"

"初老师，遇到有人提问，我又不会回答，可怎么办呀？直接说会不会挺丢人的。"穆崖楠问。

"如果有人点评，或者提问，应该先感谢一下别人，如'谢谢您的宝贵建议'，'这是一个很好的问题'等。关于回答问题，有这么几种情况。如果自己能够回答，应该简明扼要地回答，因为交流的时间有限；如果是一个不太容易说清楚的问题，简明扼要回答之后，可以告知回答起来可能时间比较长，会后专门找机会仔细回答，之后就结束这个问题，而不能在那里滔滔不绝地展开讲；如果遇到自己没有把握的问题，可以说现在还没有把握回答，会后确认一下再找提问者回答。不过要记住，只要说了，一定要实现自己的诺言，否则别人会认为是为了搪塞过去。"

"那么，初老师，我们可以提问吗？"蒙臻睿问。

"当然可以。提问的话要注意以下几个方面。

"首先，要做一下自我介绍，不仅是为了让报告人知道，也是为了让会场的听众知道你是谁，和你的身份。"

"所以，即使汇报人认识你，也应该自我介绍一下。"庄辰申补充一句。

"是的。辰申说的对。自我介绍是希望会场的所有人都认识你。这样如果别人听了你的问题，希望跟你交流，会后能很方便地找到你。请记住啊！让更多的人认识你，绝对是一件好事。

"也有不需要自我介绍的情况。"庄辰申补充道："比如你刚刚在这个会场做过报告，大家都知道你；二是你在这个会场第一次提问的时候自我介绍过了。

"其次，提问要紧扣演讲的内容，简明扼要。有人会利用提问的机会滔滔不绝介绍自己的研究，这是需要避免的事情。在某次国际大会上，因为有人提问的时候说的太多，主持人不得不说'每人提问不能超过十个单词'。"初稚丰接着说。

"再次，提的问题不能太大。举个例子，吴承恩讲完师徒几人过火焰山之后，最好针对火焰山的环节提问，如果问'从东土到西天取经过程是怎样的'，这是一两分钟回答的了的问题吗？如果问'他们怎么过的火焰山啊'，这不是没有听 PPT，要让吴承恩重新讲一遍PPT 吗？因此这些问题都不是好问题。"

"最后，也不要问稍微查询一下就能得到结果的问题。"庄辰申补充道。"有的问题翻阅一下会议论文集，或者汇报者发表的文章就能找到答案，就不要占用大家的时间提问了。例如，'吴老师，唐僧的那位肥头大耳的徒弟叫什么名字'。"

"初老师，我还有个问题。"蒙臻睿问道，"如果我没有机会提问，但是确实想问汇报人问题，该怎么办呢？他讲完我可以去找他问吗？"

"这个时候，可能下一个人马上就要汇报了，不能台上有人汇报，你们俩小声在台下嘀咕，不但影响台上汇报者的情绪，也影响周围人听报告。如果会场比较小，这个问题会更加严重，是很失礼的行为。

"咱们课题组的董老师、管老师当会场主持的时候，都很注意维持会场秩序，发现这种情况会及时制止。当众被主持人制止，也是很尴尬的事情哟！

"但是你又想跟汇报人交流，该怎么办呢？这时候你就应该记住汇报人的名字和单位，可以在茶歇、就餐的时间去发现机会。一般汇报结束，汇报人不会马上离开会场，会在会场听其他人的报告。会场的所有汇报结束时，你留心一下，跟随汇报人出来，再上去打招呼问问题。

"提醒做报告的同学，一定提前将自己的PPT拷贝到会场指定的电脑中，并且逐页播放一下，看看有没有因版本不一致引起的问题，或者有无视频和动画无法播放的情况。

"另外，请大家规范作息，按照会议日程表准时参会，遵守会场的秩序。时间不早了，今天的会就到这里吧。"初稚丰说完，大家散去。

三、会场争锋

大会会场。

大会首先进行的是开幕式，由会议主办方的一位教授主持会议，请学会的一位资深教授致开幕词。

一开始，就有手持相机的各路人员不停地穿梭在会场中，闪光灯咔咔地闪个不停。听众中不少人拿出手机，高高举起拍照；有的拍不到，干脆站起来拍，一时会场秩序有点乱。主持人不得不中断资深教授的讲话，宣布会场纪律：

"请会议承办方指定工作人员，到会场后面的过道上拍照，会后将照片共享到会议的平台上，大家可以下载，暂时请大家不要在会场随意走动、拍照，以免影响会场秩序"。

说完，会场暂时恢复了平静，教授继续发言。

这位教授发言完毕，会议承办方的一位代表发言。这位代表稍微有些口音，有些听众对内容不太感兴趣，低头拨弄手机。不一会儿，QQ、微信、消息声甚至各种电话彩铃声此起彼伏，有的干脆接起电话，虽然用手捂着电话低着头，可还是影响了周围的人。

主持人看不下去了，在换发言人的时候，说：

"请大家务必关闭手机，或者调成静音状态！如果确实需要接打电话，请一定离开会场，请保持会场的肃静！"

终于好了一些。蒙臻睿心想：这些人到底是来干什么的呢？是来开会的吗？还是来踢场子的?!

大会开幕式结束了，进入分会场报告的阶段。几位老师和同学在高层建筑分会场。管经纶老师是本场的主持人。会议开始，报告人按照次序，在管经纶的主持下依次汇报。

下一位汇报人是南府大学的端木湘佳老师。端木老师气质优雅，一副学者风范，同时PPT制作的十分精美，不少人纷纷拿出手机准备拍照。这时管经纶用手势提醒大家不要拍照。等端木湘佳汇报并交流结束，管经纶说：

"除非事前征得了汇报人的同意，否则汇报期间不要拍照，一是影响汇报人的讲解，二是涉及PPT上内容的知识产权问题，不确定是否能够公开的情况下就拍照保存，是不合适的，请大家遵守。"

接着下一个汇报。显然端木老师的汇报引起了很多人的兴趣，有两位听众坐到端木湘佳的旁边，跟她讨论问题，端木左右为难。不回答吧，磨不开面子；回答吧，说话会影响周围的听众。

管经纶见状，不得不再次宣布纪律：请在茶歇的时间再讨论问题，或者在室外讨论，在会场讨论的话会影响其他听众。

下一位汇报人汇报的时间已经到了，无视会场秘书的时间提醒，继续讲解研究背景。管经纶只得中断汇报人，说：

"×××老师，汇报的时间已经结束了，请大家提问。"见大家没有提问（也没法提问，研究背景还没有讲完呢），管经纶接着说："请继续讲解，可以把用于提问的2分钟用完"。

结果这位老师一下子慌了神儿，用1分钟的时间将研究目标、研究意义、研究方法、研究内容和研究结论展示了一下，根本来不及讲，就到时间了。

管经纶强调说："请大家严格遵守汇报的时间，我们既不能占用别人的时间，也无法延期结束，影响后面的会议进行。还没有汇报的老师和同学可以再准备并演习一下，掌握一下时间进度。"

四、茶歇交流

会场茶歇。

转眼茶歇的时间到了，大家陆续走出会场，喝茶交流。

这时端木湘佳走向管经纶，交谈起来。

"你们学校的老师和学生穿戴整齐，在会场中十分的引人瞩目啊。"端木湘佳赞叹到。

"这也是一个训练。学术会议对学生来说，无疑是很正式的场合；正式场合穿正装，是应该养成的一个习惯。董教授多年一直是这么训练和要求的。"

"你看有的穿着厚重的羽绒服，有的还围着围巾，甚至有的戴着口罩就上台汇报了，确实有碍观瞻。"

"很多年轻人，分不清漂亮的衣服和正式的衣服之间的区别。我看有的也是精心捯饬过的，不过不是按照职业的方式。"管经纶附和。

穆崖楠和蒙臻睿端着茶杯走过来，向端木湘佳问好。

"正夸你们呢！"端木老师笑盈盈地对她们说。

"是吗？"穆崖楠大咧咧地问，"我们哪里可圈可点了？"

"第一是着装好，正装，很整齐，加分。"说完伸出大拇指做"赞"的样子，"其次，你们肯定都认真练习了，每个同学都讲的层次分明，时间掌握的恰到好处，既没有浪费时间的，也没有拖延的，再次加分！"

"我们出来之前，管老师安排初老师手把手地给我们修改 PPT，要求反复练习了呢。你都不知道，要求我们练习 80 遍。"说完做了个鬼脸。

"没有直接要求 80 遍，是给我们讲了一个榜样，那位榜样练习了 80 遍。"蒙臻睿赶紧更正。

"可见没有白下的功夫。我估计优秀论文评比，你们的成绩差不了。回去我们也要求一下。"端木湘佳说。

"不过需要提醒一下，明天下午是技术参观，这次计划去某个工程现场参观，因此从头到脚都要武装起来，现场需要戴安全帽，穿上保暖的外套和便于行走的鞋子，请大家提前做好准备。"管经纶提醒到。

"初老师在来之前就提醒我们了。"穆崖楠说。

不知不觉间，第二场汇报时间到了，大家陆续回到会场。

五、餐厅占座

自助餐厅。

会议日程都已经结束了，课题组一行人来到餐厅就餐。正是就餐的高峰时间，队伍排得挺长。

取餐之后，发现很多座位都已经被书和包等占上了。穆崖楠和蒙臻睿端着盘子找了好长时间，才在一个角落里找到位置，坐了下来。穆崖楠刚把书包放到旁边的座位上，蒙臻睿便提醒说："崖楠姐，东西应该放到自己的座位上，别让东西占一个位置。"

穆崖楠一个鬼脸，说："可不是吗！我们找了半天地方，好多是让包包给占了，结果人没有地方坐。"

人越来越多，很多人端着盘子到处转，没有位置坐。不少的位置上放着包。这时会议承办方的一位工作人员手拿麦克风对大家说：

"各位参会代表，十分抱歉！现在是就餐高峰时间，请大家把自己的行李和书包等放到地上，书包挂在自己椅子的靠背上，腾出座位给参会代表使用。现在很多代表没有位置坐，请大家配合一下。"

听工作人员一说，人们纷纷拿起占座的东西，腾出了不少位置。

"你说，又不是没有位置，人们为什么要占座呢？"穆崖楠边吃边说。

"可能是有人太害怕孤独了，一会儿不跟熟人在一起就发慌，非得很多人坐到一起吃饭不可。"

"还有啊，你看着，只要是自助餐，肯定有很多人剩饭菜，这是惯例。今天估计又是这样，虽然参会的至少是硕士研究生。"穆崖楠偷着瞥了瞥某些食物摞得尖尖的盘子，小声说。

"知书不达礼。"蒙臻睿小声说。"还有个词是怎么说的？"

"穷根儿未断，食欲无限！哈哈哈。"

"小声点儿！"蒙臻睿提醒到。

这时，端木湘佳端着盘子走过来，坐到她们旁边，说：

"祝贺你们课题组啊！那么多同学获奖。"

"都是因为老师给我们指导的细致，修改的认真，要求的严格。"穆崖楠说。

"初老师给她提了56条修改建议呢！"蒙臻睿透露说。穆崖楠白了蒙臻睿一眼。蒙臻睿赶紧说："给另一个同学提了35条，不过她的56条当中有一半儿也是另一个同学的问题，所以加起来，会更多呢！"

"修改建议越多，说明看的越认真，要求的标准越高，才能进步快。真是名师出高徒，董老师带学生的这一套方法，我们一定要好好学习。"

说话间，同桌的人陆续离开了。董老师和管老师他们因为离开会场比较晚，刚刚走过来，跟大家坐在一起吃饭。

闲聊之间，端木湘佳向董老师说："刚才我们讨论的时候，您的学生问了一个问题：'学生在学术会议上是否可以提问，如何提一个好问题'，我们讨论了一下，发现这个问题还挺不好回答的，请董老师给我们讲一下，如何啊？"

董教授听到端木湘佳的请求，高兴地说：

"在汇报结束的交流环节，不仅是提问，是 questions and comments，即问题和评论或者点评。先说评论，比如自己有相关的研究或者经验，或者观点，发现汇报者的内容中有值得商榷的地方，或者发现了什么问题，根据自己的经验和积累帮助汇报者解决问题、提升高度、发现新的问题和闪光点等，在这种情况下可以评论。但是 comments 一般适用于有一定研究积累的人，不太适合低年级的研究生。

"再说 questions。其实提问有几种问法。第一种是请教式，即对报告中不懂的问题进行提问，包含的面很广；第二种是确认式，即自己对报告有一定的理解，但是不确定自己的理解是否正确，可以请汇报者给予确认。第三种是异议式，在听懂和理解汇报人的观点之后，自己有不同的看法，或者是提出新的观点。硕士研究生的问题基本都是第一种和第二种，第三种做到的还不多。

"提问的时候应该简明扼要，不要说太多的背景和自己的研究，当然也不要强调自己研究的重要性，应该一次将问题问完，不要拿着话筒不放。另外，提问应该注意礼貌，不能抱着挑剔和指责的语气和态度，不要提出这样的问题：'我用同样的研究方法怎么得到的结果与你的不一样？'让人无法回答。

"说了这些之后，再说什么是好的问题。一个好问题，应该具有代表性、应该是紧密围绕汇报内容的，应该表达准确逻辑清晰，应该是一两分钟能够回答的，应该是汇报内容的确认、挖掘和拓展，如果有启发性就更好了，同时表达应体现出对汇报者的尊重。与之对应的就是不好问题了，如某些极端个例现象（不具有代表性）、与汇报内容无关、表达不清、问题太大无法简单问答、只是表达自己的研究而与汇报者关系不大、对汇报者有攻击性等。

"虽然说了这么多，对于提问还是鼓励的，其实任何事情都会有一个过程，一个人很难上来就提出一个很好的问题，都是逐步成长的过程。

"在大会报告或者特邀报告中，一般听众较多，在提问环节，如果低年级的学生有问题要问，应稍观察会场的情况，如果有学术前辈有问题的话，应等着他们的问题问完，之后再提问，因为提问题的深度和高度同研究积累有关。如果没有机会提问，可以下来找汇报者私下请教交流。另外应根据时间情况，如果报告已经超时、主持人希望尽快进入下一个环节，则不适合再申请提问机会。"

就餐很快就要结束了。互相告别之时，管经纶提醒学生们不要忘了开具会务费、住宿费的发票，如果不清楚的话可以去问初老师。

■ 第二节　相关建议

一、会议礼仪的重要性

参加学术会议是研究工作的重要环节。

随着各学科研究的深入和合作的广泛，各个研究组越来越重视学术交流和学术会议，学术会议在研究中也发挥着越来越大的作用。

参加学术会议，注重相关的礼仪，可以达到良好的学术交流的目的；相反，如果不注重相关的礼仪，给人留下不好的印象，不但会影响交流效果，还可能长远影响今后同其他单位的学术交往。

参加学术会议的程序，包括：投稿被录用、网上注册缴费、填写参会回执、车票或机票购买、住宿预订、准备 PPT、报到、报告/听报告、散会离开等环节。下面分别从准备 PPT、报到、会场报告、听报告、提问、就餐、结识同行等环节进行介绍。

二、准备 PPT

作报告和听报告是参加学术会议的最重要的两个环节，作报告的质量除了研究本身之外，很大程度上取决于 PPT 制作的质量。

根据会议通知和日程安排，明确自己报告的讲解报告时间和现场提问时间，根据口头报告时间的长短，合理规划，完成 PPT 的制作。

一个完整的研究报告 PPT 包括首页、提纲、研究背景、研究过程（研究方法、研究内容、关键问题等）、研究结论等。从时间和分量上，研究过程部分应该占第一位，其次是研究背景、研究结论等。根据总时间和自己的讲解习惯，规划总体 PPT 大约的张数和各部分的张数，做到各部分之间页数和时间的平衡。

如何做出一套上乘的 PPT 呢？学问高深，请参考相关的文章和书籍。这里只列几条常见的问题和建议：

（一）关于比例和模板

在动手制作 PPT 之前，第一件事情就是通过会议通知，或者其他途径，获得 PPT 投影幕布的比例。常见的比例是 4:3 和 16:9 两种，一般大会报告 16:9 的居多，分会场报告 4:3 居多。一定要根据具体的要求，制作比例一致的 PPT，否则会影响效果。

这也要求会议组织方，在会议通知里明确大会特邀报告、分组报告的 PPT 长宽比要求，使各位报告者在开始制作 PPT 时，就知道这项重要的信息。

关于模板，请选择适合作为学术报告的 PPT 模板，或者自制模板。

常见的问题是模板或附加图案过于花哨，或者背景颜色同部分主题文字和图标比较接近，影响讲解的主题文字和图标效果。

PPT 的制作应该首先确定主要目标，其他的图案也好背景也好，是为讲解的主要目标服务的，而不是上来捣乱的。

（二）关于文字

首先应该知道 PPT 同 word 的不同。应该用简洁的文字和数字、图表表达关键内容，讲解的时候用完整的语言来表达。应避免大段的文字（如果这样可以的话就直接放 word 文件好了，不用 PPT 了），使用文字时，应该用关键词等主要词，不宜用整句的文字。

同时，每张 PPT 中同一优先级的文字应该用大体相同的字号和字体，避免字号太小，听众看不清楚。关于字体大小的问题，文字本身将字号放大比较容易，请大家注意图表中的文字和数字，尤其是坐标轴，经常字体偏小，大家看不清楚。看不清楚的内容还不如不放。

第一次做 PPT 的同学，容易将 PPT 做的可爱而不正规，弄一些花花草草或者看起来挺花哨的图案，或者用各种扭来扭去才显示出内容的动画或者用偏可爱的模板，不过大家请记住，所有的图案都是为讲内容和显示的研究内容这个主体服务的，如果起不到服务和突出主体的作用，那都是来捣乱的，应该毫不犹豫撤下。绣花鞋再好看，用来跑步也是必定要失败的。

（三）关于图表

关于图表，应选用清晰的线条、完整的坐标和标注等，并注意图表的线条、数字和文字应该能让听众看清楚，一张图打印出来或者以电子文件的形式展现出来别人能看清楚，但是直接放到 PPT 中，别人不一定能看清楚。

（四）关于动画

使用动画一般是为了强调，请在有必要使用动画的地方使用，避免过多的动画让人眼花缭乱，一张新的 PPT 页面出现，不能是白页，通过点鼠标之后才弹跳出内容。

（五）关于练习

如果做好 PPT 后，没有练习，就直接上台讲了，那么恭喜你：效果将差的不堪忍受！

练习、练习、再练习，无论对 PPT 的内容有多么熟悉。

练习的时候，应注意如下几个方面的内容：

1）要做到脱稿、脱离 PPT 页面，只要打开一页 PPT，就能流利地讲出需要讲的内容。

2）各部分之间时间的平衡。在总的汇报时间一定的情况下，首页讲哪几句话，研究背景部分用多长时间、研究内容用多长时间等，一定要有合理的分配。

3）注意前后逻辑和层次的关系。

4）注意身体姿态。

5）整体的语速控制，既不是背诵课文，也不能磕磕巴巴。

6）总体时间，应控制在规定时间前的 30 秒之内结束，做到既不浪费时间，也不拖延时间。

练习差不多的时候，建议将自己讲解的样子通过手机录下来，自己反复播放看一下，是否有多余的口头语，是否有不连贯的地方，是否有姿态不合适的地方等，并一一改正。

三、会议报到

到达报到大厅后，按照会务组的安排，依顺序签到、领取资料、办理入住等。

上述手续完成之后，应该熟悉一下会议日程，找到自己作报告的时间和会场，提前去熟悉一下去会场的路径和会场的情况，同时从日程中找到自己感兴趣的报告场次和会场，做好标记，以便能按时去听。

会务组会给每位参会者准备一个胸牌，上面有参会者的姓名和单位等，作为参会者的身份证明，整个会议期间都应该一直佩戴，不可不戴，或者刚开始戴一下就摘下来。

四、学术报告

在确认自己报告的会场和时间之后，应该及时联系该会场的工作人员，确定 PPT 拷贝的时间。

拷贝 PPT 应该在会场工作人员的协助下进行，如果报告的电脑中已经有其他报告者的 PPT，在取得 PPT 主人的同意之前，不能擅自拷贝别人的 PPT 到自己的 U 盘。尊重他人的学术成果，是最重要的一条基本礼仪。

拷贝完成后，利用播放模式浏览一下全部 PPT，以确认所有内容是否能正常播放，尤其是视频和音频部分，另外注意是否有因 PPT 版本不同造成格式错乱的情况，如果有的话要及时调整。

按照日程安排，按时登台报告。

会场主持人通常会介绍报告者的姓名和报告题目，在这种情况下上台后可简单致谢，不用再重复自我介绍。

如果主持人没有介绍，则需要简单介绍自己的姓名、单位和报告题目，文章作者不是自己一个人时，可将自己的名字做标记，如下划线、改变颜色等，以区别报告者和合作作者。

整个报告过程中的注意事项有以下几个方面：

（一）PPT 报告的注意事项

1）充分利用并控制报告时间，在规定时间之内结束，但是提前的时间不应太长，最好在 30 秒之内。

2）将报告内容熟记在心。每一张 PPT 出来之后，看或者不看 PPT，都能够准确流畅地讲出其中的内容，不能指望在会场作报告的时候临时发挥再组织语言。

3）语速适中，连贯流畅。既不要为了多讲内容语速很快，让听众有"赶时间"的感觉；也不要因为练习的比较熟练，像背诵课文一样没有高低起伏地将准备的内容一气背诵下来，讲解过程中应有适当的节奏，在关键的时候应有适当的停顿，让大家有消化理解的时间。

（二）容易出现的问题和改正措施

1）不建议用鼠标指示，应该首选激光笔。在没有激光笔的情况下可用鼠标。

2）无论是鼠标或者激光笔，避免不停地在屏幕上晃动，这样不但会分散听众的注意力，还有可能让部分人眼晕。改正的方法是只在必要的时候、需要引领大家目光的时候用鼠标或者激光笔引导一下，随即关掉。

3）身体重心周期性地在左右腿之间变化，就像一个规律的单摆。应该以合适的姿势正直站立，不摇晃身体。

4）眼睛一直盯着电脑画面，或者投影的幕布，或者听众中一个固定的方向，同听众缺乏必要的眼神交流。除了适当用鼠标或者激光笔引领大家的目光之外，应该有足够的时间面向听众，同大家有目光的交流。

5）不必要的语气词或口头语太多，例如有人每句话都是以"然后呢"开头，有人每句话都是以"昂～""吭～"结尾。改正的办法是练习时录一段自己讲话的视频，找到自己的问题所在，有针对性地改正。

6）不应一概对照PPT内容照本宣科。对于有深度的内容，需要展开讲解；对于简单的内容，可以一带而过。

（三）回答问题注意的礼仪细节

1）别人提问或建议，首先应表示感谢，如"谢谢您的问题""这是一个很好的问题""感谢您的宝贵建议"等。

2）学海无涯，如果别人提的问题自己不知道答案，是再正常不过的事情，实事求是地说"这个问题我不知道，下来好好学习研究一下，争取找到解答方法"是不失脸面的回答方法，远比不懂装懂、东拉西扯强过百倍。

3）回答以简短准确为好，应紧密围绕提问的问题进行回答，不要转移话题，滔滔不绝讲一大堆自己知道的、但已经跑题的内容来弥补对所提问题的搪塞，不是好的习惯。

4）如果别人提的是建议，应该表示感谢并接受，如"我下来按照您的建议好好分析研究一下"。

5）由于研究方向等各种原因，如果别人提了一个明显的错误问题，在问答过程中你发现难以说服或者不方便说服对方，简单解释一下即可，避免发展成长时间讨论。

6）关于结尾。一般PPT的结尾是结论部分，因为结论部分不可能有图表，所以文字应该是整句的，不能是几个关键词。但是讲的时候，也不要逐字逐句去念每一条结论，因为结论会在讲的过程中体现出来，现在一个字一个字去念，不但让大家觉得重复，而且有索然无味的感觉。应该怎么办呢？用最简短的一句话概括一条结论即可。

7）关于结束。汇报结束的时候，建议将PPT停在结论这一页，好让大家消化吸收或者加深理解，也方便提问。不建议的情况是，专门再做一页 PPT 讲致谢，除了感谢两个大字之外就是握手的图案。因为有致谢这一页，结束的时候容易将 PPT 停在这一页，没有多少意义。说完结论之后，如果致谢，口头说一下就可以了。

8）有的人在致谢部分感谢为研究做出贡献的所有老师和学生，以及合作单位的人员，还放了每个人的头像，会感觉很亲切。不过致谢完之后，建议将 PPT 返回到研究结论的这一页。

五、提问环节

提问是听报告的重要环节，一个好的问题，不但能活跃现场气氛，还可以将报告者的讲解引领到更高的高度，同时也能解除自己的疑惑，是一举多得的事情。

提问环节需要注意以下事项：

1）感谢和自我介绍。希望提问的时候举手示意，在主持人授意取得提问机会后，起身站立，自我介绍并感谢在先：如"某某老师您好！我是京邑大学的硕士研究生蒙臻睿，感谢您的精彩报告，我有一个问题……"。

2）即使汇报人知道自己的名字，也建议自我介绍一下，目的不是为了让汇报人知道，而是让别的听众知道自己的身份。

3）提问要简明扼要。有人会利用提问的机会滔滔不绝介绍自己的研究，是需要避免的事情。

4）提问要紧密围绕报告的内容。例如岳飞针对长矛的使用技巧进行了详细的报告，就不要再问诸如"背上刺字疼不疼啊""金兀术有什么爱好啊"等与本次报告无关的问题。

5）避免过大的问题，或者汇报者已经重点讲过的内容。例如吴承恩"教授"报告完唐僧西行的意义和取经过程之后，不要问诸如：

"以西游记为代表的小说同西方文学有什么区别呢？"（这是一两分钟能回答的了的问题吗）

"取经过程是怎样的？"（难道你要吴教授再讲一遍 PPT 吗）

"为什么要西行取经呢"（让人怀疑刚才报告的时候你打盹了）

6）避免问自己稍微查阅就能得到答案的问题。有些问题通过翻阅论文集或者报告者发表的文章就能找到答案，不建议作为问题提问。

7）问答中避免追求取胜。每个人的知识面和研究深度、研究方向等不一样，对于有些没有明确结论的问题，不同的人可能有不同的看法，如果发现对方跟自己的观点不一致，应理性对待，避免片面追求讨论的取胜，也要避免用其他与本话题无关的砝码增加自己说话的分量。例如"我研究这个问题都十多年了""亚里士多德伽利略牛顿爱因斯坦对这个问题的观点跟我的观点一致的""我的导师的导师是诺贝尔奖得主"等等。

8）如果问答环节意犹未尽，在会议结束之前，避免凑到报告者的座位附近继续讨论，以免影响正在听报告的周围人和台上做报告的人。

六、就餐时间

会议在中午和晚上时一般会安排自助餐。就餐时应注意的事项包括：

1）携带餐票和胸牌到指定的餐厅就餐，按时就餐。

2）按照会务组人员的引导，排队取餐。取餐前不建议拿书包或者资料等先去占座位。

3）按照少取多次的原则，避免任何浪费。在餐桌上，没有比吃的干干净净、不浪费任何粮食更有风度的了。

4）如果是和同学一起参加会议，吃饭时坐不到一起，不是什么大不了的事情，不要通过占座位、让别人调换座位等一系列麻烦别人的事情，换取几个人短时间坐在一起的机会。

5）其他事项请参照"就餐"章节的内容。

七、结识同行

能结识研究相同或相近的同行，是参加会议的一大收获。因此，会议期间应该积极主动认识同行。

比如听了某位老师的报告，自己十分感兴趣，在会议茶歇等间隙可以主动上前结识："某某老师您好！我是京邑大学结构专业的研究生，叫蒙臻睿，是董重熙老师的学生。这次听了您的报告很有收获，有个问题想请教一下……"。谈话结束的时候，如果希望得到对方的联系方式，可以讲"××老师，为了以后请教问题的方便，能得到您的联系方法吗？"

除了直接询问对方的联系方式，主动递上自己的名片，也是方式之一。

如果自己带着名片，主动给对方递名片，言外之意是希望结识对方，对方一般也会回递名片。所以如果有同行给自己递名片，作为礼貌应该回递名片。如果自己被别人要联系方式，应视为一件愉快的事情。

除了主动自我介绍之外，经人介绍也是很好的选择。

三方在场，中间人介绍双方认识的时候，首先要分清高低长幼，按照位高年长者优先获得对方信息的原则，介绍人应将职位低、年龄小、男士，介绍给职位高、年龄大、女士。之后，再将位高、年长、女士介绍给对方。

八、其他注意事项

参加学术会议无疑是学生时代比较重要的正式场合，请毫不犹豫穿正装前往。

保留好交通、住宿、注册等费用的发票和会议邀请函。

在听讲环节，除了事先征得报告人同意之外，不要对报告人的 PPT 进行拍照、录像等。

无论对报告内容感兴趣与否，都不可以打哈欠、打瞌睡、与旁边的人说悄悄话、听耳机、玩手机等。

■ 第三节　常用模板

一、参会回执

参会回执可参考表 7-1。

表 7-1　第××届全国××学术会议回执表（请于×月×日前发回）

单位名称 （发票抬头）	京邑大学	地址	京邑市学府区国学路 86 号		邮编	012345
发票信息	（　）普票 （　）专票	税号： ×××	地址：京邑市学府区国学路 86 号 电话：012-34567890		开户行：××银行××支行 账　号：×××	
经办人	姓名	庄辰申	手机号	×××	邮箱	×××
参会人员信息						
姓名	性别	职务	手机	邮箱	是否参观	备注
穆崖楠	女	硕士生	×××	×××	是	
蒙臻睿	女	硕士生	×××	×××	是	
住宿酒店	（　）迎宾大酒店：550 元/天。（　）塞北酒店：420 元/天（距迎宾大酒店步行 5 分钟）。					
住宿要求	单人间（　）间，双人间（　）间，（　）不住宿。入住日期（　）日，退房日期（　）日					
用餐安排	会期提供×月×日晚餐至×月×日晚餐。					
备　注	◆请正楷填写，括号处"√"选择，于×月×日前将此表通过邮箱回传×ב××.com。 ◆接到报名后，会务组将在会前一周发送会议第二轮通知。					

二、接送站回执

接送站可参考表 7-2。

表 7-2　接送站回执表（请于×月×日前回传）

单位名称	京邑大学	联系人	×××	手机	×××	
去　程	航班号/车次	×××	到达时间	×××	人数	×人
返　程	航班号/车次	×××	起飞/发车时间	×××	人数	×人
备　注	◆×月×日在塞北国际机场、塞北站安排接站。无接站回执单的代表，请直接到酒店报到。 ◆×月×日安排送站。◆请正楷填写，于×月×日前将此表通过邮箱回传×ב××.com。					

第八章

不能假日乐天真

——休假

南歌子·寒假

转瞬年终到，
子衿乡路遥。
人疏寂寥冷风萧。
壮志难酬，
未觉内心焦。

■ 第一节　假日里的成长

一、寒假规划

转眼一个学期过去，学校放寒假了。

随着学生的离校，校园里日渐冷清起来。平时熙攘热闹的路上，难得一见的小鸟蹦蹦跳跳，相互鸣叫着觅食。

冬日的阳光白而无力，透过路边稀疏的枝干，洒在残雪斑驳的地上。

冷风吹过，树影扫地鸟不惊。

蒙臻睿像往常一样，按时起床晨跑、早餐，收拾妥当，来到研修室。

学生们陆续地都来了。路上哈出的白气在头发上结了微霜，猛一看，还以为一夜之间白了头。大家互相取笑着对方，搓手取暖，喝水暖胃。

穆崖楠　小蒙，什么时候回家啊？（穆崖楠边开电脑边问）

蒙臻睿　还没有想好呢。本来以为上了研究生，会学到很多东西，结果一个学期下来，
　　　　还没怎么学呢就过去了，感觉空荡荡的。

穆崖楠　这很正常的，我也是，都二年级了，研究进展缓慢。这样三年下来，跟本科生
　　　　相比，我们的优势到底在哪里啊。（有些懊恼地说）

蒙臻睿　所以呢，我都不知道怎么办。回家吧，七大姑八大姨的太热闹，肯定更学习不
　　　　成。现在刚放假，我想规划一下寒假应该怎么过。不能明日复明日，万事成蹉
　　　　跎。另外啊，我听人说了：都上研究生了，还有什么假期？还要过什么假期？

穆崖楠　好学生啊！有志气，可塑之才！（说完做"赞"的动作）我也正想呢。除了目
　　　　前的研究课题，应该趁着寒假再学点儿什么东西，要不感觉知识面太窄了。

蒙臻睿　要不一会儿庄师兄来了，请他出出主意？

穆崖楠　刚才来的时候看到了初老师，还是请初老师给我们说说吧。

说话间，学生们陆续来到研修室，穆崖楠去初稚丰办公室请教，初稚丰约好几分钟后到会议室座谈。

初稚丰　大家寒假都有什么计划啊？

忻璐远　原来本科的时候，放寒假自然就跑着玩去了，会会同学什么的。不过现在研究
　　　　生了，应该为以后着想，总感觉应该再学点儿什么。

穆崖楠　我也是这个感觉。现在的研究，毕竟是一个很具体的、很专、很窄的问题，以
　　　　后工作可能面对方方面面的问题，只靠研究过程中掌握的技巧，担心无法应对

以后的工作。

茅春农　我的看法是，尽快确定以后的就业方向，比如企业，还是公务员，或是考博士等。根据就业方向确定学习什么，比较有针对性。要不的话，学海无涯，从何入手呢？

庄辰申　我觉得春农说的对，现在无法确定很细的方向，但是大体应该有个目标。毕竟以后考博士、走学术的道路，和去企业和政府等，是有区别的。

初稚丰　那你们说说看，以后都计划做什么？

庄辰申　我的目标很明确了，已经从企业里逃出来了，以后就想在高校里工作。

穆崖楠　我想尽快上班。家里负担大，不能再从老爸老妈那里伸手要钱了。不过，至于是公务员还是企业，我觉得都行，哪儿要我，我就去哪儿！

茅春农　我和崖楠的想法一样，尽早回馈父母，长这么大，一直饭来张口衣来伸手，已经十分愧对父母了。

蒙臻睿　其实一入学，我就开始纠结这个事情。大学的时候本来希望上班，可是就业不顺。这学期以来，不停打问上班的同学状态，感觉上班以后每天都特别忙，都没有自己发呆、走神儿的时间（众人笑），我的丁点儿的文艺情怀，可能会很快被消灭掉。所以，最近在考虑考博士，争取以后过上作息时间自己能决定的生活。

忻璐远　我介于大家之间，又不想考博士，又想时间自由。可是这种工作上哪儿找去呢？

初稚丰　好啊好啊！大家谈得很好，看来都在考虑这个问题。那么我根据大家的计划，求一个最大公约数，说点儿以后对每个人都可能有用的建议。

众人附和，纷纷摊开笔记本，准备记录。

初稚丰　大家前几天参加了全国学术会议，回来之后也做了总结，估计还记得好的地方，不过也有很多的不足。不只是局限于我们课题组的汇报，从各个学校的汇报来看，PPT的质量良莠不齐，口头汇报的效果五花八门。PPT的汇报，对大家来说，无论毕业出路如何，都是一个基本的、并且十分重要的技能。因此，第一点建议就是，借着参会的体会，利用假期的时间，好好学习一下PPT的制作技巧。这里面包括很多内容。例如，大到如何针对听众群体确定整体风格，如何从提高说服力上确定前后逻辑关系，如何从整体内容上确定布局，如何从美学的角度确定色彩的使用，如何从讲解的效果上确定工具的使用，如何从强调的内容确定动画特效的选用等，很多问题，小至一个文字字体、字号的选择等，都有很多的技巧在里面。一个好的PPT，应该是契合听众的风格和喜好、前后逻辑清晰、布局合理、色彩搭配赏心悦目、内容既重点突出又通俗易懂，当然说起来容易，做到的话需要下一番功夫。你们看大会报告的几个PPT，有的十分用心，效果当然也特别好。平时大家都忙于学习和研究，现在放假了，正好可以拿出一定的时间来好好学习一下。早学早受益。

穆崖楠　我当初做PPT的时候一腔热情，结果事与愿违，感觉只是凭热情不行，一定要专门找相关的书籍，好好学一下。PPT制作也是专业的知识和技能。

初稚丰　说的好，任何技能，只要认真学习，就可以掌握，但是，也不是随随便便就能掌握的。

忻璐远　太好了！我要把这句话记下来。

初稚丰　第二点建议，是关于Word的技巧。可以说，Word谁都会用，可是，这个软件可不仅是调整一下行间距、段间距、字体大小这么简单，其实功能十分强大。比如里面嵌套着很多关联、计算、核对等诸多的功能，乃至各种宏的运用。不学习的话，我们都不清楚我们不知道什么。一学习，才会发现我们知道的如此少。

穆崖楠　好嘞。学习这些还得借助专业书。

初稚丰　另外就是Excel等，就不强调了，使用好的话，很多工作将事半功倍。以上三点是Office办公软件的内容。这是我建议的第一大类的学习。第二大类是针对我们专业的，包括CAD画图、Matlab计算和数据处理、Origin画图、必要的结构计算软件等。这些是我们这个专业最常用的软件，需要付出足够多的时间精力，才能提高到一定的水平。有的同学上研究生之后抱怨说，我希望以后到设计院，怎么不教设计院用的技能啊？其实这些软件，不是需要开设课程才能学习的，我们研究的问题和平时的技能是两个方面，这些专业上用到的软件等，都是应该自己学习掌握的。

茅春农　很多课程，比如工程制图，虽然在大学里学习过，不过不真正用的话，永远体会不到原来学习的多么基础、多么表面化。

穆崖楠　我也有体会，纸上谈兵不解决实际问题。

庄辰申　我倒是有一个新的想法。如果寒假期间，能到设计院实习上一两周，帮忙做一些具体的工作，会更加深刻体会到学习相关技能的重要性。我刚一开始进设计院的时候，强烈感觉除了空有一纸文凭，什么都不会干。当然，我们的研究训练在日后会发挥作用，不过工具类的技能确实掌握的很少。

初稚丰　第三大类的内容，是口头和文字表达能力。通过参加学术会议、撰写文章，估计大家能体会到，自己口头和书面表达能力的欠缺。以后无论什么工作，都离不开这两方面的表达能力。认识到自己表达能力的欠缺，是提高的第一步。第二步，应该制定一个计划，有目标、有步骤地去提高自己的能力。争取做到：只要发言，就连贯流利，层次分明；只要写字，就流畅通顺，逻辑严密。

穆崖楠　上次讲PPT的时候，居然感觉我的母语好像不是汉语！

忻璐远　我也怀疑，难道我从小到大，学的都是假的汉语？

茅春农　不能怪到课程和老师身上，应该说我们假装在学汉语！

初稚丰　好了，不要打嘴仗了。还有一个更重要的方面。我们上面学习的三大类的技能，加上我们的专业课程以及研究技能，都可以归结到"一门手艺"的范畴。但是，显然我们现在的培养目标，不是将学士硕士博士，只培养成一个个仅有一门手艺的人，而是既有专业又有社会责任感和人文情怀的、既有知识又有修养的、既知书又达礼的全面人才。但是，大家可能知道我下面要说什么了，咱们从小到大，只是注重了考试的内容，但是作为一个"人"的基本技能，待人接物、言谈举止、行住坐卧等方面，注意的太少，学习的太少。建议大家应该像重视专业课一样，重视相关方面的学习。

庄辰申　这一点我也深有体会。比如很多男生，卧谈会的时候可能滔滔不绝，可是一旦遇到同陌生人打交道的时候，就张口结舌，不知道如何称呼、如何开口、如何展开话题，如何有礼又有理地进行交流。这里第一个是礼貌的礼，第二个是道理的理，补充完毕。

蒙臻睿　我建议大家多看一些文学作品。从当代时空，穿越至暮雪炭火、围炉夜话的场景，同古人对话交流，同贤达思想碰撞，接受一下传统文化的熏陶，不胜愉悦。

穆崖楠　不愧是文艺青年！不过我可没有那么多闲工夫，寒假我要见不少熟人，就借此机会练习练习同人交流吧。

初稚丰　那好吧，已经聊了不少了，我就先回去了。（说完离开，回办公室）

二、送什么礼

学校餐厅。

午餐时间，大学室友颜琚光来找蒙臻睿玩，因为也认识穆崖楠，便约好一起去学校的餐厅吃饭。

餐厅里人不多，几个人打好饭，在靠窗的一处安静的桌子边坐下。

正午的阳光从玻璃窗里照射过来，显得煦暖安和，一片时光静好的气氛。抬头相视，发现彼此的脸颊在阳光的侧照下明暗分明，阳光下面部纤毫毕现，涌动着青春的气息。

半年不见，颜琚光一改原来不爱说话的样子，活泼了很多，注重打扮了，话也多了起来。从日常的学习到课题研究，从宿舍关系到哪个男生追求女生等，女生的话题永远都是那么多。

最后，回到师生关系的话题上。

蒙臻睿　琚琚，要放假了，兴奋吧？有什么打算？

颜琚光　兴奋倒是兴奋，可是一想到带礼物，就发愁。

蒙臻睿　带礼物？带什么礼物？

颜琚光　我说文艺青年，可不能一直这样"萌"下去啊！当然是送给老师啦！

蒙臻睿　送给老师？送给老师干什么？

颜琚光　美其名曰表达感激之情啊！我跟你说啊，我们的老师闲聊的时候，经常这么讲："某某同学真不懂事儿！八月十五、端午节的时候从来没有去过我家！"我们刚开始想：噢，原来逢年过节，要去老师家里看看。

穆崖楠　醉翁之意不在酒，肯定不是看看他们家长的是什么样子吧！老师又经常能看到，又不是回到家颜值就蹭蹭往上长。你们都怎么去看的？带什么去看的？这才是关键部分。

颜琚光　崖楠姐姐确实厉害，切中要害！关键是不要空着手，才能表达出对我们的教育、栽培、鞭策和雕琢的感激之情，否则的话，表达力度要打折扣。

穆崖楠　这种事情听得多了，也见得多了。每逢节假日，有的住宅楼下，陕西的学生搬着自家地里长出来的烟台苹果，山东的学生扛着自家酿的不花钱的山西陈醋，还有南方学生拎着自家产的不花钱的法国红酒，东北学生带着自家产的不要钱的绍兴黄酒等等，排队等候向老师表达谢意。

蒙臻睿　哈哈哈，崖楠姐什么时候这么会挖苦人了？

穆崖楠　还要替对方想好收下的理由，你要不说是自家生产的，万一对方推辞不就更难堪了吗？挖苦？还不都是因为恨之切！

蒙臻睿　怎么这么恨呢？听说不是要适应社会吗？

穆崖楠　我原来大学的时候就遇到过这么一位老师。

蒙臻睿　带个小礼物就这么痛恨了？

穆崖楠　且听我说。学生的时候，谁都知道不能得罪老师，况且我们一路上学、考学，能考到大学说明都比较听老师话，注意跟老师保持良好关系。结果我上大学的时候，碰到一位有意无意暗示需要给他送礼的人。要是不送的话，心里会比较惧怕。谁也不知道哪次评奖学金没有评上，是否跟没有向他送礼有关系。于是，成绩好的为了防止意外，就屈服于压力，送了。

颜琚光　哦，是这样啊。

穆崖楠　你想啊，单纯从选礼物来讲，就很费心思。第一，要不容易变质吧？

颜琚光　我们宿舍的一位从南方带来了水果，结果还没有送出去呢，就长毛了。

穆崖楠　第二，要不容易损坏吧？路上各种的挤车、转车。

蒙臻睿　多亏你个头大，应该还好些。像我，也没怎么干过体力活儿，放我身上，更消受不起。

穆崖楠　第三，要隐蔽一些吧？让同宿舍的伙伴儿们看到了，她们会怎么想？第四，要选择合适的时机吧？老师什么时候在家？在家的时候是否方便？家里是否有别的客人？路上最好不要让别人看见？用旧报纸将礼物包起来？老师不住在学校，住在哪个小区？几栋几号？物业保安让进吗……

蒙臻睿　还真不容易。

穆崖楠　第五，好不容易没有变质，没有碰坏，没有被室友发现，没有被老师的邻居发现，没有撞到老师家里的客人……成功地在合适的时机送达，老师说：来就来吧，带什么礼物啊，你们又不挣钱！就这一句话最气人！

蒙臻睿　这不是一句客套话吗？

穆崖楠　明明是用父母的辛苦钱，以生活费的名义要来买的，你还得说：自家地里长的苹果，自家树上结的陈醋，不要钱！收下吧！你想，我农村老家的父母，挣点儿钱多不容易，还得给他们买礼物，还得违心地说不要钱，还得说是自己家产的，你说难受不难受，简直是对身心全面的摧残！

颜琚光　师姐，道理完全是对的，不过也得考虑一下社会风气啊。小不忍则乱大谋啊！

穆崖楠　那我要给你举个例子了。比如说前几天下大雪，你上学路上发现道路堵住了。走近一看，原来是一位扫雪的清洁工拦在那里，说雪是自己扫的，凡过路的人，都需要表示一下感谢。如果真的这样，路人就要拿出手机支付、拿出零钱表示、拿出瓜子感谢吗？如果这些现象发生，意不意外、气不气人、荒不荒唐？送礼不是一个道理吗？

蒙臻睿　有道理。

穆崖楠　你到教室，发现老师站在讲台上不讲课，得表示一下感谢一下才能讲。于是学生排队向老师塞红包，老师收到红包后，跟大家讲大学生修养。不是同样的荒唐吗？拿着国家和学校的报酬，不就是来讲课的吗？

蒙臻睿　我完全懂了，完全同意你的观点。不过，我们该怎么办呢？

穆崖楠　吭当！天降大喜！你就偷着乐吧！

蒙臻睿　怎么了？

穆崖楠　你入学以来，给咱们课题组的老师送过礼吗？

蒙臻睿　没有啊！

穆崖楠　见过别人给老师送过礼吗？

蒙臻睿　也没有啊！只见过老师们出国参加学术会议，会给同学们带些当地特色小礼
　　　　物，比如巧克力什么的，让大家尝尝。

穆崖楠　这就对了！你没有送过，不等于所有人都没有送过！

蒙、颜　啊？难道有人偷偷地在送？

穆崖楠　没有啊！听我说。我刚入学的时候，按照原来的惯性和思维，带了一个小小的
　　　　礼物给董老师，结果遭到了他的严厉批评。说上学期间不要给课题组的任何老
　　　　师送任何有形的礼物。

颜琚光　有形的？

穆崖楠　后来我明白了，如果有学生想发祝福短信、邮件什么的，是不反对的，但是反
　　　　对任何有形的东西。所以，我们课题组轻轻松松、清清白白，你只需把精力和
　　　　时间用在学习和研究上，就万事大吉了，没有那么多乱七八糟的事儿。

蒙臻睿　看来应该暗自庆幸一下，加入了一个好的课题组。

颜琚光　哎！我就没有那么幸运了。身心还得继续遭受摧残。

正聊的热闹，管经纶老师端着餐盘走了过来，跟大家坐在一起。

穆崖楠　管老师也在加班啊？

管经纶　平时事情太多，放了假，正好可以好好做一下研究。嗯，你们继续聊，我看刚
　　　　才说得挺热闹。这位同学是？

蒙臻睿　噢，这位是我大学的舍友，在外校读硕士，叫颜琚光。

颜琚光　管老师好！真羡慕你们这里的环境。

穆崖楠　管老师，我们刚才在聊，咱们课题组的所有老师禁止学生送礼的事儿。

管经纶　噢，这个传统已经很长时间了，据说是从董老师带第一届学生时，就立下的
　　　　规矩。

颜琚光　都这么久远啦？太好了，优良的传统。

管经纶　其实，也不是绝对不能送礼。

众人吃惊，一脸的惊愕。

穆崖楠　啊？意思是可以送？

管经纶　上学期间，是绝对禁止的。

穆崖楠　那毕业之后呢？就可以送了？

管经纶　毕业之后，一般的礼物，也是不建议送的。要送得送"大礼"。

众　人　大礼？（更加吃惊。）

管经纶　从老师对学生的期望上说，每个老师都希望学生成才。比如以后你们发达了，获得了军功章，如果说军功奖章，有你的功劳，也有老师辛苦培养的功劳，岂不是"大礼"？

穆崖楠　哦，原来是这种"大礼"。

管经纶　比如说办企业办公司，发了大财，给咱们课题组捐献几套设备或者给后面你们的师弟师妹们设个奖学金，解决他们学习期间的生活学习费用，岂不是"大礼"？

蒙臻睿　太好了！深受鼓舞！

管经纶　再比如，如果更发达，给咱们学校捐献一栋大楼，或者干脆你建一所大学，门口立一块石碑，刻上献给你敬爱的某某老师，让后人世世代代纪念……你看，这些"大礼"，多么激动人心？

颜琚光　太感动了！我要送"大礼"——不对，我争取有资格送大礼。

管经纶　是的，投之以桃报之以李，都是相互的，作为老师应该全力培养学生，学生才会回报母校。

穆崖楠　可是，发达的毕竟是少数。

管经纶　其实，老师肯定不指望每个学生都那么发达。每个人学成就业，回报父母，平平安安，在各自的岗位上做好应做的事情，就是成功。

穆崖楠　这句话是说给我听的。

管经纶　比如眼前，已经放寒假了。抓住机会好好学习一下，有什么技能方面的收获，或者读了什么书，有哪些方面的提高，开学的时候跟老师汇报一下，也是很好的"礼物"啊！老师们收到了肯定会高兴！

大家听完深受鼓舞，兴奋之情溢于言表。

颜琚光　羡慕啊羡慕啊！我就没有这个福气，加入这么好的课题组。但是如果碰到不好的老师，可能发达了也不会回馈母校。母校的形象是老师造就的。

管经纶　所以啊，为了以后收到你们的"大礼"，我也要好好工作，好好辅导你们！不过，遇到不好的老师，也可以从积极的方面去考虑。

颜琚光　这有什么积极的方面？

管经纶　古人说，君子乐得做君子，小人冤枉做小人，意思是，君子是会享受做君子的感觉，而小人做不合事理或者违法乱纪的事情，一是内心不安，二是东窗事发颜面丢尽，是很可怜的。从这个方面说，也是一个反面教材，可以帮助我们树立正确的观念。另一方面，既然我们痛恨这种现象，就把它当作病毒的疫苗植入身心，以后我们成为老师，或者成为某个位置的管理人员的时候，不要犯相同的病，己所不欲，勿施于人，进而，补充完善制度的漏洞，让制度促使不好的人变成好人，好人变成更好的人。就像我们身体的健康，有时正是因为病菌的存在，才激发了我们的免疫系统一样。

穆崖楠　一定一定！

管经纶　好吧，你们继续聊吧，我回办公室了。（说完端起餐盘离开）期待着你们的"大礼"啊！

穆崖楠　我们一定努力，争取以后有能力、有资格给您和学校送"大礼"！

三、强身健体

研修室。

说话间，餐厅的人陆续离开，越来越少了。工作人员开始打扫卫生。三人端起餐盘离开，颜琚光向二人告辞。

蒙臻睿和穆崖楠慢慢走在午后的阳光里。枝头上欢叫的麻雀，不时惊下片片枯雪。买菜归来的老教工，慢慢地推着自行车，走在枝影斑驳的路上，像是在享受片刻的阳光。

穆崖楠　一不小心，又吃多了。真不应该点那么多。

蒙臻睿　偶尔放纵一小下，可以原谅。

穆崖楠　小蒙你不知道，我现在都胖了，长了好几斤。不能掉以轻心。

蒙臻睿　要不这样，明天你跟我一起晨跑吧。

穆崖楠　天都这么冷了，还在坚持晨跑吗？

蒙臻睿　当然啦！不是坚持，而是享受。

穆崖楠　早晨那么冷。

蒙臻睿　这你就不知道啦！一旦爱上，爱不释手。

穆崖楠　居然爱上了？呦~

蒙臻睿　你想啊！晨跑能感受大自然每一天的变化。

春天万物复苏，虫鸟惊蛰，百花一点点绽放；

夏天绿肥红瘦，草木葱茏，果实一点点成长；

秋天凉风送爽，黄叶飘零，瓜果一阵阵飘香；

冬天晨星闪烁，素裹银装，脚下积雪吱吱作响。"

穆崖楠　这是谁的散文啊？文艺青年。

蒙臻睿　刚起床时，身体的血管就像冻住的小溪，不怎么通畅；随着跑步的进程，渐渐冰雪消融，流水淙淙，身体得到流水的滋润，开始欣欣向荣……一番晨跑下来，身体轻快、脸色微红、精力充沛！

穆崖楠　俺的娘啊！我都有点儿被你说动了！

蒙臻睿　除了健康，更关键的是，同样的一天，如果是以晨跑开始的，你就会觉得这一天特别的充实，比不晨跑经历和感觉更多了一些似的。人生同样百年，晨跑，让你的体验更加丰富，让你的人生更有厚度。

俩人一边说着，一边走进研修室。忻璐远不知从哪里弄来一副哑铃，煞有介事地练着肱二头肌。

忻璐远　一寸光阴一寸金。大好的时光不学习，干什么去啦！

穆崖楠　吃多了，散步消消食儿。你这不也没干正事儿嘛！

忻璐远　为祖国健康工作五十年，我要做好准备，先健美一下，找个女朋友。（说完继续做弯小臂练习。）

蒙臻睿　璐远师兄，我想起来了，我认识一位很有爱心，气质优雅的学生，要不给你介绍一下？

忻璐远　（一听来了精神，放下哑铃，赶紧给蒙臻睿倒水）哎呀好蒙蒙，忒好了！你看我这眼光，一般的也看不上，非得美学造诣高的小蒙妹妹介绍不成！

穆崖楠　呵呵！我这里也还渴着呢！怎么不给我倒水呢？不把我哄高兴了，这事儿可成不了。

忻璐远　（赶紧拉椅子让穆崖楠坐下）怎么会呢！你们刚才不是消食儿去了吗？我就给你们送个大礼！

穆崖楠　什么大礼？

忻璐远　没有任何礼物比健康更重要。我就来送上健康大礼。既然消食儿，肯定是感觉吃的有点超预算，希望散步消化掉，以免身材走形。对不对？

穆崖楠　（不置可否，看着忻璐远）继续！

忻璐远　比如咱们管老师开的越野车，自重加上几位客人，大约两吨左右；百公里耗油十个，所以一升油跑十公里。一升油多少热量呢？七八千大卡左右。吃一碗牛肉面，800大卡，如果要消耗的话，需要你散步的时候啊，后面拉着一辆两吨重的越野车，走一公里，才能消耗完。假如没有饱，又吃了二两油炸食品，恭喜你，还得拉着这辆车再走一公里多才能消耗掉。所以啊，靠散步，理论上不是不可以，不过，对于崖楠来说，也不是不可以……

穆崖楠　（生气地）住口！又在讽刺我，既然我是女汉子，那就小心我的拳头！（说完举起拳头。）

蒙臻睿　（赶紧制止穆崖楠）崖楠姐息怒！哎，璐远师兄，那你说该怎么办呢，如果不小心吃多了的话？

忻璐远 这要根据目标来讲了。比如有的人为了练长跑成绩，是一套训练方法；我们普通人是为了健康，保持良好的身体指标、塑形等，是另一套方法。总体来说，应该定时、定量、控制心率区间，外加科学的锻炼方法……

穆崖楠 难怪你这一段时间倍儿精神呢！

不知不觉中，茅春农端着水杯，加入谈话。

茅春农 璐远说得很好啊。我还想补充两点。

忻璐远 补充两点的都是领导。领导请。

茅春农 刚才璐远说的事情，都是如何将原料加工成产品的过程。

蒙臻睿 怎么听不懂啊！

茅春农 身体是个工厂，将进口的原料，食物和水等，加工成养料和能量，供我们身体使用。这个环节对于工厂的安全相当重要。但是，原料的质量也十分重要。比如，我们要选择优质的原料。

穆崖楠 什么是优质的原料？

茅春农 第一，是绿色无污染的食品；第二，是无添加剂和激素的食品。

穆崖楠 这可难了。

茅春农 其实不难。上次董教授来开会，期间跟他一起吃饭，发现了他的一些特点，就请教了一下，太长知识了。原来，现在饲养环境下，催熟的很多肉食动物，存在很大的问题，有些触目惊心，具体可以看一下《动物解放》《向肉食说No》等书，因此，建议少吃肉食。另外一个收获是，我的生活费一下子降了下来。对于穷人的我们，很有帮助！

穆崖楠 还有这个作用？那我可得看看。

茅春农 这只是原料的第一层次。第二个层次是信息的绿色健康。

穆崖楠 信息有什么颜色？现在是下午两点，这条信息是什么颜色的？

茅春农 打个比方，有的人健健康康的，应该说身体的物理化学生物特性是没有问题的，可是突然失恋了，便一病不起；有的破产了，也一病不起。这些是因为吃的不好、喝的不好吗？当然不是，一条信息足以击溃一个健康的人。

穆崖楠 你是说要维护心理健康？

茅春农 也有这方面的意思。我觉得首先要远离垃圾信息。比如有的妇女同志成天看言情剧，不是出轨就是劈腿，看着看着，就开始怀疑自家的老公；一个苹果，老是怀疑里面有虫子，就削啊削啊，最后发现没有虫子，也没了苹果。

蒙臻睿 茅师兄什么时候成了婚姻专家？

茅春农 空想，空想的。（茅春农讪笑着说）还有选择朋友也很重要。人的三观很可能是周围朋友的平均值。处在小偷中间，只偷钱而给人留下证件的，可能会每天自豪的不要不要的，自认为是小偷中的英雄模范；如果周围的人成天做好事儿，一个人一天不做，可能出门都害臊的不好意思跟人打招呼。

穆崖楠　所以我们太幸运了，在一个健康向上的大团队里，既消毒杀菌，又互相鼓励。

茅春农　还有一点啊。比如初老师通知我们五点开会。我们五点到齐了，结果初老师晚了半小时才来。而且以后只要是初老师通知开会，都是晚一段时间才来。于是乎，以后再通知开会的时候，我们会想：反正初老师会迟到，索性我们也晚一会儿再去吧。我想这是很正常的。

穆崖楠　跳跃太大啊！你到底要说什么？

茅春农　我想说养成规律作息的重要性。比如该吃饭了，所有的植物神经系统、消化系统都按时准备好，严阵以待，结果你不吃饭，这不就像通知开会，讲话的人不到一样吗？经常这样，大家不知所措，就紊乱了，各种功能就下降了。为了保持身体各种信号的权威性和准确性，每天应该按时作息，养成习惯。

穆崖楠　嗯，有些道理。

茅春农　我来总结一下吧！第一，按时作息，该吃的时候吃，该睡的时候睡，该起的时候起；第二，选择优质进口原料，即健康的食物和水；第三，坚持科学地锻炼身体；第四，选择优质健康的信息；第五，养成加工良性信息的心理和思维系统；第六，维护心理和精神的稳定和健康……

穆崖楠　茅师兄这小小年纪，怎么像个养生专家似的？

蒙臻睿　你别说，还真的挺有道理呢！

茅春农　原来考研的时候压力大，作息不规律，身体状态每况愈下。后来痛定思痛，深刻反省，开始认真考虑和反思，片面之见，片面之见。

蒙臻睿　不过健康的食物和水，以及干净的空气，很重要，可是在大环境下，可选择的空间好像很小。

茅春农　我举个例子。比如剩馒头放在空气中，是否很快就长毛了？但是你们想一想袋装的零食，很久也坏不了。得加多少防腐剂才能长期不坏呢？吃了这些零食，我们也可以长久不坏，成木乃伊了！

穆崖楠　啊~想想就害怕！再也没法吃了。

茅春农　还有啊，我看很多人喜欢在街边吃地摊儿食品。对比一下食堂、饭店的卫生证、消毒环境、冰箱冷藏、洗刷系统等，街边的地摊儿有吗？卫生条件细思极恐。当然吃一两次也不一定出问题。罗马不是一天建成的，疾病不是一天就得的……

蒙臻睿　好啦好啦，我都记下来啦！别再说这个话题了，都有点身心不适了。

茅春农　良药苦口，良药苦口。

■ 第二节　假期建议

一、假期规划

假期是休整身心的好时机，也是积蓄能量、制定规划、学习技能的好机会。

通过总结和归纳毕业生的建议，利用好假期的时间，可以尝试做以下几个方面的事情。

（一）学习常用技能

无论在校也好毕业工作也好，一旦掌握某些技能就会如虎添翼，如果这方面有缺陷，事到临前总会捉襟见肘。建议进行的学习和提高的内容包括：

PPT 制作。网上有一个因为 PPT 做的丑被公司辞退的帖子广被流传。先不议论事情本身的对错，至少说明在单位（包括在学校），做好 PPT 是十分重要的一项技能。每个人都不是生而知之者，开始都会经历从 Word 文件拷贝大段文字到 PPT 的阶段。但仔细看一些讲究的PPT，从构图、字体、颜色、图表等方面都很有技巧。

Word 编辑。之所以把这个放到第二位，是因为很多同学认为自己掌握了 Word 的功能。其实，Word 的功能实在很强大，如果没有经过专门的训练，我们可能只是用了 Word 的很小很小一部分功能。学习之后才会发现别有洞天。

Excel 编辑。同 Word 一样，Excel 的功能绝不仅仅是做个表格，而是具有十分强大的数据处理功能，也是以后经常甚至天天用到的软件。现在如果学好了，日后总有露一手的机会。

（二）学习画图技能

对于理工科学生来说，画图是基本技能。

如果你是低年级的研究生，还没有开始正式的试验或计算研究，不妨找一篇本研究领域比较权威的文献，将其中的某几幅图的数据抠下来，用自己的方式将数据绘成图，再同文献上的图进行比较、靠拢，直到达到文献上图的标准。

工欲善其事，必先利其器，绘图技能就是理工科学生做研究最基本的利器，利用寒假闲暇，将该利器磨好吧。开学可能很快就要派上用场了。

（三）学习的途径

也许你会说，寒假没有带回来这么多书，或者就没有这些书，难道还要让我去图书馆借吗？

别着急，网上一搜，会有很多这方面的文章、教程和公众号，关注几个有用的公众号，下载几篇文章和教程。同样是摆弄手机，有的同学看了些段子、点击了一些"震惊全国人"，有的同学学习了些十分通用的技能，收获和成长不言自明。

（四）扩大视野

有同学说我是文科生，只说理工科，我不感兴趣！

别急，例如，传统文化不但博大精深，而且不易看懂。不怕，有人专门帮我们解读。有的公众号每日推送经典的解读，时空穿越至暮雪泥炉、围炉夜话的场景下，同古人对话，接受传统文化的熏陶。不只是对文科生有用。

理工科生为了避免自己哪怕是取得博士学位，也只是学了门糊口的手艺，怎么看怎么像个手艺人，那就利用假期熏一熏（陶）吧。

（五）回馈父母

如果你有个朋友小明，你成天请他吃饭给他买礼物，而小明一点回馈也没有，这样的朋友肯定不能维持。可是，想一下我们从小到大、从学校到学校，为父母做过些什么呢？我们很像小明啊！

现在寒暑假一年两次看父母，上班之后寒暑假消失，一年跟父母相聚有可能只有几天。于是有人提出了一个很扎心的话题：我们以后还有多少天跟父母相聚。

沉重的话题。作为学生，无力从经济上回报，那就从行动上，试着多做家务，多陪陪他们。"爱"孩子的父母经常剥夺孩子成长的机会，除了学习什么都不让做，造成部分学生除了学习什么都不会做。那现在就利用寒假补补课，不要做个西红柿炒鸡蛋，还得让父母视频直播一下。

孝养父母，应该孝养其身，促使他们身体健康；孝养其心，促使他们心情愉悦；孝养其志，引导他们树立目标，并享受其走向目标的过程；孝养其慧，引导他们舍弃陈旧观念，增加智慧，提高生活幸福指数。

（六）规律作息

假期没有了作息时间表的约束，记得按时起床按时睡觉，不要暴饮暴食，注意锻炼身体。

如果还有闲暇，不妨出去看看世界。有同学说不观世界哪来的世界观，好像有点道理。

士别三日当刮目相看。寒假三四十天，如果照此规划执行，开学后汇报时，用上新学到的技能，一亮相，你的导师/老师/同学/师兄师弟们看你时，不让他们刮十次目，也得刮个五六次吧？

二、礼物问题

（一）这种现象

闲聊时听到有的老师这么讲："有些同学不懂事儿！八月十五、端午节的时候从来没有去过我家！"

言下之意是老师我辛辛苦苦教你们，你们应该表示感激和感谢才对啊！

那么学生在路上见到老师，说一声："老师辛苦了！感谢你教育栽培、鞭策、雕琢我们！"

这样够吗？当然不够，因为人家要求是到家里坐坐。为什么一定要到家里呢？值得揣摩。

据不可靠的小道消息说，每逢节假日，有的住宅楼下，有的学生搬着自家树上结的苹果，有的学生扛着自家酿的不花钱的山西陈醋，还有拿着各种自家产的不花钱的红酒、黄酒、葡萄酒等等排队等候向老师表达谢意的学生们。

或许有的老师一看来这么多人（物），会十分高兴："真没白教你们！"

（二）学生不易

春运拥挤，返校路遥。

你的礼物，要精挑细选，不能容易变质。路上一会儿冷（室外）一会儿热（车内）的，到了学校也不一定第一时间送出去，所以保质期很重要，要精挑细选才是。

你的礼物，要精挑细选，要不容易损坏的。各种大包小包的行李，外加上你选的礼物，各种等车、挤车、倒车、颠簸，咣当咣当，好不容易到了学校，你再大包小包肩扛手提折腾到你六楼的宿舍，放下来长出一口气，发现手都勒麻了。同时一路上还要小心轻放，生怕弄坏了。

你的礼物，存放的地点，要仔细考虑。虽然尊师重教无上光荣，但总觉得好像不太正大光明，你想：让同宿舍的伙计们看到了，他们会怎么想？不行，不让他们知道！那该把这些礼物藏在哪里呢？

找老师的时机，要仔细考虑。老师什么时候在家？在家的时候是否方便？家里是否有别的客人？路上最好不要让别人看见？用旧报纸将礼物包起来？老师不住在学校，他/她在哪个小区？几栋几号？物业保安让进吗……

如何违心地应付老师的"客套"：好不容易没有变质，没有碰坏，没有被室友发现，没有被老师的邻居发现，没有被小区的保安当坏人拦住，没有撞到老师家里的客人……成功地在合适的时机送达，老师说："来就来吧，带什么礼物啊，你们又不挣钱！"明明是挪用（父母给的用于学习和生活的）辛苦钱买的，你还得说："自家地里长的苹果，自家粮食酿的陈醋，不要钱！收下吧！"

孩子，你可真是不容易啊！

（三）实不应该

一日天降瑞雪。道路拥挤。走近一看，原来是一位扫雪的清洁工拦在那里，说雪是自己扫的，凡过路的人，都需要表示一下感谢。路人认为很合理啊！于是纷纷拿出手机支付、拿出零钱、拿出瓜子表示感谢……

打不到出租车，好不容易挤上了公交车，刷卡关门之后司机不开车，说大冷天出来开车，需要大家表示感谢才行。乘客们一想是这么回事儿啊！于是纷纷拿出零钱和礼物表示感谢。以后出门多了个心眼儿，坐公交车除了公交卡之外，还要给司机带点表示感谢的礼物。

到了商场，买了双鞋，付费的时候，收银员说要感谢费，不然不收钱。很合理啊！于是顺手将在楼下买的帽子当作礼物送给了收银员，才得以支付鞋款。

你到教室，发现老师站在讲台上不讲课，原来是得表示一下感谢一下才能讲。很合理啊！于是同学们纷纷拿出书包，向讲台上扔票子、手机、零食……之后老师才讲。

你说，如果上述现象发生，意不意外，气不气人，荒不荒唐？

（四）回归本位

对于清洁工，环卫部门应该支付报酬了啊？怎么能向路人要呢？

对于司机，公交公司应该支付报酬了啊？怎么能向乘客要呢？

对于收银员，商场应该支付报酬了啊？怎么能向顾客要呢？

对于教师，教育系统应该支付报酬了啊？怎么能收学生的礼物作为感谢呢？

教师本身就是做的传道授业解惑的工作，按照相关的章程把工作做好，是分内的事情，不可认为是额外对学生的付出。

要说值得尊敬，每一份遵纪守法的工作都有高尚的成分，都一样值得尊敬。

（五）危害

无论是什么礼物，地里产的、树上结的、要不要钱的，任何有形的东西，对于学生来说都是一种物质和精神的负担。

1）学生从小到大一直由家庭支付学习费用，购买礼物会成为学生额外的经济负担；

2）见上述第三部分，过程的不易，也是一种负担；

3）精神的负担。假如一个老师带着三个学生，两个学生都送了，第三个学生条件不好，要不要送？如果不送，事后哪天，该同学因为某个原因受到批评，他会不会联想到没有送礼上？

4）纯洁的师生关系变味。对于送礼的学生，教师要对他们更好一些吗？如果是，那对没有送礼的学生自然就不会一样好了。如果教师默认每个学生都应该送礼，那不送礼的学生就成了"不懂事"的另类。万一哪个没有送礼的学生因为某事遭批评了，他会不会联想到没有送礼上？

5）也许有人会说：学生投之以桃，我会报之以李，基本达到等量的交换，不沾学生光。学生给我送一件，我给学生回一件。即使这样，上述四个危害是否照样存在？学生用陈醋换回了酱油，他需要酱油吗？

因此建议：对于教师来说，学生在校期间无论家庭条件如何，最好干干净净：不收任何礼物，无论是自家产、自己手工制作，还是只花了一毛钱的。

（六）真想表达怎么办

师生关系确实不同于其他关系，容易师生情深。

如果确实想向自己的老师表达谢意，那就以实际行动来表达。

没有老师不希望学生有出息的。

开学（到办公室）向老师汇报一下寒假有哪些收获：读了什么书，学到了哪些技能，一年之计在于春，现在做了哪些学习和研究计划……这些有满满正能量的东西，想必老师一定喜欢。

如果还想表达，就将表达的愿望化为学习（研究）的动力。等你毕了业，自己有了成就，再用自己的业绩作为礼物向老师表达谢意。

真想表达，那时也不一定买礼物。

如果你从政了，想办法提高一下教师的待遇，岂不是惠及所有老师？

如果你成名了，声明一下军功奖章的获得有你老师的一半功劳，不得把老师乐坏喽？

如果你发财了，给你们老师赠送几套研究设备，或者给师弟师妹们设一个以你名字命名的奖学金……

如果感觉还不足以表达谢意，给你的母校捐献一栋大楼，或者干脆你建一所大学，门口立一块石碑，刻上献给你敬爱的××老师，让后人世世代代纪念……

你看，哪一种方式不比花父母的钱，给老师送个沉乎乎的吃的喝的高大上？

老师们，你们说呢？

为了收到这样的大礼，老师们请努力培养您的学生们吧！

三、促进健康

关于健康，有不同的标准和定义。比较全面的说法包括生理健康、心理健康、社会适应和道德健康。

关于生理健康，世界卫生组织的标准包括精力充沛、处事乐观、善于休息和拥有良好的睡眠，应变能力强、具有抗病能力、体重得当、眼睛明亮、牙齿清洁、头发有光泽、肌肉皮肤有弹性等。

心理健康，包括具有稳定的情绪和完整的人格，能保持心理上的平衡，具有安全感和正常的人际关系，有明确的生活目标等。

社会适应，包括适应环境和人际变化、同他人保持良好交流沟通的能力。

道德健康，包括具有辨别荣辱善恶、美丑是非的能力。

健康是人生幸福的基石。学生时代，应该打下良好的健康基础，养成良好的保持健康的生活习惯和锻炼习惯。建议有以下几个方面：

1）按时作息，该吃的时候吃，该睡的时候睡，该起的时候起。

2）选择优质进口原料，即健康的食物和水。

3）坚持科学地锻炼身体。

4）选择优质健康的信息。

5）养成加工良性信息的心理和思维系统。

6）维护心理和精神的稳定和健康。

7）保持良好的与人沟通和交流的能力。

第九章

鸟穿仙掌指间飞
——处理关系边界

拨云见日

谷口白云迷倦鸟，
内心无碍天地宽。
雀儿不抓不惊飞，
江湖相忘是清欢。

■ 第一节 边界引发的"争端"

一、情绪管理

紫芝兰最近感情受挫，找蒙臻睿大倒苦水，听得她义愤填膺，心绪难平。正好这个时候男友金良越打来电话，约放假一起回家的事情。自然而然，蒙臻睿将不良情绪传递给了对方，两人拌了几句嘴，心情更加烦躁，便闷闷不乐地游荡到了研修室。

忻璐远一看蒙臻睿来了，一阵窃喜，正要起身上前搭讪，可看到她一脸愁容，便又慢慢坐了下来，假装工作，偷偷观察蒙臻睿。

确认她情绪不佳之后，从书架上找到一本名为《不抱怨的世界》的书，放在桌上，轻轻走到蒙臻睿桌前。

忻璐远　小蒙，我最近遇到了一位世外高人，经他点拨，茅塞顿开。引荐给你，怎么样？

蒙臻睿　什么高人啊？（看了忻璐远一眼，无精打采地说。）

忻璐远　前几天一位朋友，做了很不够意思的事儿，十分郁闷，结果这位高人说："恩人有两类：一是为你顺水推舟的人，二是使你逆水行舟的人。一般人仅以顺水推舟的人为恩人，而给你打击、批判、诽谤、阻挠的人，便以为是仇人。其实不然，那些人使你在逆境中受到锻炼，助你久炼成钢，岂可说不是恩人。"我听了之后豁然开朗，阴郁情绪一扫而光。

蒙臻睿听完，眨眨眼，看着忻璐远。

蒙臻睿　挺有道理啊。

忻璐远　你知道啊，我爸妈对我要求特别严，我感觉总也达不到他们的要求，感觉自己身上缺点很多。结果，这位高人说："一个缺口的杯子，如果换一个角度看它，它仍然是圆的。"你想，我不是也有一些优点吗？如果看优点的话，我就是一个圆杯子；如果盯着我的缺点看，就是一个破杯子。

蒙臻睿　你是个好杯子，我的缺点很多呢。

忻璐远　有的时候，我也跟父母吵架，不过最近不吵了。

蒙臻睿　为什么呀？（抬眼，看着忻璐远。）

忻璐远　经历不同，观点也不能苛求相同。同一个人交流，或者看一本书，对方的观点，并不是要我们认同它，而是要我们知道，还有这样一种看法。知道对方的观点之后，再去决定我们面对对方时的态度。

蒙臻睿　你这不是没有原则了吗？

忻璐远　世界有它的多样性。假如世界都按我们的原则运行，那得多单调啊！况且，我们的原则也一直在变化呢！

蒙臻睿　这么说，看到别人做违反原则的事情，也要容忍？

忻璐远　有很多时候，心中的"正义感"经常给人做傻事的勇气。

蒙臻睿　居然会这样？

忻璐远　不是有人说了吗，世界上最可怕的事，莫过于扛着自己"理想"的大旗，去破坏别人的幸福和安宁。

蒙臻睿　那要怎么办才对？比如说，面对别人的不讲道理，还老是想给你讲道理。（叹了一口气。）

忻璐远　不在于道理，而在于出发点。比如有的老师上课，如果是为了我们听懂，就没有问题；如果出发点是为了展现他们的"知识渊博"，就会有问题，我们可能也不爱听。朋友之间可能也是这样吧。

蒙臻睿　看来也要引以为戒。

忻璐远　与人相处犹如照镜子。要镜中人笑，必须自己先展露笑容。牛顿第三定律。

蒙臻睿　牛顿什么时候说过这种话？你可真逗。

忻璐远　好吧，美好的寒假时光，浪费在不良情绪里，实在冤枉。送你本书看看，就当喝口鸡汤吧。（将《不抱怨的世界》递给蒙臻睿。）

蒙臻睿　谢谢师兄。你可真好。谁要是嫁给你，可就享福了。我想起来了，我的那位朋友还没有回家呢，晚上我们一起吃个饭如何？

忻璐远　感觉要相亲似的，压力山大。还是找个借口，假装很自然地见面吧。

蒙臻睿　那好吧，让我想想，你也琢磨一下。

忻璐远　好嘞！小蒙真好！

二、禁止成长

寒假，家里。

蒙臻睿处理好学校的事情，同金良越一起回到了南都市。这是一个四线城市，依山傍水，风景秀丽。因为交通不太便利，经济还不够发达，不过普遍重视教育，每家都希望将孩子供上大学，能够走到外面的世界。

蒙臻睿在亲戚家中一直人气很高。因为学习好，一直是亲戚们的称赞对象，也是同辈的弟弟妹妹们的学习榜样。听说她回来了，远房的大姨带着自家的儿子小龙来串门，希望小蒙教育一下她不听话的儿子。

大　姨	来，快过来，还不叫姐姐！（小龙撅着嘴，屁股向后蹭着，被大姨拽着胳膊，来到小蒙的跟前。）
蒙臻睿	上几年级了？（小蒙边削苹果边问。）
大　姨	都初二了，还不知道着急。（大姨边埋怨边说。）

小蒙将削好的苹果插上牙签，放到大姨和小龙面前的茶几上，拉着小龙的手，慢慢地问了些学校的事情。小龙不太情愿地回答着，大姨在一旁边埋怨、边训斥。

小蒙的父亲一边安慰大姨不要老批评小龙，一边询问大姨在家教育的事情。

大　姨	长这么大，什么活儿都没让他干过，在家里一个指头都不让他动，只要好好学习就行了，我们再苦再累，也要让他考上大学。
大　姨	结果他可好，在家看电视，到学校偷偷打游戏，被老师抓到，都喊了好几次家长了……说到激动处，大姨委屈地抹着眼泪。
大　姨	长这么大了，不但不好好学习，也不懂礼貌，出了门，什么事儿都不懂。

小蒙父女二人问清了情况，让小龙出去玩儿，平抚了一下大姨的情绪。

蒙臻睿	大姨，我给你讲个我们大学同学的事儿。我们这个同学入学之后，买个鸡蛋都不会剥皮，穿脏的衣服都是打包邮寄给他妈，他妈洗干净晾干，再邮寄给他。结果有一次邮寄在路上耽误了，他弄个脸盆儿，倒上水和洗衣粉，将衣服放在里面，用手搅着转圈。（边说边做画圈的动作。）
蒙臻睿	别人一看，很好奇，问："你这是玩什么花样呢？" 他说："洗衣服呢。" 别人问："还有这么洗衣服的？" 他说："我看我们家的洗衣机，都是这么转着圈儿洗的。"
蒙臻睿	结果这位同学大学四年，除了学习什么也没干，最后找工作的时候，都是他妈陪着面试，结果当然是没有好单位敢要，找了个马马虎虎的单位上了几天班，什么也干不好，被批评了几句，干脆不干了，现在宅在家里啃老。大姨，你肯定不想将小龙培养成这样吧？
大　姨	这孩子不瞎了吗？都上大学了，连洗衣服都不会。
小蒙爸	她姨，话不一定好听啊，我看主要问题不一定在小龙那里。小龙来到这个世界上，肯定不是只为了学那几门课，他还要学习方方面面的东西，比如做家务，比如照顾自己，培养自理的能力等。如果没有这些能力，以后能干好什么工作呢？没有哪个工作是只靠学习成绩，而不需要劳动和同人合作，就能干好的。
小蒙爸	所以，在他成长的时候，你们应该给他提供各种条件和帮助，来协助他成长，而不是将他的成长机会都剥夺掉，只许他学习。（小蒙的爸爸不愧是中学老

师，说起话来抑扬顿挫。）

蒙臻睿　还有啊，大姨，我也是刚学到的，每个人的思想习惯等不同，不可能完全按照别人的指令做，除非是战场上的战士，我建议你别经常批评他，要多鼓励，每个人身上都有优点。

小蒙爸　她姨，你们在小龙回家之后，都做什么呀？

大　姨　还能做什么，我们家比不上你们家，都是知识分子，我们吃完饭，刷刷碗，看看电视，要不就是打打牌、打打麻将什么的。

小蒙爸　言传不如身教啊！孩子都是模仿着长大的。

小蒙爸　你们应该给小龙做个榜样。白天你们上班，小龙看不见；回到家里，他看到的你们都是在看电视，他肯定也看电视；你们打牌打麻将，那他肯定也会打游戏。所以，我们家的客厅，从来没有放过电视，小蒙从记事儿的时候起，看到我们都是在看书学习的样子，家里一直是这个氛围，所以她从小就爱看书和学习。（说起小蒙，爸爸掩饰不住自豪。）

蒙臻睿　可是爸爸，我最近一直在反思，学习的习惯倒是培养了，可是跟人打交道和说话的能力没怎么学好，找工作的时候净碰壁了。"（小蒙说起往事，神情有些暗淡。）

蒙臻睿　不过现在我已经深刻认识到了，在从点点滴滴学起，我们课题组也特别重视这一方面的言传身教。

小蒙爸　她姨，我看这样，首先呢，你们可以改变一下家里的布局，把电视撤下来，换个大的书桌，做完家务你们两口子看看书，需要的话我给你们推荐几本。其次呢，挖掘一下小龙的优点，多鼓励。学习上有丁点儿进步，都要鼓励。

小蒙爸　再次呢，我想法找找他的班主任，让他的班主任多鼓励他。

蒙臻睿　大姨，鼓励可有用了。我们大学有个同学，说高二之前也是浑浑噩噩，结果一天班主任让他参加一个高难度的数学竞赛，并告诉他一定能获奖。从来没有被老师表扬过的他，就像打了鸡血一样兴奋，除了必要的睡觉时间，都玩命似的学，虽然数学没有获奖，不过高考放了卫星，考到了我们大学。后来才知道，是这个同学的妈妈苦苦哀求了老师好几次，让他想办法，结果老师想了这么个方法一刺激，激发出了他的全部潜力。

大　姨　这么有效？可我现在看见他就来气，咋表扬呢？

蒙臻睿　可不是。有一次开班会，每个人介绍自己的经历，很多人高中时代获奖都很多，只有这个同学没有任何获奖，大家疑惑怎么成绩平平的，能考到我们这里呢？结果他才说出了这个故事，很励志。

说话间午饭的时间到了，小蒙的母亲招呼大家吃饭。饭桌上，一家人不停地鼓励着小龙。他也渐渐有了些自信。

饭间，大姨忽然想起什么，拿手机给大姨夫打了个电话，问在干什么。大家明显听出对方的不耐烦，大姨嘟囔了一句"什么态度"，便挂了电话。

小蒙妈　你这还每顿饭都要查岗吗？（小蒙妈笑语。）

大　　姨　网上不是说了吗，男人会花心，可得看严实点儿。

小蒙爸　欲擒需要故纵啊！不抓不飞啊。

大家边说边吃，饭毕，一家人离去。

三、不抓不飞

公园。

放假以来，可能是突然空闲了下来，金良越的电话不断地向蒙臻睿打来，不是问在干吗，就是约吃饭，约爬山，时间间隔越来越短，期望越来越高，加上亲戚的往来，本来想回家好好休息一下的小蒙，被安排的比在学校还忙。

有时跟别人说话期间，不方便接听电话时，金良越的铃声也会响起，按掉后短信会马上滴嘟一声过来：亲，干嘛呢？为什么不接我电话？

事毕回电话过去，金良越也是反复询问，刚才干什么了？怎么就不能接电话了？是不是我不重要了……

蒙臻睿突然感觉，虽然不在跟前，但是金良越的眼睛一刻不停地在盯着自己。这该理解成是关怀备至呢？还是全程监视？

心烦意乱，下楼去转转吧！

小区的花园里散步的、打拳的好不热闹。

远处，小蒙的妈妈在跟街坊们聊天。

"蒙蒙妈，孩子回来了吗？

"还在上学啊？这都多大了呀，赶紧找个工作上班吧！女孩子上那么多学干嘛？别上傻喽！

"有对象了吗？可得抓紧点儿，一过年龄，可就成老大难了。

"听说大城市有好多念了好多书、找不到对象的大闺女！好可怜的嘞！

"对象买房了吗？可得赶紧！你看房价长的这么快！再不买，过几年更买不起了！

"得买在重点学校附近，要不以后孩子上学是个大问题！

"公公婆婆退休了吗？要不你们还得去看孩子。现在看孩子，可是个重体力活！

"一定要计算好时间怀上，这样一退休就接着看孩子。要不的话，人家过惯了退休后的滋润生活，就不愿给看孩子了，那不就都成你们的事儿了……

小蒙听着这些露骨的话，感觉如芒在背，被众人拔来拔去观赏一样，气不打一处来，生气地喊了一声："妈！快回去！"

谈话和欢笑戛然而止，大家循声看到了脸憋得通红的小蒙，便悻悻地散开，开始拍手的拍手、扭腰的扭腰、撞树的撞树。

妈妈走过来，说："看你！聊个天怎么了?!"说完，扫兴地离开，买菜去了。

本来就心情不好，听邻居们这一议论，更是火上浇油。

恰在此时，金良越电话过来，蒙臻睿没好气地说："别老打了！一会儿再说"。

结果还没有挂断电话，就听到金良越问："我又哪里惹你生气了？"

蒙臻睿索性也不挂电话，直接揣到兜里，任凭金良越在兜里"喂——怎么回事儿——"地自言自语。

张大爷遇到二胖的妈妈，没话找话随口问了一句"孩子回来没有"。

回不回来跟张大爷有什么关系呢？不过二胖的妈妈感觉，别人家孩子过年都回来了，啊呀呀，不得了，脸上挂不住了，于是掏出电话催二胖回家。

在哪上学？学习成绩如何？找到工作了吗？每月挣多少？买房了吗？

这些问题跟提问者有什么关系呢？无非是一句寒暄话而已。

这些问题虽然可能会让父母们脸上挂不住，不过不是一蹴而就的事情，需要一步一步来。

只有一个问题："结婚/有对象了没"这个问题是父母们最关心，最能使得上劲儿的事情。

于是，父母们在楼下达成共识，回到家，第一步，思想工作；第二步，到处张罗；第三步，求人介绍；第四步"怎么又不行/你就别再挑了/看看自己的条件……"，这些就成了父母们的四部曲，只要他们认为孩子已经到了该结婚的年龄。

昨天穆崖楠打来电话，说一回到家，就是父母亲戚的各种旁敲侧击。因为穆崖楠的小学同学、初中同学很多没有能够走出大山，现在大部分已经成家的成家、抱孩子的抱孩子，看到别家的娃儿满地跑了，而崖楠八字还没一撇，当妈的自然愁在心里、急到嘴上，满心欢喜回家的穆崖楠，进家门不久就开始如坐针毡。

穆崖楠的事情刚成为"昨天"，今天蒙臻睿就亲自体验到了。

小蒙突然想起一出悲剧：报道说，一个长相好收入高的 27 岁女子，不堪忍受父母的逼婚，从高楼上自由落地结束了自己的生命。

想到这里，她不禁打了一个寒战。

什么根源呢？小蒙苦苦思索。

话说古代一群原始人在草地上玩，突然从附近的树丛中传来一阵响声。有的人怀疑是野兽来了，撒腿就跑；有的人比较理性，希望分析研究一下是不是真的野兽来了，如果是野兽就跑，如果不是野兽就继续玩，捎带笑话一下刚才跑掉的小伙伴们。

结果真的是野兽来了，于是理性的几位被吃掉了，撒腿就跑的活了下来，继续传宗接代。

逐渐地，撒腿就跑的代代相传了下来，遇到事情先分析的被淘汰的越来越多，逐渐成了稀有群体。

于是直到现在，看到别人做什么事情，如果不跟风的话就会承受无形的心理压力。或者说面子上挂不住，或者说内心的焦虑，逐渐变成了各种有形无形的压力，施加在孩子身上。

其实，人与人之间的各种关系，无论是父母子女、兄弟姐妹、师生、领导下属和同事之间等，都会有一个基本的界限。如果没有完成界限内的事情，有失职之嫌；而如果超过了界限，则会引起各种问题和麻烦。

问题比较大的是父母与子女关系的问题。对于父母而言，孩子从呱呱落地到长大成人，无论是物理空间的距离，还是心理的距离，都是一个渐行渐远的过程。

完成了基本的哺育和养育，即可将孩子看成一个独立的完整的人，而不是自己用来长面子的物品或者宠物。超过了基本界限，不但孩子心理空间会受到侵害，其正常的成长也会受到干扰甚至抑制。

很多父母抱着为了孩子好的态度，包揽了除学习之外的一切活动，将掌握基本技能的机会给剥夺了，使得孩子毕业后，除了学习什么都不会。

何时，才能把孩子当作一个具有完整自主人格的、活生生的人，而不是可以随意塑形的橡皮泥，在街坊那里获得满足感的、用来比较的物件儿呢？

得想个办法。好想告诉关心人家孩子终身大事的大姑大姨街坊邻居们，生活的乐趣有很多，干嘛非在这上面找呢？

被这些问题问到的爸爸妈妈们，你家孩子成家与否，跟提问的人可有一点儿关系？除了作为谈资，没有任何其他意义，如何会上升到脸面的问题？

被逼问的孩子们，将上述两段话分别告诉提问者和被提问者吧！

除此之外，还要养成一颗强大的内心。要不这一出门，心情就被他们给搞坏了。

除此之外，培养除了窥视别家隐私之外的兴趣和爱好。

除此之外，相信社会一直在发展，会越来越多元化，生活方式也越来越多。

蒙臻睿无心回家，就在外边溜达，无意之间，来到一位遛鸟大爷的边上。

这位大爷将鸟笼放开，一只小鸟敏捷地飞出来，落到大爷的手上。

几个小孩很兴奋，说：抓住它！抓住它！

大爷笑笑，说：孩子，不抓不飞；一抓，就飞掉啦。

不——抓——不——飞——蒙臻睿心头一震！好个不抓不飞！

这不正是在说大姨吗？

这不正是在说金良越吗？

这不正是在说紧盯紧逼孩子的父母们吗？

爱情如掌中之鸟，不抓不飞；

孩子如掌中之鸟，不抓不飞！

四、君子之交

聚会酒店。

趁着寒假回家，高中的同学组织了聚会。有个家里不缺钱的主儿订了市里最豪华的饭店，呼朋唤友，前来饕餮一番。

男生互夸帅了，女生互夸瘦了。

几杯酒下肚，男生的话题不着调起来。有几个女生不经劝，也喝了几杯，满脸通红，嘴巴兴奋，结结巴巴地大声笑着，夸张地做着各种动作。

男生甲的父亲有些势力，用趁着酒兴说："哥、哥们儿 ~ 姐、姐们儿们，敬大家一杯；有什么事儿，只、只管说！在南都，还、还 ~ 没有兄弟 ~ 办不了的事儿！"

大家鼓掌，互相赞叹、恭维、喝酒。

男生乙的家里有企业，不甘示弱："办事儿 ~ 我不敢夸、夸海口，缺钱的话，找兄弟我 ~"说完一拍胸脯，"谁不干，就是 ~ 看 ~ 看不起我。"

大家鼓掌，互相赞叹、恭维、喝酒。

男生丙，既无势力，也无企业，高中毕业，在当地的高速收费站上班。听着大家豪言壮语，也跃跃欲试："你们 ~ 以后 ~ 开车回来，从西边 ~ 的高速出口下来，我在那儿上班，保证你不用 ~ 缴费，就能出来！

说完扫视一圈大家，"不过，要是谁不喝干，让我发现了 ~，你缴了费也白 ~ 白搭，保证让你出不来！"说完喝干杯中酒，眼睛扫视着大家。

大家纷纷配合，鼓掌，赞叹、恭维、喝酒。

一个女生受到热烈气氛感染，歪歪扭扭地站起来，舌头伸不直地说："还是——同学——情谊深——似海深，我家那口子——他——他爸，你们知道的——你们在这儿，只要不杀人——放火，甭管干嘛，一提他的名字，我保证——没人敢、敢动你一个指头——"

大家越说越兴奋，每人绞尽脑汁，想着自己威武的一面，展示给大家。

蒙臻睿坚持没有喝酒，看着大家醉眼蒙眬、海誓山盟、勾肩搭背、反反复复地互诉深情的样子，感到十分的不适。

在大学里，初老师、管老师和董老师他们，不停地告诉大家如何制定规则，如何遵守规则，怎么在这里，每个人都在争相无视规则、破坏规则呢？规则是因何而定、为何而设的呢？

同学和朋友，就是为了摆平事儿、投些机、取些巧、揩些油、沾些光而存在的吗？

我们不犯事儿，需要摆平吗？

我们需要投机取巧，揩油沾光吗？

大家努力学习工作挣的钱，不就是为了花吗？

沾光取巧，不光彩地剩下点儿钱，拿去干什么呢？

也许，大家觉得这是本事，根本不感觉不光彩吧！

要不，大家说这些的时候，怎么这么自豪、这么兴奋呢？！

大家津津乐道地炫耀着破坏规则的能力，是否说明还有很多漏洞需要完善，很多文明生态机制需要健全呢？

随着社会的进步和文明的发展，这些现象应该会逐步消失吧！

作为一个享受规则带来的秩序感、并习惯遵守规则的人来说，生活在这种环境中不可想象。

难怪有人说，四线城市，安放身体易（房价低），安放灵魂难！

这样跳跃式地遐想着，寻找着中和这种感觉的场景，思绪飘荡着，回忆起了跟着乐怡舒去做志愿者的那次经历。

平时在学校做志愿者，大家都披红挂彩。一边帮老人打水，一边摆拍，做的事情还没有发的朋友圈多。

可是乐怡舒她们组织的活动，没有标志，没有人拍照，没有人宣传，大家只是在组织者的带领下，三五个人有条不紊，前往郊区山里的一户贫困人家，帮着孩子购买了学习资料，辅导作业，帮着贫困孩子父母料理菜棚，完了，没在家喝一口水，就徒步返回，来到镇上，用自带干粮和自备的水，解决了午饭的问题。之后，带队的人认真总结活动中的注意事项，尤其是活动中充分考虑受助者的自尊心，应该抱着感谢对方、使得自己有机会奉献爱心、实现自我成长的心态，而不是高高在上来施舍的心态，这一点给她留下了深刻的印象。

路上虽然很累，不过没有人互相帮着背东西，尤其是没有男生为女生提行李，也没女生要求男生帮助。带队者不停地提醒大家，走路姿势如何调整、步伐如何掌控等注意事项，以便节省体力。

那是蒙臻睿第一次参加这种志愿者活动。外出其他活动，如购物，结束回来会有"物"

的收获；如学习，会有"知识"的收获。唯有这次，只有给予的欢快和返程物品减少后的轻松。难怪说：放下布袋，何其自在!

整个活动中大家互相鼓励、互相交流，仿佛一个个是谦谦君子，虽然没有攀老乡同学关系，但是感觉内心的距离拉得很近。

跟那次志愿活动相比，眼前的活动热闹非凡，充满激情，大家想尽一切可能，互相拉近彼此的关系。可怎么感觉，这种看似越来越"近"的关系，不太舒服呢?

喝醉酒的男同学女同学，你们知道你们现在的样子和说的内容吗?

蒙臻睿起身离开烟酒气充盈的房间，来到室外，清凉的空气迎面扑来。

估计回到家，第一件事情，就是换洗全身上下被烟酒味"浸泡"过的衣服了。

坐在长凳上，抬头望天，一队鸟飞过。

鸟儿们需要别的鸟破坏规则来示好吗?

这时，一句话慢慢浮现在蒙臻睿的脑海中：

君子之交淡如水。

五、平等有别

江边。

桂琪莲因公到南都市出差，事情办完，约蒙臻睿见面。

在自己的家乡见到舍友，感觉格外亲切。小蒙带着桂琪莲在江边散步，边走边聊。

桂琪莲毕业后，到一家国企工作。一直要强的她很快适应了工作，加上在学校时一直担任团支书，具有一定的组织和号召能力，在单位很快崭露头角，被部门主管赏识，并逐渐被委以重任。十一长假，跟恋爱多年的同学还结了婚，一副爱情事业双丰收的样子，蒙臻睿止不住地赞叹。

可是，随着话题的展开，桂琪莲的难言之隐也流露出来。原来，盼孙子心切的婆婆，一结婚就开始不停地催着要孩子。

关于是否要孩子、什么时候要孩子的问题，她还没有想好。

不过在婆婆看来，生不生孩子，这根本不是选择题。

可是，看到单位很多事业有成的大姐，谈婚论嫁、生子哺育之后对事业造成的影响，让她心有余悸。

比如，从怀孕那一刻开始，身体就开始有孕期反应；随着胎儿的发育，行动也变得迟缓，情绪也变得容易波动，自然会对工作造成方方面面的影响。在这种"娇贵"的状态下，单位自然不敢分配重要的工作和具有挑战性的任务给她。

一旦生产，产假加上哺乳期，很长时间主要精力会放在孩子上。这段时间结束、可以上班之后，由于有了牵挂和需要承担的家务，精力的投入必然没有生孩子之前多。

因此，有些单位的女员工，一旦生了孩子，就再也回不到重要岗位或承担重要工作了。

这些问题，让事业心重的桂琪莲越来越担忧。

还有一个问题是，虽然过关斩将，在面试过程中最终胜出，成功入职现在的单位，但是也明显感到了单位对男生和女生的喜好程度是明显不同的。

现在想一想，同样招收一名员工，男员工没有这些问题，而女员工因为孩子的事情对工作造成的影响以及经济负担，是需要全部由单位承担的。

在这种情况下，同样的条件下，哪个单位会不优先录用男员工呢？这也许是女生就业难的一个因素吧。

桂琪莲　前几天有个摄影获奖的照片，叫独生子，你看过吗？

蒙臻睿　不知道啊。

桂琪莲　是一个年轻人坐在两个病床之间，两边各有一位输液的老人。感觉十分凄凉。

蒙臻睿　是啊！我们这一代独生子，可能都会遇到这个问题。家庭结构可能是 1＋2＋4 的格局，一个孩子，一对夫妻，四个老人。压力山大。如果四位老人身体健康，生活自理，则一切还算风平浪静；一旦有人生病，整个家庭有可能瞬间陷入混乱。前段时间看了个帖子，叫《流感下的北京中年》，讲的就是这么个事儿。

桂琪莲　我们国家过去四年，一胎新生儿数量雪崩般下降三成。现在放开了二胎，过去一年二孩占到 51%，说明大家不但二孩生育愿望不强，而是连一孩都不愿生。如此下去，很多国家富裕之后经过很长时间，形成的老龄社会，我们在富裕之前就形成了。真到了那个时候，劳动力短缺，生产能力和消费能力下降，整个社会暮气沉沉，即使想找个保姆，也不一定好找，堪忧啊！

蒙臻睿　所以啊，你应该快生、多生，为国家做贡献才对啊！

桂琪莲　不是不想做贡献，关键是，一直上学、考学，好不容易就业了，就要因为生孩子影响刚刚开始的事业，心有不甘啊！

蒙臻睿　除了对事业的担心，还有没有其他原因？

桂琪莲　好多啊。比如，对生育过程的担忧、对未来孩子择校和教育学区房的担忧、生活方式变化的担忧等。

蒙臻睿　生活方式？

桂琪莲　原来是一家几代同堂，比如我爸妈跟爷爷奶奶一直住在一起。可是现在愿意跟父母住在一起的年轻人越来越少了。如果辛辛苦苦培养一个孩子，长大后不愿跟父母在一起，那索性不养好了。

蒙臻睿　如果不生孩子，老了怎么办呢？

桂琪莲　是个问题啊！目前咱们国家的社会服务机构，如养老院等，无论是数量，还是管理服务水平，同大家的期望还有一定的差距。为了解决后顾之忧，防止过快进入老龄化社会，几个方面的问题是少不了的。

蒙臻睿　你这一工作，考虑的问题都不一样了啊！

桂琪莲　比如对生育的担忧，通过科技的手段，逐步减少生育的风险和对女性的影响；针对职业的影响，是否可以把企业承担的女员工生育带来的负担，改为由国家承担起来。这样，一方面能改善女生就业难的问题，另一方面也能促进生育率的提高。比如西方有些国家，通过补贴、减税、产假等一系列的政策来鼓励生育。

蒙臻睿　方法还真不少。

桂琪莲　还有呢！有的国家还有奶爸的陪护假，等等。除了这些之外，"谁来带孩子"也是个大问题。

蒙臻睿　我看好多是爷爷奶奶、姥姥姥爷接送孩子，带孩子。

桂琪莲　是的。如果有完善的幼儿托管机构，老人退休后，可以完成原来希望完成的梦想；现在由于托管机构不完善，保姆及家政质量还不能让人完全放心，只能把孩子交给老人。

桂琪莲　如果老人不带孩子，又怕以后老了孩子不管，其实不管老人愿意不愿意，都得带，这样是相当于绑架了老人。以感情和孝心为纽带的养老状况，依据感情好坏不同，生活质量也千差万别。随着时代的发展、生活的多元化，势必应当走向以制度、政策、规则和经济杠杆为基础的养老方式上来。

蒙臻睿　简直都不是原来的桂琪莲啦！刮目相看，怎么琢磨这么多问题？

桂琪莲　一是遇到这些问题了，二是，跟单位的一位妇联的大姐关系很好，她经常唠叨这些事儿。

蒙臻睿　说点儿别的吧。你们在家都谁做家务？

桂琪莲　又是我感兴趣的一个话题。跟刚才聊的有关，老人帮着带孩子，所以生完孩子很快就可以上班，所以咱们的女性就业率很高。很多国家生完孩子要自己带，所以只能做全职太太。当然，做全职太太也是对家庭很重要的贡献，不会因为这样女性地位就降低。现在我们提倡的男女平等，有点儿绝对的平等。

蒙臻睿　什么是绝对的平等？

桂琪莲　就是不管男女的差别，在各方面都要一律的平等。其实，应该考虑男女各自的优势和特点，做到人性化的平等。比如生育孩子就是对社会的贡献，做好家务，让男方更加安心地工作，也是间接地为社会做贡献。这个时候像考评男生一样考评女生的业绩，就显得不太合适；比如，女生在家务方面有优势的话，男生在别的方面补充一下，不是挺好的。

蒙臻睿　你大学几年的团书记，可真是没有白当！一上班，就关心起这么多的大问题。

桂琪莲　等你遇到了这些问题，也会考虑的。

六、媒体世界

家里。

街坊的一个孩子即将高中毕业，想去英国留学，托蒙臻睿打听一下英国的一个叫克莱登的大学如何。

于是蒙臻睿通过官方网站，进行了多方的查询，发现该大学是一所普通大学。无论是学生入学成绩、在校表现、就业率、还是平均身高、平均每天吃几个面包，都在该国的大学生中基本处于中等水平。

一次这所学校招了一个身高超过 2m 的学生，成了当地的新闻；

一次一个学生吃了 10 个面包（普通人只吃一个），成了当地的新闻；

一次一个学生在校园捡了个手机没有及时归还，后被曝光，受到广大师生的谴责，成了当地的新闻；

一次一个学生为了突击考试，考试前两天两夜没睡觉，累病了，成了当地的新闻……

这个学校的新闻很多，一条新闻的传播速度和广度，同事件本身偏离中间值的程度通常成正比。

吃 10 个面包能传遍全郡，吃 20 个面包就能传遍全国。

恰巧，听金良越说他有个同学，就在英国留学，何不让他的同学帮着打听打听？于是赶紧让金良越给他的同学联系。

"我有个亲戚家的孩子想去英国留学，有个克莱登大学，你给了解一下，这个学校咋样？"

金良越效率很高，马上取得了线上联系。

"克莱登大学啊！熟着呢！经常看到他们学校的新闻。这个学校的学生个儿高，饭量大，有小偷小摸现象，为了考试成绩，学生们都很拼。"同学认真地问答。

一番交流，金良越获得了足够的信息，电话告知蒙臻睿：

"这个学校啊，怎么说呢，只招四肢发达的特长生，都是吃货，小偷小摸现象十分严重，为了考试成绩不择手段，据说有个学生为了让老师改成绩，把老师打了一顿……"

蒙臻睿一听，这还得了，不能让街坊的孩子跳入火坑啊！赶紧告诉他们："这个学校都是头脑发达好打架的学生，老师都不敢管，还净偷东西！"

得了，街坊的孩子跟克莱登大学，至此缘分已尽。

金良越在英国的同学错了吗？没有错，因为他头脑里只有这四条飘出校园、传入他耳朵的新闻事件，这几个事件成了他认知这所学校的全部素材。其他数据，无法飘出校园成为新闻，当然也无法传入他的耳朵。

不用问，金良越也没有错，当然蒙臻睿也是认真负责的，没有犯错的动机。

那继续问："也不对啊？明明是有个学生捡了个手机没有及时还，怎么成净偷东西了？"

答曰："人脑不是电脑，在存储和传播信息的时候总有四舍五入，而且，为了引起人的兴趣或者轰动（讲述者增强自身的存在感），总会向远离中间值的方向'四舍五入'一下。"

你说你的朋友一顿饭吃了一个面包，这有啥好说的？吃 10 个乃至 20 个面包，才会是有意思的事情。

现在的媒体很发达，信息的传播途径很多，快捷方便。大家都成了不出门的秀才（便知天下事）。

大家从各个途径，主动或者被动地接受着远离一个事物中间状态的各种极端值。因为，只有极端值的数据才能蹦出来，变成新闻。

日积月累，这些极端值，构成了大家认识事物的所有素材。

至于中间值，一是无人传播，二是无人关心，自然没有机会传到大家的耳朵里。

如果外出遇到一个路人甲，听说你是从克莱登大学毕业的，他面露鄙夷之情，请不要生气和意外。因为关于你校的情况，蒙臻睿可能早告诉这位路人甲了。

要想不被鄙夷，只能告诉路人甲：看一下克莱登大学的各种统计数据，就能比较全面了解这个大学；你说的都是个别的极端例子，无法代表学校的整体水平。看问题的时候，请删除极端值，重视中间值！

但是，对于喜欢新鲜事物的路人甲来说，这太难了，他上哪儿去找中间值看？他哪儿有这个兴致？即使看到中间值，怎么保证他不会把中间值滤掉，只剩下极端值？否则，如何有哗众取宠的效果？

媒体下的极端值勾勒出的世界，同原本的世界，渐行渐远。

这是媒体的问题吗？似乎不是。媒体又没说克莱登大学所有学生都 2 米以上。

如何避免沦落为路人甲呢？

这是个值得深思的问题。

■ 第二节　各种关系的建议

一、父子边界

孩子呱呱落地，一张白纸，一切需要照顾、需要教育。

随着年龄的增大，渐渐懂事，逐渐站在自己的立场观察周围、学习吸收，并形成自己的观点和看法。这些观点看法，很大程度上受父母的影响，但又不是父母的复制。

从身体的养育，到常识和知识的教育，从怀抱到行走，到独立，无论是身体，还是心理，孩子同父母关系，都是渐行渐远的关系。

随着孩子的成长，父母的目光和注意力，应该逐渐从孩子身上挪开，形成自己的生活习惯、个人爱好和话题，而不是一切围绕着孩子。

这样，既不利于孩子的独立和成长，也不利于两代人的关系。

现在有个词叫"直升机父母"，说的是就像直升机一样盘旋在孩子的上空，时刻监控孩子的一举一动。

随着孩子的成长，与其为孩子做很多事情，不如教会孩子自己做事情的能力。

有的家长担心做其他事情影响学习，就大包大揽除了学习之外的一切事务，美其名曰为了孩子节省学习时间，其实是剥夺了孩子学习其他技能的机会。这样长大之后，除了学习之外其他各方面的能力都很差，十分不利于健康的成长。

尤其是孩子上大学之后，更多的应该是鼓励其独立思考、独立判断和做决定的能力，而不是一如既往大包大揽。

18 岁之后，法律上已经是具有民事能力的成年人，而不是父母的附庸和物品。这时候父母为孩子做事情，应该首先征求孩子的同意，而不能私自做主。有的父母在子女婚姻问题、就业问题等方面干涉过多过深，造成关系僵化，还有的父母动辄以气出病、断绝关系要挟孩子，给孩子造成精神绑架和负担。

抱着为孩子好的目的，5 岁为孩子报钢琴班，10 岁报奥数班，18 岁报高考突击班，22 岁报公务员，35 岁报非诚勿扰……

打着"为了孩子好"的招牌，将孩子培养成一个个巨婴。为避免如此，到了一定的年龄，母亲给孩子断奶很必要；

到了一定的年龄，父母给孩子精神上的断奶更重要。

尤其是孩子成家之后，父母通过对孩子的控制实现"占有欲"，通过对孩子的依赖找到"安全感"，都是典型的界限不清的表现。

二、师生边界

古代师徒关系十分亲密，为了学习，徒弟往往要为师父做很多事情，当然师父也要从各个方面关照徒弟，有"一日为师，终身为父"之说。

而现在社会，教育制度已经发生了全面的变化，一般的中学乃至大学教师，除了班主任之外，往往只是某一门课程的授课教师，具体工作也仅仅包括课堂授课、作业批改和辅导等。班主任同时兼顾纪律等方面的内容。甚至研究生的指导教师，也只是学位论文的指导，同古代的师徒关系明显不同。

在这种情况下，学生既不应该将课程授课教师、导师视为古代的"师父"，将其想象成自己的"父亲"或者"母亲"这样的长辈来对待，老师也要注意自己的工作界限，不能将学生当成古代的徒弟一样，随意使唤。

作为在校的研究生，主要任务是课程学习、学位论文的研究和撰写等。除了学习和研究之外的一切事务，尤其是教师的生活方面的事务，既不应该交由学生处理，也无权让学生处理，学生没有承担教师私人事务的义务。

在某高校发生的学生跳楼悲剧事件中，有人反映导师让学生帮着买菜、擦车等，已经超出了正常的师生关系界限，教师的行为超出了自己的职责范围，学生也丝毫没有义务承担这些工作。

上述陋习已不符合目前社会教育的指导思想，应该尽快规范师生关系的界限和相互的职责范围，以便约束双方，尤其是教师一方的越界行为，以保证良性健康的师生关系，保证学生的合法权益。

三、朋友边界

朋友有信，是古往今来对朋友的要求。朋友之间，言而有信，有信任关系，既一诺千金，又能为朋友保守秘密。在这种情况下，朋友之间才可以畅所欲言，推心置腹地进行交流。于是流传了许多诸如高山流水遇知音等思想和精神交流的佳话。

同时，历史上也有一些形容朋友关系的，如为了朋友两肋插刀等一些说法。在古代，规则匮乏、法制薄弱，自然经济状态下，很多事情做成与否，有赖于家庭成员的相助和朋友的支持，因为朋友的力量、朋友的作用是十分重要的，也正因为如此，江湖义气在朋友间扮演了重要的角色。

然而，随着社会的进步，城市化、工业化和信息化的发展，社会分工越来越细，人与人之间的合作越来越广泛，同时，随着制度、规则的发展建立以及法律的健全，在这些上层建筑约束下，普通人乃至陌生人的交往和合作越来越广泛和正常化。

在这种情况下，朋友的作用，逐渐从生活和工作中扮演重要角色，初步退让到思想和精神的交流和共同进行娱乐活动等。

现在，逐渐不再需要朋友两肋插刀，将来随着社会进步和文明的发展，更不需要朋友的两肋插刀。

两肋插刀的朋友越被颂扬，越说明规则和保障制度漏洞越多，需要进步和完善。

朋友的关系，应该少一些江湖义气，多一些简单、文明和阳光。

物质和生活的保障是规则和工作的事情，思想和精神的交流才是朋友间的事情。

以金相交，金耗则忘；以利相交，利尽则散；以势相交，势败则倾；以权相交，权失则弃；以情相交，情断则伤；唯以心相交，方能成其久远。

四、夫妻边界

人类的婚姻制度，从产生到现在，经历了各种阶段。

随着科技的进步和人们物质文化生活的提高，以及女性独立意识的觉醒，现代婚姻制度也在持续发生着某些变化。具体表现在横向方面和纵向方面。

横向方面，越是经济发达的国家或地区，年轻人中不婚率越高；同处亚洲文化的日本、韩国以及我国台湾和香港地区，不婚率远高于我国大陆地区。

纵向方面，以西方为例，20 世纪 80 年代，美国和法国已经有 30% 的人不结婚了。到 2015 年 8 月，16 岁以上的美国人中，有 50.2% 的人是单身。随着我国经济的发展，结婚率下降，离婚率和不婚率上升。如截止到 2017 年，中国的结婚数量连续五年下降，离婚数量连续五年上升。经济越发达的城市离婚率越高，北上广深的离婚率居全国排名前列。

这里不是用数据引导大家不结婚，而是说，随着社会的发展，生活的方式会越来越多元化，人生的道路，没有唯一的某条路是每个人必须要走的。人们会逐渐从依靠婚姻维生的阶段，逐渐过渡到追求更高物质生活和精神生活质量的阶段。

结婚，还是不结婚，跟年龄无关，跟父母亲戚的催促无关，跟上学还是在上班、跟经济状况无关，只跟自己的内心有关，是水到渠成、自然而然的事情。

相信本书的读者，绝大多数都是受过高等教育，经济和精神上比较独立的男性和女性。在这种情况下，对于婚姻的选择，应该是真心实意的希望，而不是父母和亲戚口中的"年龄这么大了"。因为公交站点是固定的，可是行驶的车辆有快有慢，无法规定某个时刻所有的人同时下车。没到站呢，下了车怎么办？

对婚姻的选择，更不是因为"对方条件也不错"。对于经济自立的人，对方的条件是对方的事情，自己的经济条件决定了自己精神的独立，而不是依附于对方才能生活。

进入婚姻的唯一原因，应该是爱情。

一旦走入婚姻，就应该履行自己的承诺，维护好婚姻。而维护好婚姻的原则之一，就是保持相对明确的界限感。

例如，处理同父母的关系的时候，要知道夫妻双方是一家人，是关系最近的人，无论跟父母关系多好，父母都是另一家人，作为年轻人要注意维持相关的界限，不做越界的事情，父母要懂得及时退出，与孩子一家保持适当的距离。

同时，处理同他人的关系时，需要照顾伴侣的感受。例如与朋友相处的时间、相处的尺度，尤其是同异性交往的界限，要明确清晰。

夫妇二人，也要保持各自的界限。进入婚姻，需要爱情；白头到老，不能只靠爱情。

爱情，是一个人人向往的好词；

但是以爱情的名义，会衍生出很多占有、控制、剥夺的欲望，和爱情至上一切让路的各种不合常理。在婚姻之内，不应再高举爱情之牌来压倒一切世间的逻辑。

无论如何，祝愿每一位年轻人：有情人终成眷属。

五、教育缺失

从谈恋爱说起。

在中学，由于身心尚处于成长阶段，加上学习任务重等原因，无论是学校、老师还是家长，都会明令禁止学生谈恋爱。

到了大学或者研究生阶段，家长和老师能以影响学习为由，禁止学生谈恋爱吗？这是一个需要探讨的问题。

随着身体的成长、心理的成熟，对异性的好奇、向往、爱慕等，无论是生理上、还是心理上，都是十分正常和自然的事情，水到渠成瓜熟蒂落，进入大学时代，乃至研究生时代，无论是家长还是老师，应该正确地引导，而不建议禁止。

毕竟，从异性间的正常交往，到确定恋爱关系，乃至结婚成家和长期的婚姻生活，是人生中十分重要的一件大事。为了做好这件事情需要的能力，既不能通过纸上谈兵的方式获得，也没有什么秘籍可以一夜学成一蹴而就，是需要长期的正常的人际交往、人与人交流和合作等以及各种实践活动中学习和掌握的能力。

有的家长在孩子的学生阶段，各种打压异性间的交往，可一到适婚年龄，就希望孩子一夜之间能掌握交往能力，甚至快速找到理想的伴侣，瞬间走入"幸福"婚姻殿堂，并且能熟练处理夫妻和长辈的关系。

殊不知，所有这些关系的处理，既需要家长明智的站到夫妻二人一定的距离之外，远观而不是深入干涉孩子们的生活，也有赖于孩子们学习和锻炼处理各种关系的能力。

可是，这些能力不是凭空而降或者是生而知之的，是需要学习和实践的。

前期剥夺孩子学习和实践的机会，后面拔苗助长着急上火，一旦不行，各种逼婚逼嫁，是十分不理智、不明智的。

现在的教育，过分注重培养学生掌握一门谋生的手艺，而手艺之外的事情被过于漠视和淡化。人生中很多重大的事情，既缺乏学校的教育也没有社会的教育。

例如，做饭、做家务，如何计划家庭开支等基本生活技能，作为成家的年轻人十分重要，会每天用到，但是学校和家长都不注意教育，唯一重视的就是有关升学的考试课程和成绩。

比如，异性交往和谈恋爱的能力，被学校、老师和家长长期的打压，视为"洪水猛兽"，而等到默许可以交往时，他们已经失去了学习的机会和交往的能力。

比如，夫妻关系的相处，它是如此重要，以至于人生幸福与否很大程度上依赖于家庭的幸福和谐。可是，有一门课程、一位学校老师教授这些内容吗？显然是没有的。全凭无师自通，自学成才。

不但没有人告知是否学对了，是否学好了。最离奇的是，别人会认为这些环节能够一夜之间突然学好。

比如，如何做父母的问题。一朝怀孕，到孩子呱呱落地，一直到养育成人，期间喂养、教育等问题，其重要性无论怎么强调都不为过，可是，可有一所学校教育人们如何当父母？可有考试？可有资质证书？

电工上岗要证书，开车要驾驶证，父母这个岗位如此重要，却不需要考试、不需要证书、不需要辅导，甚至有时当事人都没有物质和心理上的准备，就直接上岗，连个临时上岗证都不需要，这是多么匪夷所思的事情。

比如，教育和就业，解决的是八小时之内的事情。工作日除了八小时之外，还有两个八小时；周末和节假日有三个八小时。这些时间人们该如何度过，应该培养怎样的爱好，如何同人交往，没有人教育。

比如，更重要的事情，维持身体健康的问题，现在的不少媒体，习惯颂扬废寝忘食忘我工作、为了工作不顾家庭和孩子的"榜样"，同样，英年早逝的各行业精英被树为模范，如果转变一下思维，首先保证自身的健康，不是能为国家工作和服务更长的时间、为国家和人民做出更大的贡献吗？英年早逝，既是国家的损失，也是提醒人们应该注重身体健康，在健康的情况下，更高效、更持久地为国家工作，才会做出更大的贡献。

可是，现在不少的学生晚上熬夜玩手机、早晨不起床、作息不规律、暴饮暴食等，同样年龄下，我国的青少年健康状况与发达国家乃至日韩等邻国相比，都有不容忽视的差距。如何让学生养成健康的生活习惯，掌握保护和维持健康的常识、理论和技能，至关重要。可是，目前的学校教育，除了体育课之外，并没有其他的课程和教育，教学生如何维护和保护健康。

第十章

谨言行坚志崇德
——公共场所

青玉案·吵闹

舟车市井声喧闹，
大人喊、
孩童叫，
影视音声招人躁。
不得宁静，
无从躲绕，
行为不嫌臊！

■ 第一节　岁月静好"静"才好

一、开学返校

愉快的寒假转眼过去了，蒙臻睿和金良越带好行李，在父母的千叮咛万嘱咐下，踏上了返校的旅程。

经过几个小时的长途汽车颠簸，从车站的汹涌人流中出来，背着大包小包，终于辗转到了火车站。

离开车还有一个多小时，检票进站等车。

人在旅途，身心倦怠。

在候车厅里转来转去，发现座位上不是坐着人，就是放着行李，没有空余的座位。角落里，歪歪扭扭地坐着同样早起/熬夜/辗转的各种年龄段的旅客，因为找不到座位，干脆就坐在行李上，或者地板上。有的累了，干脆躺在地板上休息。

两个人找不到座位，干脆靠墙站着。结果不一会儿，就双腿发麻，蒙臻睿干脆蹲了下来。

金良越见状，于心不忍，走到一个座位上有行李的位置，问旁边的人："请问这儿有人吗？"

"有。"那人目光从手机上离开了一下，又回到手机屏幕上。

一连问了好几个人，都说有人。

金良越看到蒙臻睿小猫一样蜷缩在角落里，还是有些不忍，情绪开始有些波动。又走到第一个人那里，说："请把行李腾一下。"

那人再次翻了一下眼皮，说："有人。"

"都这么长时间了，买东西、上厕所都应该回来了。肯定没有人。"

"我说有人就有人。"

"行李不应该占座位！"金良越情绪激动，声音提高了八度。"没看到这么多人站着吗？放个提包也不让别人坐，什么意思？你给行李买票了吗？"

"就有人，怎么了？"

"除非你买了两张票，可以占两个位置。一张票一个位置。把你的两张票拿出来看看，没有的话，就腾出座位，让给别人！"

"就不让，你能怎么着？"说完，此人扭过脸去。

金良越无奈，去找管理人员。正好有个车站人员手持喇叭，在引导大家排队等车。金良越上去说了一声"我用一下喇叭",没等对方同意,就从那人手里拽过喇叭,大声对着候车区的人喊:"大家注意啦!一张票一个座位,请把大包小包、皮箱塑料袋,从座位上拿下,把座位让给其他乘客坐!大家旅途辛苦!"

大嗓门一喊,还真有效果,有几个乘客将行李从座位上拿下,站着的乘客高兴地坐下。

还有几个包包继续在座位上待着,包括金良越找的那个人。

金良越走过来,拿着喇叭喊:"请把行李从座位上拿开!行李不能占座!没看到这么多人站着吗?讲不讲公德!"结果这么一喊,很多人纷纷看向这里。此人见状不妙,干脆提起行李,灰溜溜地离开了。

这时那位车站人员跟了过来,从金良越手里要回了喇叭,也没有说什么,转身要返回。金良越趁机说:"你们应该维持一下秩序,不能让行李占座!这么多人没地方坐,居然让大包小包占着座位!一会儿我就找你们领导反映!"

这时,在金良越的喊话下找到座位的几个人附和说:"是啊是啊!应该出个规定!有人不讲公德,你们怎么能熟视无睹!"

这时,在角落里蜷成小猫的蒙臻睿,赞许又担心地看着金良越,嗫儿嗫儿地走过来,抻抻他的衣服,说:"好啦好啦,我们出门不要惹事儿。"

转眼进站的时间到了。俩人拎上行李,小步一挪一挪地进了车厢,在前呼后拥中,找到了座位,安顿下来。

刚坐好,有人过来调座位,说想跟旁边的人坐一起。

蒙臻睿正犹豫,金良越口气坚决地说:"我俩也是一起的,不能调。"

此人碰了壁,又找别人去了。

蒙臻睿嗔怪说:"万一人家真的需要坐到一起呢?"

"你看着吧,调到一起,就等着听噪声吧。"

果然,在此人的坚持不懈之下,跟他的同伴调到了一起。

真是一语成谶,这两个人自从坐到了一起,嘴巴就没有闲着。从家长里短到明星八卦,从办公室内幕到世界局势,不停地唠叨,配上不时地大笑,夹杂着粗话,丝毫不顾及周围人的感受。

金良越说:"看到了吧?真想把他们拆开!给他们调座位的,罪过不小。"

一会儿,有个乘客将手机的外放打开,肆无忌惮地听着音乐。

此时乘务员过来查票,金良越故意大声地说:"乘务员,你们的音乐开的音量太大了,太吵了,根本不能休息!"

乘务员疑惑地说:"没有开音乐啊?"

"没有开音乐怎么这么吵!你们应该管管。"

乘务员明白了，提醒大家将音量调小一些。结果有些乘客不愿意："我们有听音乐的自由！"

"可是你们没有打扰别人的权利。"

一番争执，终于安静了一些，大家累了，闭上眼睛休息，有的人很快进入了梦乡。

中途停站，上来几个人，干脆打起牌来，摔牌声，欢呼声，围观的人嗑瓜子的声音混杂在一起，将所有人从梦乡惊醒。

于是，有的乘客开始用手机打游戏，叮当叮当的武器碰撞声不绝于耳；有的用聊天软件聊天，biu~biu~的接收和发送信息声此起彼伏；有的煲着电话粥，整个车辆，成了噪声交响乐之地。

金良越揉了揉惺忪的眼睛，说："必须得去给列车长提建议。这么吵的车厢，跟车票价值不符！"说完起身，去找列车长了。

蒙臻睿心想：为什么要在列车上出售瓜子花生什么的带皮的零食呢？这不是故意让大家制造噪声吗？旁若无人地听音乐的人，你们把身边的人当成空气了吗？现在公共场所的硬件发展速度确实很快，真的把部分人的素养落远了。

人民日益增长的美好生活愿望，肯定包括公共场所的安静与舒适。

二、铜锣开道

返校路上。

终于到站了。两人换了公交车，到了学校附近，拎着行李往学校走。

寒冬傍晚。施工中的道路，路面颠簸，人车混行。

一位老人自行车筐里的水果被颠了出来，滚落一地。他窘促地停下，不太利索地支好自行车，俯身去追满地跑的水果。

后面紧随的一辆汽车轻轻地停下，静等老人。

再后面的一辆汽车看前面的汽车停了，狂按喇叭。先是点按，再是长按，之后连续按。

一唱雄鸡引得万马齐鸣。

后面的汽车、三轮车、电动自行车的各种喇叭瞬间引颈长嘶，组成了喇叭大合唱。

前面的汽车不为所动，只是静静地等待，不向前挪动一步。

听到喇叭声，老人愈发局促紧张，身手更不利索了。

后面的车看按喇叭不奏效，降下车窗，将头伸出，向前面的车高喊跟爱情和生理卫生有关的粗话。

前面的车窗里探出一张微笑的脸，说："等一下前面的老人。"

老人的一个水果滚到了后面的车边，抖抖索索地绕过前面的车，到后面来捡，一抬头，跟后面的开车人四目相对，戏剧性的一幕出现了：

"爸，是你?"

"不着急啊，你妈还没有做好饭哩。"

开车人脸色酱紫，缩了回去。老人推车前行，路上恢复了秩序。

旁人嘟囔了一句："滴滴个啥! 着什么急!"

"着什么急? 大家都争分夺秒，都有十分重要的事情哩!"金良越接着旁人的话说。

"古代县官出行，铜锣开道，鸡飞狗跳，回避肃静；现代人开的是轿车，相当于七品芝麻官的轿子吧? 遇到前面的人或车，恨不得一阵锣响，前面的人和车都灰飞烟灭。"金良越继续嘟囔。

是啊! 君不见高速收费处，停车收费时，后面的车滴滴；路上有车稍慢，后面的车滴滴；前面有行人，后面的车滴滴；前面的司机在问路，后面的车滴滴。

还有一种现象：有人没有买车的时候，骑自行车，没见过着急；一旦开起车来，突然着急起来，开车风驰电掣、一路鸣笛。

……

某位骑自行车的人看到这里笑了："我不开车，从来不滴滴别人。"

但是，前面有行人，后面自行车的铃铛格朗格朗地响，一个性质。所有的这些滴滴、铃铛传达的都是一个声音：快走快走! 躲开躲开!

不妨看一下这些行为的逻辑：如果前面的行人、自行车、汽车行走违规，通过声音提醒一下，无可厚非；如果汽车里的人睡着了，你按喇叭把他（她）叫醒，无可厚非；如果前面的人按规矩地行进着，或者正处理着此刻应处理的事情（比如问路、缴费等），你让他（她）躲开的依据是什么呢? 有什么权利让别人躲开呢? 你按一下喇叭对方就能飞走?

也许有的开车人说：我急着上班、上学、回家……

那就早点儿出发，要知道按喇叭，提前不了 10 秒，没有任何意义的。

唯一能传达的是：按喇叭的人有着一幅急躁、易怒乃至扭曲的表情。

人生很长，不必太急躁，不妨稳当一些；人生苦短，不要太急躁，不妨享受一下车内时光；开得太快太野，会把灵魂甩掉，只能空带一副躯壳前行。

有深受其扰的人们建议：车的尾部安装识别系统，如果后车鸣笛超过 1 秒，自动拍摄汽车牌照，自动上传至交警系统，进行处罚。

晚上在市里开着远光灯，感觉是自己看得清楚，其实对面的司机睁不开眼睛、看不清路，自己能安全吗?

还有强行变道等问题……

路上的安全，不应该以其他开车人手疾眼快技术高超为前提，应该是即使别人不注意，也伤害不到自己为原则。

听说，市内部分地点已经装上了识别系统，对于违规鸣笛、开远光灯的现象进行识别并处罚。

当然处罚不是目的，只是希望通过有效的管理手段，让躁动又危险的马路安宁起来、安全起来、温情起来。

我们来看一组数据：以 2016 年的数据为例：平均每小时 33 人死伤，33 个家庭陷入无尽的悲痛之中。我国交通事故的致死率 27.3%；美国 1.3%；日本 0.9%；在具体城市中，北京的交通事故致死率为 14%，是东京的 20 倍。

文明开车，从我做起；文明开车，从此刻做起！

三、随手拍照

女生宿舍。

回到宿舍，金良越帮着蒙臻睿安放行李，吐槽着路上的一系列不文明行为。这时一位女舍友也回来了，男友送她到宿舍。听他俩吐槽公共场所的不文明行为，也加入谈话。

女舍友　我觉得还有一个问题，就是拍照的问题。

男　友　原来拍照要用相机，问题好像还不太严重。随着手机拍照功能的增强，拍照越来越方便，于是公共场合拍照的现象，就越来越泛滥了。

女舍友　比如在影剧院或者剧院，无论是看电影，还是看演出，人们的重点好像不在电影或者演出本身，而是拍照。一到精彩处，呼啦呼啦面前出现鳞次栉比的手和手机，闪光灯拍照声混在一起，根本没法再看演出。不精彩的地方，有人拿出手机玩，在昏暗的室内灯光下，发亮的屏幕使得后排的观众无法正常观看演出或电影。建议进入影剧院关闭手机，安静欣赏，无论声音还是光线都不影响别人。

金良越　还有景区，越是标志性的地方或者景色美的地方，越会呼啦啦争先恐后挤上一大堆各种 pose、各种笑容、各种剪刀手的人，为了拍照还互相占地方、互相排斥其他拍照者。建议欣赏风景第一，在不影响其他人欣赏风景的条件下再拍照。

女舍友　我觉得拍人的问题更大。有人看到值得拍的人，如有人带着打扮漂亮的小孩，或者参加什么活动或者做什么动作等，不经别人同意就偷拍，甚至不掩饰地拍，或者录像。我遇到这样的人，会特别反感。

蒙臻睿　还有就是学术会议或者报告，未得到汇报者的同意，不能拍人家的 PPT。其实现在上课也有这种情况。有了手机，学生便不再喜欢记笔记，看到有用的就拿出手机拍照，我觉得是一个性质的问题。有的老师干脆将 PPT 做成 PDF 文件发给大家，免得上课频繁拍照，影响课堂效果。

男　友　最近去看电影，发现每当有好的画面出现，前面的观众就高高举起手机拍照，黑暗的背景下一个高亮度的矩形发光体在你的面前晃来晃去，将电影荧幕搞成了日偏食，作为地球的脑袋怎么摇晃都躲不开。二十五块买的电影票，立马感觉贬值成了八块，其余的十七块都被前面的拍照者毁掉了。前后一定会呼应。你的后面也不时有强光闪出，感觉后脑勺上略显孤单的几缕头发都快被强光闪掉了。同时，手机拍照的咔嚓声混杂着电影的台词声和音乐声在耳边萦绕，你也分不清声音到底是电影还是手机发出的。

女舍友　我再脑补一下，电影不会一直有高潮。平淡的情节出现了，前面的另一位无聊地从包中摸出 iPad，优雅地浏览起来，不时跳出几个带声音的视频，声文并茂地投射到你的面前，声音与对白齐飞，亮光同电影一色。

金良越　我也补充一下：还有一位深知独乐乐不如与人同乐，接个电话，跟人直播起电影情节来，在影院的音响下为了让对方听见，声音提高了八度，平时男中音即可说清的，现在通通要变成男高音。

蒙臻睿　我觉得电影还稍微好一些，毕竟拍的是银幕。如果是舞台剧，问题就更大了。因为台上表演的都是真人。一次我旁边的一位大叔自从表演开始，就不顾工作人员的反复提醒，毫无顾忌地端着长镜头咔嚓咔嚓地拍个不停。

金良越　这时，你应该问他一句：大叔，摄影的艺术是建立在起码的文明之上的啊！你旁若无人地拍，不怕闪光刺着台上的演员，不怕影响周围人，难道不怕别人说你油腻吗？

男　友　除了演出版权的问题，需要对台上演员给予起码的尊重。还有一个现象，就是演出刚刚接近尾声，就有人未卜先知、迫不及待地起身退场，呼啦啦，后面的也就别想看了。128 分钟的演出，被剪辑掉了 19 分钟，男一号和女一号最后到底说了些啥，被淹没在呼朋唤友的退场声中，一句也没听清。

蒙臻睿　听说有的地方人们看演出前，会梳洗打扮一番，盛装前往，安静欣赏，细细品味，有序退场。不知我们这里什么时候能够实现。

金良越　台上的艺术烟火，应该熏陶至座位上的行为。文明礼仪，应该从点滴做起，从不影响别人做起。

四、环保话题

餐厅。

几个人越聊越兴奋，将行李收拾好，便一起去餐厅吃晚饭。这时乐怡舒打来电话，蒙臻睿干脆约她一同去。

在餐厅坐定，几个人按照刚才谈话的惯性，继续聊了一会儿公共场所礼仪的问题。蒙臻睿话题一转，问乐怡舒寒假情况。

乐怡舒 寒假参加了几次环保和志愿者活动，发现与人交往过程中如果注意环保的话，不失为一种更高层次的礼仪。

蒙臻睿 这两件事，能扯到一起吗？

乐怡舒 听我说啊！这些年空气污染严重，雾霾成了热度很高的词；同时水的问题、食品问题等，都是每个人十分关心的问题。在这种现实环境和人们的心理状态下，如果言谈举止表现出对环保的考虑，自然能让对方感受到尊重。其实我还有一段环保的心路历程呢！

蒙臻睿 说来听听，愿闻其详！

乐怡舒 原来一想到环保，就会想到要注意环境卫生。自然而然地认为环保就是保持环境的整洁，不要乱扔垃圾。

女舍友 可不就是这样的吗？

乐怡舒 可是后来很快发现，我们现在使用和消耗的东西，在生产、运输、存储、出售、使用、废弃的整个过程中，都有资源、能源、人力方面的消耗，都会对环境产生一定的负担。那么任何物品，做到物尽其用而不浪费，就是更高一个层次的环保，要远比不乱扔垃圾的意义更大。大家在系列讨论中，曾有过不浪费粮食等方面的话题，可以认为就属于环保的大话题。

金良越 嗯，好像是前进了一步。

乐怡舒 接下来，在不浪费的情况下，采用低碳环保的生活方式，则是另一个层次的问题。我举个例子，据统计，现在全球平均每人一年的碳排放，相当于原来农业社会400人一年的碳排放。虽然商家为了经济利益，会通过各种方式刺激大家的消费欲望，但是一个人必需的衣食住行需求，是有限的，原来说的"纵有千间房屋，无非一床安宿；纵有万亩良田，终究只需三餐"，说的就是这个道理，尽量采用低碳环保的生活方式，对环境的保护具有更加重要的意义。例如，有的人家里放着四百多双鞋，有的有几百套衣服，有的人购买多辆汽车，分别用于钓鱼、爬山、打高尔夫球等。如果以这种生活方式作为大多数人的目标，别说雾霾治理，可能多少个地球，都不能提供这么多的资源。相反，能采用公共交通就不开车，能爬楼梯就不坐电梯，尽量节省照明，平时用的东西注意节约环保等，除了环保的意义，本身就是一种高雅的生活方式。

男 友 有道理，有道理。（频频点头）

乐怡舒 除了生活之外再说说工作。我们现在作为学生努力学习，参加工作之后严谨认真，将大楼、大桥、道路等规划好、设计好、施工好，使得整个环节科学合理，在保证结构安全、功能完备的前提下节约投资和材料，就是很好的环保。相反，如果过程有失误，搞出了不合格工程，那么对投资、材料和施工的浪费等实在太大了，环境负担也随之增大。因此，要想更高层次地实现环保的理念，大家现在也应该认真学习搞好研究，提高自己的业务能力。

金良越　所以，同学们！你们不好好学习，就对不起大家、对不起环境、对不起地球！

乐怡舒　我们所有的环保理念和环保措施，无非是为了实现国富民强和提高每个人幸福指数这个目标。而实现这个目标的前提是身体健康。健康的身体是一切的基础和前提。保证身体健康，也是减轻个人、家庭、社会负担的最好方式，也是更高层次的环保。为了维护身体健康，我建议大家从软硬件两方面着手。作为身体的硬件方面，保证消化、呼吸、皮肤这三个大的同外界交换界面的原材料的质量，即身体系统的原料应有保证，不要吃或尽量少吃不能保证卫生的食物。作为软件方面，保证我们眼耳输入信息的可靠，多看多听多想正能量的东西，维护精神健康。物质的和信息的原料可靠，加上科学的身体使用方法，例如规律起居等，是维持健康的基本条件。

金良越　我今天很有体会。通过以上的努力，我们有了健康的身体和青山绿水，可是幸福感的提升，也需要全民素质的提升吧。不然，大家想想，我们一出门不小心碰了别人一下，招来了一顿臭骂，会幸福吗？不会的。一句恶语足以抹杀青山绿水给我们带来的美感。好言一句三冬暖，恶语伤人六月寒。公共场所的不文明行为，时刻影响着我们的幸福指数。

乐怡舒　确实如此！所以，我们还应该加强语言的环保，既是对对方的保护，也是对我们自己的保护。因为语言的温度是可以反馈的。说出冰冷的话语，反馈回来必然也是冰冷的话语。

男　友　我有的时候一激动，脏话就出来了，看来得改。

乐怡舒　好了，其实刚才提到的各个层次的环保，有赖于我们有一颗环保的心。如果我们的心灵是高尚的，是纯洁的，是温暖的，那么独处能温暖自身，共处定能温暖他人。

金良越　稍停，稍停，我总结一下啊！从不乱扔垃圾，到物尽其用；从环保的生活方式，到认真学习工作；从健康的身体，到心灵的环保，出门不仅面对青山绿水，还有张张微笑的脸和暖人的话语，果真这样的话，我们的幸福指数不噌噌地往上涨才怪哩！

女舍友　你太厉害了！我都成了你的粉丝了！你们什么时候还搞活动？我们能参加吗？真长知识！

蒙臻睿　我也要参加！

■ 第二节　注意事项

一、公共交通

现在出行越来越便捷。乘坐城市间的高铁/火车、飞机、长途汽车，城市内的公交、地铁时，应注意以下几点：

1）排队：无论是买票、进站、上车（登机）、下车（下机）、出站等，均应排队进行。插队、拥挤既不文明，也节省不了时间。要知道，现在都是对号入座，早上车、早上飞机并无必要。

2）占座：无论是在候车室/候机厅，还是在火车、汽车或飞机上，行李均不要占据座位，应该放到行李架上或地上，或者自己的座位上。因为会有很多需要坐下的旅客。

3）抖腿：无论是在候车室/候机厅，还是在火车、汽车或飞机上，都应注意不要抖腿，避免引起邻座的不安。

4）靠背：如果需要向后倾斜靠背，应该告知或提醒一下后排乘客，避免因为倾斜干扰到后面的乘客。

5）噪声：避免制造噪声，包括不与同伴进行长时间交谈；尽量不换座位，以防换到一起长时间聊天打扰别人；如果坐到一起，除去必要的低声交流外，少说话或者不说话；无论是看视频还是听音乐，乃至游戏，必须戴耳机，禁止外放；手机设置成振动，避免打电话（如有必要，可到不打扰别人的地方接听电话）；不吃带壳的食物，如瓜子、花生、开心果等；带孩子的家长，一定看管好自己的孩子，不要打闹喧哗（自己可以宠孩子，但是周围的人没有义务宠你的孩子，公共场所的安宁，是每个人应该享受的权利）。

6）异味：为了避免异味干扰别人，应该避免吃某些气味大的食物，包括某些水果，如榴梿等；某些食物，如臭豆腐、臭鸡蛋、松花蛋、韭菜、大蒜、葱、某些鱼腥食物和肉类；注意个人卫生，如注意洗澡、换洗汗渍衣服等；避免不良习惯，如在公共场所脱鞋等；及时收拾食物残留和垃圾等。

二、影剧院

无论是看电影，还是看歌舞剧或欣赏音乐会，都应注意以下几点：

1）守时：一是提前入场，避免开始后入场，打扰别人。二是避免早退，在电影或者演出还没有完全结束的时候，不能提前站立离开，影响其他人的观看。

2）静音：在观看过程中，不能交谈、接打电话、播放手机视频和音频等发出任何干扰别人的声音。

3）鼓掌：在演出高潮停顿的时候，鼓掌是对演出的肯定和赞誉，是受演出人员欢迎的行为。在谢幕时，为了表达对演出人员的尊重和喜欢，有时观众会起立鼓掌。不过在欣赏音乐会时，中间的停顿不一定是一部分的结束，鼓掌反而会打乱演出的节奏，所以应该注意在乐曲之间停顿时再鼓掌。

4）拍照：无论是电影还是演出，拍照不但会干扰周边人的欣赏，闪光还会干扰台上演员的演出，是十分不礼貌和粗鲁的行为，应该杜绝。如果希望拍照，等演出结束，征得演员的同意，同他们合影是可以的。

5）着装：观看演出是高雅的艺术欣赏行为，应该穿着民族服装、礼服或者正装等，以示对演出的重视。短裤、背心、拖鞋等是不文明的着装，应该避免。

6）吃喝：在影剧院，应该注意避免吃东西、喝饮料，原因一是会发出声音，二是会散发气味，三是容易污染环境、弄脏手和座位、地板等。

三、自然景观

现在旅游越来越广泛。人们希望通过旅游扩大视野、放松身心，同时现在交通越来越便利，无论是退休老人，还是工作白领，或者是处于假期的学生，都可方便地实现外出旅游观光。

外出旅游的时候，应该遵守规则和注意相关礼仪问题，以便得到身心的放松，防止出现不愉快的事情。应注意以下几点：

1）应该爱护自然景区的一草一木，沿着规定的路线行进，不践踏花草。

2）不去未开辟的危险地带。时常有野外非专业人士探险遇难，启动众多社会资源搜救的报道，既给自己的家人带来不幸，也给社会带来负担。

3）遵守秩序，自觉排队，不拥挤、不催促，在狭窄地（路）段前后照应他人，遵守约定的时间，不迟到，不耽误他人的时间。

4）注意穿戴。在户外，既要考虑温差的变化和风雨等天气，同时也要穿着得体，不能赤身露体有伤风化。

5）文明拍照，不在标志性景点位置占据太长时间，不能为了自己拍照，影响他人的游览，甚至推搡他人。

四、人文景观

人文景观包括历史古迹、古典园林、宗教文化、民族风情、文学艺术等。

在人文景观游览时，应该注意文化氛围。

历史古迹：保持肃静，不刻画、喧闹；取得工作人员许可再拍照。

古典园林：爱护花草树木，不折花攀枝。

宗教文化：在寺院、道观、教堂等地，应了解基本禁忌，掌握基本礼仪。很多地方是禁止拍照的。如要拍照，一定要取得许可。应该了解合适的称呼方式。总体来说，这些场所要格外注意肃静、恭敬，不喧哗打闹，穿衣服要注意宽松得体，颜色收敛，不穿紧身衣、裙子，以及不及脚面的短裤、七分裤、九分裤，不暴露身体，不穿华丽服装。

民族风情：包括民族村落、民族风情园林等，应了解基本的民族常识和基本禁忌，不冒犯他人。

文学艺术：包括博物馆、艺术馆、展览馆等，要注意肃静、有序，不刻画，拍照之前要取得许可。

五、购物礼仪

外出旅游难免会在当地购买土特产和纪念品。购物的时候，应该注意以下几点：

1）按需购买、理性购买，避免跟风、攀比、盲目、摆阔，买一大堆根本不需要或者不合适的商品，退货不方便、使用无价值，徒增烦恼。

2）珍惜商品，了解土特产和纪念品的特点、寓意等。每一件商品，货主都自然地希望懂它、珍惜它的人买走。

3）有序购买，排队结账，避免喧哗、拥挤、插队、争吵。

4）砍价问题。目前国内砍价是常见的现象，不过也有不接受砍价的商店。国外的商店不一定接受砍价，比如欧美、日本等。即使同一个国家或城市，有可以砍价的商店，也有不可以砍价的商店，购物前一定要问清，不可硬缠着卖主要求降价。对于工艺品，要求打折购买，会引起卖主尤其是制作加工者的不悦。

六、可否拍照

随着带拍照功能手机的普及，拍照的问题逐渐成为一个公共问题。无论是拍人还是拍物拍景，都需要取得许可。

例如拍摄别人，一定要取得当事人同意才可以，否则，对方可以认为是被侵犯，任何人没有义务供人拍摄。

到别的单位参观考察，如果希望拍照，第一件事就是取得对方的同意。

如果是看电影、看演出，最好不要拍照。一是影响别人观赏；二是影响台上演员的演出；三是涉及版权问题。无论如何，在影院和剧场拍照，都会被人当作是不文明行为。况且影院和剧场的墙上，都张贴着禁止拍照的提示，演出前也会有工作人员提醒不要拍照。将这些要求置若罔闻是粗鲁的行为。

学术会议上，在没有取得许可的情况下，不要拍摄演讲者的 PPT。如果需要，可事后找汇报者沟通，在征得对方同意的情况下，再拍摄希望的部分。

在景点，拍照时最好不要影响别人的参观，避免一窝蜂地或者长时间在某个标志物前摆出各种姿势拍照，影响别人的参观。

七、文明驾驶

文明驾驶，意义绝不仅限于文明，而是事关安全和生命的问题。我国每年因为交通事故致死、致残的人数惊人，如 2016 年，我国道路交通事故 864.3 万起，死亡 63093 人，伤226430 人（这些只是统计到的数据），我国交通事故的致死率 27.3%；美国 1.3%；日本0.9%；在具体城市中，北京的交通事故致死率为 14%，东京 0.7%。

为了避免交通事故，保障自身安全和他人安全，务必做到以下几点：

1）养成学习交通规则的习惯。

2）严格遵守交通规则。常在河边走，绝对要湿鞋。安全的前提，不是凭借高超的驾驶技术接近危险，而是按照安全驾驶的习惯远离安全隐患。

3）变道时以不影响他人正常行驶为原则。不加塞、不逆行超车。

4）保持必要的车距，除非必要，不急刹车。

5）在市区不开远光灯。让他人看不清道路，也就相当于把自己置于危险之中。

6）除非必要（如山区转弯、提醒违章者、红灯变绿之后前车不启动等），禁止鸣笛、催促。正常行驶中的鸣笛，只能增加别人的烦躁感。要知道，人有权利鸣笛催促正常行驶的汽车和行人吗？

7）不开斗气车，不超速、低速行驶。开车的人形形色色，保证自己的安全是最重要的。

8）不占用应急车道。任何在应急车道行驶的行为，都是堵死救援生命通道的行为。

第十一章

明师未遇肯安闲

——外出拜访

一剪梅·拜访

临行方案细斟酌，
如切如磋，
如琢如磨。
和颜爱语互商协，
心也轻和，
言也轻和。

■ 第一节　知书达礼才能和颜爱语

一、外出拜访

春季学期开始，蒙臻睿来到研修室，发现大家早就已经到研修室学习了。

正在收拾桌子，准备新学期的学习时，初稚丰老师走进来，说董老师安排蒙臻睿去大尚集团，拜访结构所所长钟璞雨，确认一个项目图纸中的若干细节问题，并叮嘱一定要事先联系。

事不宜迟，马上找到钟璞雨的邮箱，客客气气地发了一封邮件，迅速地约好了见面的时间。

第一次正式拜访外单位的人，蒙臻睿感觉心里没底，就约了穆崖楠陪同前往。

在大家的提醒下，两人制作了简单的名片，准备了档案夹，将图纸中的若干问题打印出来，一一标记，同时将需要询问的问题也一一记录下来，整理妥当，查询了前往的路线、估算了路上的时间，按时前往。

虽然已过春节，不过外面依然寒冷。北风肆虐，一路公交，终于到了大尚集团门口。

到了钟璞雨所长的办公室门口，蒙臻睿阻止了穆崖楠敲门，拉着她来到洗手间。

在镜子面前一示意，俩人哈哈一笑，谁也别笑话谁，头发凌乱，风尘仆仆，都是一副狼狈的样子。

于是两人稍事整理，洗手漱口（如果是在路上吃的早餐，则更应如此，以防菜叶留痕）。

重新来到办公室门前，将围巾、口罩、手套等摘下放进包里，将外套脱下搭在手臂上，同时，蒙臻睿提醒准备好自我介绍，将可能用到的名片、交谈用的材料放到包中容易取出的地方，避免刚见面时的一些慌乱和尴尬。

一切准备妥当，身着正装，敲门进入。

钟璞雨看到两人到来，十分热情，将一位年轻人喊过来，倒了茶，认真地逐一确认两人提的所有问题，并澄清了图纸中的所有疑问。

穆崖楠和蒙臻睿一一做好了记录，起身告辞。

离开的时候，蒙臻睿暗示穆崖楠将她杯子里的茶水喝完，之后顺手将她们两人的一次性纸杯带在手上，出门后扔到了垃圾桶里。

　　穆崖楠　你干吗将杯子捎出来呢？

　　蒙臻睿　要是不带出来的话，还得钟所长他们收拾，拿到水房，篦住剩茶叶，将茶水倒掉。等茶水流干净了，再将剩茶叶和杯子扔到垃圾筐，多麻烦啊！我们喝干净，这样带出来，他们就不用收拾了。

穆崖楠　嗯——有道理。这是在哪儿学的？

蒙臻睿　有一次客人离开我们研修室的时候，就是这么干的。原来不都是我们低年级的学生收拾残局嘛，我看人家这样做挺好，就记下来了。

穆崖楠　我还有个问题呢，穿着外套有何不妥呢？

蒙臻睿　比如说，站着说话给人感觉马上就要走的样子，没有坐下更稳当、更深入；坐着干聊，也没有边喝茶边聊更稳当、更深入；穿着室外挡风尘的外套交谈，给人一种稍坐即走的感觉，不易营造融洽安心的谈话氛围。我看书上是这么说的。

穆崖楠　呵，一个小细节，既保证了形象，避免了刚见面的慌乱，又增加了谈话成功的概率。我看你说话的时候挺客气的，我也想客气一下，可是不知道怎么说就客气了。

蒙臻睿　总体来说吧，有几个原则。第一是用长句子显得客气；第二是让对方做主，我们不能替对方做主；第三是使用特定的尊敬语和自谦语。

穆崖楠　呵，真不是大学时代的你了啊！一套一套的。

蒙臻睿　公交车来了，快上车吧。

二、准确称呼

公交车上。

两人乘上了一辆返程的公交车。正午临近，车里稀稀拉拉没有什么乘客。

公交车刚启动，后面一位没有赶上的乘客边追边喊"师傅——师傅——"，结果司机听到，从车窗探出头去，说"悟空——别追了——"。几位乘客忍不住哈哈大笑。

穆崖楠　我高中的时候，一位学生到教务处查成绩，进门就喊一位老师"师傅"。结果这位老师说"同学你好，你是要修鞋，还是补胎？"

蒙臻睿　真是逗乐。这称呼还真是个问题。

穆崖楠　可不是吗！我有好几次因称呼别人不合适，引起尴尬的事情。

蒙臻睿　听我妈说，她们单位一位年轻人刚到单位报到，喊一位主管"阿姨"，结果这位主管好长时间没有给她好脸色。后来才发现啊，虽然这位主管的女儿，和这位年轻人基本同龄，但是大家都喊她"大姐"。我想，这位主管也是够过分的。毕竟年龄在户口本上印着呢，谁也改不了，别人怎么叫，自己也年轻不了一天、老不了一天，不能对年轻人这么刻薄。

穆崖楠　你这么一说，我就能想象这位主管，一定长着一张刻薄冰冷的脸，年轻不了。

我也见过一件事儿，有次到机关办事儿，碰到一位学生找处长签字，把"处长"喊成了"科长"，结果人家说：这事儿你得找处长去办，我这儿办不了。

蒙臻睿　大家都喜欢戴高帽，喊高了可能就没事儿了。不过还真挺担心，不一定什么时候称呼别人错了，留下隐患。

穆崖楠　可是，现在称呼泛滥，原来挺好的词儿，现在被糟蹋了；娱乐圈都互相称呼"老师"了，不知这个词儿还能正常使用多久。

蒙臻睿　刚才咱们进去，我看你喊"钟所长"，是这个称呼好呢，还是喊"钟高工"好呢？

穆崖楠　上次我看管老师跟他打电话，喊的是"钟所长"，我也就这么喊了。

蒙臻睿　现在如何称呼别人，还挺难的。有的时候真不知道怎么称呼。

穆崖楠　关于称呼的问题，我还真做了些功课。

蒙臻睿　有何收获分享一下？

穆崖楠　我找到了几种比较"安全"的称呼方式。比如在学校，称呼"老师"，对谁都可以，也比较安全；在设计院或者施工单位，称呼"某某工"是比较安全的方法，不管是工程师，还是高工，还是教授级高工。

蒙臻睿　这得知道姓才行，老师这个称呼可以单独使用，但是"工"这个称呼需要知道姓才行。

穆崖楠　关键是，有的时候对方也不自我介绍，我们也不知道对方姓什么，就难了。

蒙臻睿　可以给他们起个名字。

穆崖楠　起个名字？

蒙臻睿　他们统一叫"你好"！

穆崖楠　哈哈！

蒙臻睿　现在有人动不动就称呼女生为美女、靓妹、女神……如果是对于知识女性，总感觉这些词体现不出尊敬之意。你想啊，美女，这不就是针对生理特征的称呼吗？跟称呼"大长腿""高个儿"不是一样吗？

穆崖楠　我们也不要认真，觉得好玩就行。

蒙臻睿　连称呼，都在娱乐化、世俗化啊！

穆崖楠　现在是高官化、老总化、江湖化、亲戚化、外貌化。

蒙臻睿　你这一套一套的。

穆崖楠　刚才咱们说的，给人官升一级，对方高兴，就是高官化；动不动就这个总那个总，是老总化；"老大""小弟""大哥"，这是江湖化；一见面就"阿姨""叔叔""哥哥""姐姐"地喊，是亲戚化；"美女帅哥"的，是外貌化。

蒙臻睿　你这作业，可真做了不少啊！不过这些词儿，还缺一"化"。

穆崖楠　缺什么"化"？

蒙臻睿　缺文化！

穆崖楠　不知道谁能给大家提供一些喊起来高雅，用起来方便的称呼。

蒙臻睿　到处需要文化啊！

三、善待他人

校园。

转眼到了学校，俩人越聊越兴奋，关于同人交往的问题，谈了很多。

蒙臻睿　哎，崖楠姐，我给你说个小故事吧，可感动了！

穆崖楠　好啊！

蒙臻睿　这个寒假，我爸妈出远门串亲戚了，就我一个人在家。下楼，发现有人搬家。叮咣叮咣，搬到楼下很多物件儿，拉走的时候，发现有些东西没有用了，于是遗弃在那里。包括冬青边上一盆蔫巴巴的不知名的植物。两天过去，垃圾都被人清理走了，恢复了原来的秩序。新住户开始装修房子，准备新生活。因为小花盆被遗弃在远离垃圾箱的地方，躲过了物业人员的每日清理，没有当作垃圾被拉走。

穆崖楠　这有什么好稀奇的，跑题了，跟我们说的与人交往的主题不符。

蒙臻睿　听我说啊。一天比一天冷。每次经过，经意不经意地瞄一眼，发现本来就蔫巴的小苗苗，就像一只长期挨饿的小猫，瘦骨嶙峋地蜷缩在那里，在冷风里瑟瑟发抖。也许马上就被冻死了吧。于是某一天，我就顺手带到家里，清理了一下枯枝败叶，浇了点水，放在卧室的一个角落里。后来我跟着金良越去看望他奶奶，出门了几天。

穆崖楠　重大信息，不良少女，离家出走！

蒙臻睿　不是的！他奶奶病重，最放心不下良越。他就商量着说，一起去看望他奶奶，说已经有女朋友了，快要结婚了，让他奶奶放心。我们很君子的！

穆崖楠　原来是这样。

蒙臻睿　结果几天后，一回到家，就闻到一股花香。找来找去，也没有发现阳台上养着的植物开花啊！后来到卧室一看，呵，乖宝宝！走的时候蔫了吧唧、奄奄一息的、不知名的小苗苗，竟然焕然一新，开出小花！惊喜走近一闻，果然满室花香就是它幽幽散发的呢！

穆崖楠　一番惊喜吧？

蒙臻睿　那可不！你看，哪怕微微一株小苗，举手之劳给予善待，时机一到，就报以鲜艳的花叶和幽幽的花香。

穆崖楠　高！

蒙臻睿　何况人呢？

四、避免争论

校园。

穆崖楠　你说的都挺好，善待别人，我也要好好注意。不过，有的时候，打个比方吧，我觉得我妈对我爸，本来是一片好心，可是我爸误解，就会抬杠，谁也不让谁。这个时候，可咋善待呢？

蒙臻睿　我也不知道，不过我爸妈很少吵架。

穆崖楠　遇到意见不统一的时候，他们有什么诀窍？

蒙臻睿　我爸老是教育我，避免争论。

穆崖楠　如何避免？

蒙臻睿　我举个例子吧。比如，这个元宵节，金良越约我出去玩，联系好了时间地点。月上柳梢头之前，我到了人民商场的门口，可是金良越到了人民公园的门口。结果是互相等不到啊！时间都过了，就互相打电话，才发现说的不是一个地方。

穆崖楠　哈哈，这不吵架吗？

蒙臻睿　一种方式是互相指责，互相找证据，证明自己是对的，对方是错的。

穆崖楠　是这样的啊！

蒙臻睿　可是，这样多难啊！先不说不容易找到证据，就是找到证据了，证明某个人错了，又能怎么样？另一个人就赢了吗？晚上肯定玩不成了。

穆崖楠　你说该怎么办？

蒙臻睿　如果我说："原来是到人民公园玩啊！我听错了，你等一下啊！我马上过去。"这样一来，不就解决问题了吗？其实一想也对啊！元宵节，肯定是到公园看花灯啊！男生什么时候约女生去商场啊！

穆崖楠　言之有理！

■ 第二节　相关建议

一、关于称呼

不知从什么时候开始，称呼变成一个复杂的、伤脑筋的、具有一定危险性的事情。

在工作方面，首先是职位的问题。称呼错了，可能会引起对方的不悦。

其次是年龄问题，尤其是对女性，称呼不当也会引起对方的不悦。

再次是身份问题，有的人会比较敏感。

看似简单的一个称呼，一旦错了，而对方又是较真儿之人的话，还会造成不可忽视的麻烦。

一段时间流行将"姓+职务"的首字作为称呼，例如：李处、张局等，但有时也会闹谐音笑话。

如蓝姓局长变成蓝局（烂局）、朱姓厂长变成朱厂（猪场）等。

对教育工作者，如果没有更好的、更准确的称呼，"老师"一词应该比较保险。

道不同不相为谋。志同道合，同志，为了同样的目标携手前进，是多么简洁、方便又高大上的称呼。

可是一旦这些词被人污染了，大家并没有进行去污的工作，而是一有瑕疵就弃之不用，就使得称呼越来越难。因为创造出一个新的广受认可的称呼来，绝非易事。

类似的情况还有小姐、大叔（正走在油腻路上）等称呼。

更加复杂的是对年轻女士的称呼。

原本带有大家闺秀之意的"小姐"被沾上失足妇女之意后，可替代的称呼虽多，但是不方便用的也有很多。

女士，很通用，很正式。不过很多人喜欢将人称呼得亲切一些，于是这个词不被这些人首选。

美女、靓妹、女神……如果是对于知识女性，总感觉这些词体现不出尊敬之意。

阿姨、大姐、某姐……私下称呼无可厚非，如果是工作场合、办公空间，姐来姨去的，是否透露出不太商务不太正规的感觉？好好的企业弄得像个家族企业似的，身边都是亲戚。

两口子向外人介绍，说起来更复杂。

比如男方向外人介绍自己的那一位：

"这是我太太"。太太一词如果细究，既有对长辈妇女的尊称之意，又有对已婚妇女的尊称之意，既然是尊称，就不便自己用了。

"这是我夫人"。同样，也含尊称之意，不便使用。

既然都是尊称，那就找些谦称。现在能找到的谦称，有"贱内""糟糠""拙妻""荆妻""寡妻""山妻"等。不过这些也太谦虚了，时过境迁，已不适宜。

回归不卑不亢的中性："这是我爱人"。现在经常用于夫妻双方向外人介绍自己的另一位，在茅盾和巴金的文学作品中都出现过这个词。

在他们那个时候，大量西方的词汇经由日本，被大量留日学生引入我国。爱人一词日语里也有，但是指合法夫妻之外保持（暧昧、不正当）男女关系的人。如果这个词也是源自日语，那么我们是否已经将它洗白了呢？

"老婆（老公）"。暗含大年龄，如果上了年纪尚好，对于年轻人，用如此称谓是否妥当？

"媳妇儿"。接地气，乡土气息浓郁。

同样介绍男方也存在对应的问题。"丈夫""老公""先生"似乎都隐含年龄和尊敬之称。

目前，社会上流行的称呼有几种倾向：

1）"高官化"。职务上往高称呼。

2）"老总化"。对企业的人，一律是姓＋总，反正总经理和副总经理都是总，部门经理也是总，总监也是总，总工程师也是总……即使现在不是，祝你将来是总，总没有错吧？

3）"攀亲化"。哥哥姐姐弟弟妹妹满天飞，外加"亲~亲~"这样的称呼。

4）"江湖化"。老大、大哥……称号经常萦绕耳边，总觉得有港台片中墨镜男晃动的镜头感。

5）"外貌化"。美女、帅哥、美眉……

小孩在学会说话后，有人来访，就被大人教育"叫叔叔""叫大伯"等，不管有无亲属关系，都是以家庭亲戚称谓。

在职场，刚开始是某某长某某总的，一旦吃起饭来，或者熟一点，就会改称大哥大姐。现在有些单位，办公室也兴这个姐那个哥的称呼。

这些家庭亲戚称谓在职场的泛滥，除了貌似更加亲切、关系更近之外，是否暗含了每个人的工作职责弹性太大？

把我喊高兴了，这事儿给你办；喊不高兴了，不办。于是对方竭尽全力寻找更亲切的称呼，套更近的关系。三下五除二，将一个几分钟前还是陌生人的人拉进了自己的亲戚圈。

在过去，只有家庭成员是可靠的、可信赖的。把一个陌生人从什么长什么总变成自己的家庭成员，意味着关系前进了一大步。我都是你弟弟了，你还不给我把这事儿办了吗？

但是如果每个岗位职责特别明确，该办的一定给办，不该办的喊什么都没有用，是否就不用牵强地到处攀亲戚了呢？

随着文明化的发展，称呼的亲戚化、江湖化将随之改变。

党内的称呼强调用"同志"，不称官衔。

《中国共产党章程》《关于党内同志之间的称呼问题的通知》以及《关于党内政治生活的若干准则》等均涉及或规定称呼"同志"。

2016 年 11 月 2 日新华社发《关于新形势下党内政治生活的若干准则》，其中明确指出：

坚持党内民主平等的同志关系，党内一律称同志。

有些公司也出台内部文件，明确规定员工之间相互称呼的名称，以免称呼的泛滥。

对于机关、企业、事业单位，毕竟均有职务、职称、专业等，按照名片或者他人介绍、自我介绍的情况称呼，应该是比较保险的方法。如赵处长、钱大夫、孙会计、李教授（老师）、周编辑、吴经理等。

对于工程师系列，有一个比较通用的称呼，即某工。无论是教授级高工还是高工，还是工程师、助理工程师，称呼某工都有道理。

还有一个比较通用的称呼是"主任"。例如对于在机关或者企事业单位的没有明确职务（副处长或处长以上），据说称呼主任是比较放心、比较靠谱、比较通用的方法。

上述称呼，是以知道对方姓名，或者姓为前提的。如处长、编辑等，单独喊处长、编辑好像有些不伦不类。

有些称呼是既可以在姓名之后，也可以单独使用的。如先生，即可单独喊，也可以喊李先生等。

现在更容易困惑的，是不知道对方姓名时的称呼。如果有一个方便快捷、简单适用的称呼就好了，就像原来的"同志"一样。

总之，称呼既有时代背景，又有社会、经济、文化背景。现在的称呼五花八门、良莠不齐，有待规范。

建议：

1）养成使用名片的习惯。这样一是方便别人称呼，二是根据对等原则，别人也会礼貌性地回递名片，自己也就方便称呼对方了。

注意！需避免的情况是：自己心安理得地收下别人的名片之后，既不递交自己的名片，也不自我介绍，搞得对方依然不知道如何称呼。

2）养成自我介绍的习惯。根据自我介绍，对方可以容易且准确地称呼自己。

遗憾的是有的人既不喜欢给人交换名片，也不喜欢自我介绍，即使介绍也是轻描淡写，似乎在表示"我这么出名、这么重要，这么牛……你应该知道我的"，透出一种威严加傲慢之气。

难道名字不就是为了方便别人辨识的一个符号吗？

以前有"为尊者讳"之说，庆幸古代大人物只有那么几位，作为光荣的劳动者的我们大可不必将自己的名字也让别人避讳起来。

否则，常用汉字中将已经用于名字的部分扣除，剩下的还不够我们说话用的啊！

3）刚接触时告知对方如何称呼自己。如"就喊我张老师好了""就喊我李工好了"，尤其是名片上是不易称呼的职位（如调研员），毕竟不少人难以准确称呼。

4）如果对方将你的职位称呼错了，少一点官本位思想，应该也就没事儿了。称呼不就跟 hello 一样吗？对方又不是对你进行任命的人，称呼低了意味着马上要降级使用了。

5）如果是女士或者在乎年龄的男士，也不必在意对方称呼阿姨还是大姐，大叔还是大哥。毕竟年龄在户口本上印着呢，谁也改不了年龄，别人怎么叫，自己也年轻不了一天、老不了一天，对新入职的年轻人要宽容一些。

6）如果不能确定如何称呼，干脆直接请教："我如何称呼您比较合适？"想必对方就不会让人猜了。即使猜错了，你也不好意思不高兴了吧？我都问了。

7）相关部门、引领文化潮流的大咖们、媒体从业者们，倡导一些通用的、方便的、安全的、得体的称呼，同时保护原本不错的称呼，免受恶搞和污染。说小点，是为交流的方便服务；说大点，是为了文化的传承和树立文化自信。

二、递接名片

名片在社交活动中扮演着重要的角色。

使用名片，须注意以下几个原则：

1）顺序：应该遵循如下的顺序，如不同职位之间，下级向上级先递交；宾主之间，主方向客方先递交；男女之间，男士向女士递交；不同年龄之间，年轻者向年长者先递交。

2）接收：如果对方递给你名片，应该双手接过，同时，自己应该也奉上自己的名片。如果没有随身携带，可以解释一下一会儿奉上，或者用短信将自己的信息马上发给对方，切忌收到名片就完事儿。

3）保存：不宜将对方的名片揣到下衣的口袋里，也不要在手里把玩和弯折，应该放到名片夹或者上衣的口袋里。

除了上述基本原则之外，还有一个重要的动作不容忽视：接到对方的名片之后，不要忙着寒暄，也不要马上将名片收起来，而是应该认真看一下名片上的内容，或者默读一遍。

有的大公司要求员工看名片的时候要微微出声，一是为了记住名片上的内容，二是表示尊重。接下来的谈话过程中，在名片中出现过的内容，就不应再以问题的方式询问对方。

同时，也可以找一两个小话题拉近一下彼此的距离，如对方单位有可能有你的同学或者熟人，或者你什么时候去过对方单位等。

还有一个小技巧：有时开会，围着会议桌坐着很多人，短时间内互相交换了好几张名片，不容易记准对方，而接下来谈话中可能需要称呼对方，这时可以将名片摆放在手边的桌子上，摆放的顺序同人坐的位置一致，同某个人对话前先看一下名片，不但能准确称呼，而且容易记住。

同样是交换名片，在接下来的交往过程中能快速熟悉、恰当称呼、准确记住，就达到了较好的目的。

三、喝茶之后

矮纸斜行闲作草，晴窗细乳戏分茶。

好羡慕宋朝人们慢慢写字品茶的闲情逸致啊！

办公期间来了客人，暂时放下手头的一万件事情。

入座，泡茶，谈事。

唯一困扰的是，客人走后剩茶的处理。

办公室常用一次性杯子，没有水池，送走客人后须将杯子从杯托中取出，小心地拿到水房，篦住剩茶叶，将茶水倒掉。等茶水流干净了，再将剩茶叶和杯子扔到垃圾筐中。

有时一不小心剩茶叶和茶水一起倒进水池了，容易堵住下水管，还得将茶叶小心抠出。

看，工序挺复杂，是个技术活儿。

感叹一下：杯子的一生，从一粒树种发芽生根长成树木十年（十年树木），长成之后被砍伐、运输、造纸、成杯、储藏、运输、销售，到我的办公室，经过了多道工序，用到了多种材料，唯一体现价值的时刻是客人端起来喝了一口茶，不到十秒钟就完成了使命，变成垃圾等待分解、化泥。真的挺可惜啊！

这个问题直到小李老师来访之后，才得以完美解决。

小李在说话过程中，已经将茶水喝光了。走的时候顺手将杯子带着，自己顺路扔到了电梯旁的垃圾箱里，替我处理了后续事情，感觉十分妥当。

于是我也模仿小李，去别的办公室串门时，顺手将喝光水的一次性杯子捎走，省了主人的麻烦。

开会时如此，也能省却事后会务人员的麻烦。

有的会议准备的是矿泉水。如果不喝，最好不要拧开瓶盖，会务人员可以回收再次使用；拧开之后，无论喝多少，最好顺手捎走。

打开少喝，留给会务人员扔掉，太浪费，也不低碳环保。

更进一步，最好是自带水杯（内含水/茶水），免了串门主人的麻烦和会务人员的辛劳，既环保，又对口味，何乐而不为？

小小举动，了却麻烦，保护环境，不妨一试。

四、说话分寸

拜访别人，很多人会想着，要客气、礼貌一些。

可是，怎么样才能显得礼貌、客气呢？

可以参考如下几个原则：

（一）用长句子

举个例子：

家里来客人了，你削好了水果，招待客人，体会如下几种说话方式的客气程度：

水果。

吃个水果。

请吃个水果吧。

来，请吃个水果吧，刚削好的。

来，请吃个水果吧，刚削好的。专门从××地带回来的，等着招待您呢。

发现了吧？是否字数越多，越显得客气？确实如此。不只汉语，其他语言也是类似。

如英语：

Help.

Help me.

Please help me.

Could you please help me?

It will be great appreciated if you could help me.

所以，同样情况下，句子越长显得越礼貌。

（二）让对方决定

如果你想约客人的时间去专门谈个事情。有以下几种表达方式：

1）我明天去拜访您。

2）您明天有空吗？我明天去拜访您。

3）最近一周您哪天方便？我想去拜访您。

4）如果方便，我能去拜访一下您吗？我周一到周五都有时间，随时可以，您哪天方便呢？

5）如果方便，我能去拜访一下您吗？您什么时间方便呢？我这周的周一到周五都有时间，下周开始每周的周四到周五有时间。

对上述表达方式进行分析：

1）第一句，对方没有权利选择是否接受来访，以及来访的时间。

2）第二句，对方没有权利选择是否接受来访，只能选择明天是否可以。

3）第三句，对方没有权利选择是否接受来访，但可以在最近一周中选择合适的时间。

4）第四句，对方有权利选择是否接受来访，可以在一周中选择合适的时间。

5）第五句，对方有权利选择是否接受来访，可以在任意时间内选择合适的时间。

看出来了吧？不代替对方决定事情，把越多的选择权或决定权交给对方，就显得越礼貌、越客气。

不止汉语，其他语言也是类似。

如英语：

It will be great appreciated if you could help me.

这一句就是将选择权交给对方的一个例子。

（三）承担责任

把交流的问题，归结到自己一方。如：

询问对方是否听明白，说："我讲清楚了吗？"

表达对方没说清楚，说："我还没有明白。"

表示对方要求过分，说："我实在是很难办到。"

希望对方几点会面，说："我几点在某地等您。"

（四）使用敬语和谦语

同样的动作或者事情，对方的用敬语，自己的用自谦语。

历史上这些语言曾十分丰富，现在不能拿来主义，但是也能找到一些适合现在用的敬语和自谦语，至于具体内容，请自行查阅。

这里的对方和自己，可延伸至对方单位和自己单位。

比如对领导，应该用敬语。但是同外单位交往时，对外单位的领导应该用敬语，但是对自己单位的领导，应该用自谦语。

除了这些之外，学习并掌握常用的礼貌用语很有用。

（五）使用易懂语言

应该根据对方的出身、籍贯、母语、受教育状况等，使用对方最容易听明白的语言。比如，一般情况下，在国内我们应该使用普通话，如果遇到自己同一地域的人，说共同的家乡话不失为拉近距离的方式。如果有其他地域的人在场，则不能用家乡话。大家比较反感稍有出国经历的人，动辄夹杂着很多外语单词，即使在场的所有人都能听懂这些单词，也是一种失礼的行为。

（六）让多数人听懂

使用大多数人能听懂的语言。如果几个人谈话时有外国人在场，则争取用都能听懂的语言，谈论大家都感兴趣的话题；如果需要同某个中国人说事，需要跟大家说明要用汉语谈一下某事。在一起的时候用部分人听不懂的语言说话，会使听不懂的人感到不适。

（七）照顾文化习惯和历史传统

说话时应注意交流对象和其他听众的身份，以及自己在交流对象眼里的身份，注意符合常规，尊重对方的历史传统和文化习惯，以及宗教信仰等。

（八）语速和简略

说话时应吐字清楚，语速适中，尽量让对方比较容易听清楚，另外应尽量避免用简略语，尤其是不清楚对方是否知道该简略语意思的时候，更应该慎用。比如跟老师，不应该说"结力"，而应该说"结构力学"，跟外学校的人不应该说"京大"，而应该说"京邑大学"等。

（九）交谈话题

除了交谈的主题之外，其他话题的选择，首先应该遵从双方都感兴趣、都能参与讨论、安全的话题，如天气、体育、音乐、国际国内新闻等。

其次，是从对方穿衣打扮、办公室布置等方面，发现对方的特长或兴趣爱好。如对方体态匀称、身手矫健，不妨聊一下健身和体育等话题；如果办公室摆放着绿植，不妨谈一些植物培养方面的话题等。

避免的话题包括双方个人和单位隐私，如年龄、收入、婚姻状况、子女问题、健康状况等，以及一些负面消息、别人的是非等。

（十）避免的问题

打岔抢话：包括别人说话时抢话插话、打岔、抢话题，别人说话时不注意聆听，只顾自己滔滔不绝。

语言尖酸刻薄：挖苦、讽刺、嘲讽别人等。

脏话黑话粗话：不用解释。

荤话黄笑话：或许能博人一乐，但因为这是低俗的话题，会给人不好的印象。

乱开玩笑：对于不太熟悉的人，忌开玩笑；没有玩笑，不会缺少什么；生硬挤出来的玩笑，不但不能增加幽默效果，反而会弄巧成拙。

气话：生气时避免情绪激动，说气话。

（十一）配合姿势

还是上面的几句话。

一种方式是浑身除了嘴动之外，其他地方都不动。如将手揣在衣服兜里等。

另一种方式是配合着语言，做相应的肢体动作，如请人喝茶、吃东西，伸手做"请"的动作，或者将茶端给客人，就更显得礼貌了。

所以，除了语言外，配合适当的肢体动作效果会更好。

（十二）辅助表情

无论语言上多么客气，肢体动作多么到位，都敌不过一张冷若冰霜的脸，表情是大杀器。

既然春天到了，就不要让春风徘徊在室外，让它吹到脸上来。

再加上恰当的眼神交流，就更好了。

恰当的语言，得体的动作，满面春风，明眸传神，你将可爱至极，幸福翻倍。

五、表达训练

我们经常遇到表达能力超强的人：让其发表意见的时候，总能说得很有道理，逻辑清晰，层次分明，好生羡慕；而当自己表述的时候要么只言片语，要么词不达意，心生懊恼。

如何才能快速提高表达能力呢？

1）方法之一：遇到别人说一件事情，如果感觉有道理或者有趣，就在心里按照自己能够表达的方式，重新编辑一遍，重复练习几次。

注意是使用自己能够表达的方式，不是背诵课文。

在课间或工作闲暇，主动引起这个话题，之后按照自己练习的成果，从容流利地向别人讲述一遍，通过别人的反应，来判断自己是否已经讲述清楚。

2）方法之二：自己练习的时候用手机录下视频，查看是否有停顿不合适、语速神态不合适等情况，或"嗯——啊——然后呢"等不当语气词的反复出现，或者出现逻辑层次方面的问题。如果有的话，将这些问题逐一消除。

没有任何准备，临场发挥，只适合训练有素的人。

为什么会有那么多的停顿和语气词呢？说明大脑思维的速度供不上口头表达的速度，需要停下来等待大脑中语言的产生和组织。

如果事先准备好了，不就十分流利了？

只要坚持反复练习，人人都能成为表达"达人"。

六、交流目的

（一）萝卜青菜

好朋友小刚经常说吃萝卜、青菜好。我十分赞成。

有一次他说吃萝卜好，忘了说吃青菜好。

我纠正他说：不对！吃青菜也好。

结果他脸上挂不住，寻思一下，说了一番青菜不好、只有萝卜好的道理。我很纳闷：你不是经常说萝卜青菜都好吗？怎么变卦了？于是辩论无果，不欢而散。

过了几天见面，我还没开口，他就天南地北、古今中外地搜罗了很多的"证据"，十分认真地论证起"青菜不好萝卜好"的观点来。

看，不辩论还好，一辩论，把他培养成了一个坚定的萝卜维护者和青菜反对者。

我本来认为两者都好，这样一来，为了面子，我再也不好意思说萝卜好了。

于是，我俩成了敌对双方。

交流的目的，是陈述自己的观点和看法，同时明白对方：哦，你原来是这么想的，让我长知识了。

如果是以取胜为目的的辩论，对方为了弥补自己观点的漏洞，会不停地找证据，在找证据的过程中不断地进行自我教育，以至于越来越相信自己的观点、越来越美化自己的观点，活生生地将可以求同的朋友变为敌人。

所以和人交流的时候，要明确出发点：是为了明白和了解彼此的观点，之后寻找和扩大共同点从而进行合作，还是希望过一把教育对方的瘾，把对方培养成自己的对立者呢？

和颜爱语常常胜过伶牙俐齿。

（二）发散交流

日常生活和工作中的交流方式有多种。

不同的交流方式，产生不同的结果。

元宵节到了，人约黄昏后。

晓宇约晓洁出去玩。一通联系，约好了时间和地点。

月上柳梢头之前，晓宇早早到达了人民公园门口，左等右等不见小芹的影子，情绪逐渐变得焦急。

月上柳梢头之前，晓洁早早到达了人民商场的门口，左等右等不见晓宇的影子，情绪逐渐变得焦急。

于是双方互相电话。

晓洁　你怎么还不来？

晓宇　我早就来了啊！你怎么还在磨蹭！

晓洁　谁说我磨蹭了？我早到半个多小时了！你竟然恶人先告状……

争吵逐渐升级……

晓宇　我说的是人民公园，你跑到人民商场去干吗？

晓洁　你明明说的是人民商场，怎么变卦成人民公园了？

晓宇　你等等，说话要有证据！看看原来是怎么说的，找找证据！

晓洁　找就找，谁怕谁！

于是，先是"检察院阶段"，互相找证据：翻微信，查语音，找短信记录……

再是"法院阶段"，互相宣判、相互指责、互相教育……

再是"强制执行阶段"，互相处罚……

一个小小误会，

各自试图说理。

交流变得发散，

争吵逐步升级。

形象没能维护，

彼此大伤元气！

（三）收敛交流

如果是收敛性的交流，效果如下：

晓宇　我已经到了，你到哪儿了？

晓洁　我也到了啊！就在人民商场正门这儿呢。

晓宇　人民商场？我原计划是在人民公园门口见面，咱们去看花灯，可能是没有说清。

　　　你再等等啊，我马上就过去！

晓洁　原来是看花灯，那是我听错了，你等一下，我过去。

几分钟后，两人见面，高高兴兴地玩去了。

可见，两种交流方式，两种结果。

第一种：发生问题时，回到过去，每个人都追究到底谁出的问题，以证明自己的正确和清白；因为目标是两个，所以交流是发散的，目标渐行渐远。

第二种：发生问题时，面向未来，迅速确定共同目标，用最快、最简单的方法重新回到统一的目标上来。因为目标是同一个，所以交流是收敛的，目标越来越近。

你的交流习惯是哪一种呢？

你愿意选择哪一种呢？

你愿意周围人选择哪一种呢？

认识，是选择的开始。

（四）互相照应

这是一个真实的故事。

某国的一个团体来访，临近结束时，主办方邀请某团体的会长题字留言。

会长一向有求必应，欣然提笔挥毫，众人鼓掌，宾主尽欢。

这时会长说："你们聊着，我先出去透透气。"说完大步流星走开。

主办方知道陪同的副会长十分擅长书法，也邀请题字留言。副会长慢条斯理道："我一直学习会长的写法，可就是写不出这种气势……"

看会长走出门了，副会长才提笔运气，行云流水一挥而就，众人称奇赞叹。

于是，主办方将会长的题字作为该团体的代表性留言收藏陈列，将副会长的字作为个人书法作品，于另一处收藏陈列。

后来得知，这是主副会长两人一直合作的惯例。

作为会长，题的字具有特殊意义，因此只要主办方有要求，均以相对合适的内容书写赠予，人称"有求必应"。

同时，会长也当然知道副会长的书法造诣，以及人们对其书法作品的渴望。于是每次题好字均会很快离开，留出机会给副会长。

作为副会长，一向维护会长的面子和权威，外事活动中，从不在会长面前给别人题字，以避免别人当众点评两人的字，让会长难堪。

如果会长避开了，副会长则会欣然提笔，满足主办方的心愿。

主办方分别将两人的字以团体名义和个人名义分开陈列，也很用心。

相互关照，三方尽欢。

这是否已经是最佳的合作方式？

■ 第三节　敬语、自谦语和常用语

一、常用敬语

（1）令　称呼对方的亲属，如：

1）令尊：对方父亲。

2）令堂：对方母亲。

3）令郎：对方的儿子。

（2）尊　对方有关的人和物，如：

1）尊上：对方父母。

2）尊夫人：对方母亲，或对方妻子。

3）尊便：请人方便行事。

（3）贤　平辈或晚辈。如：

1）贤弟：对方本人。

2）贤侄：侄子。

（4）仁　广泛应用。如：

仁兄：同辈年龄大的对方。

（5）先　已经去世的人。如：

1）先父：自己已经去世的父亲。

2）先贤：去世的有才有德的人。

（6）奉　自己的动作涉及对方。如：奉告、奉还、奉陪、奉劝、奉送。

（7）恭　恭敬地对待对方。如：恭贺、恭候、恭迎、恭喜。

（8）敬　自己的动作涉及对方。如：敬告、敬贺、敬请。

（9）贵　与对方有关的事情。如：贵姓、贵庚、贵国、贵公司。

（10）高　别人的事务。如：高见、高就、高论。

（11）雅　对方的情谊或举动。如：雅教、雅意、雅正。

（12）芳　对方有关的事物。如：芳邻、芳龄、芳名。

（13）屈　对方的行为。如：屈驾、屈就、屈尊。

（14）请　希望对方做某动作或事情。如：请坐、请进。

（15）光　对方来临。如：光顾、光临。

（16）惠　对方对待自己的行为。如：惠存、惠顾。

二、常用自谦语

（1）老　自谦。如：老朽、老汉、老拙。

（2）垂　长辈或上级对自己的行为。如：垂爱、垂青。

（3）拙　自称自己的东西。如：拙笔、拙著、拙作、拙见。

（4）拜　自己的动作涉及对方。如：拜读（阅读对方的文章）。

（5）敝　谦称自己或自己相关的事务。如：敝人、敝姓、敝校、敝处。

（6）愚　谦称自己的。如：愚兄、愚见。

（7）小　谦称自己。如：小儿、小女、小生。

（8）舍　谦称自己的年幼亲戚。如：舍侄、舍弟。

三、常用语

初次见面，久仰；好久不见，久违；请人批评，指教；请人原谅，包涵；请人帮忙，劳驾；求给方便，借光；麻烦别人，打扰；向人祝贺，恭贺；求人看稿，赐教；求人解答，请教；盼人指点，赐教；请人办事，拜托；赞人见解，高见；看望别人，拜访；宾客到来，光临；陪伴别人，奉陪；无暇陪客，失陪；等候客人，恭候；请人别送，留步；欢迎购买，光顾；归还原主，奉还；认人不清，眼拙；向人致歉，失敬；不知适宜，冒昧；自身意见，拙见。

第十二章

天生我材必有用

——求职

求职

宝剑磨砺任君持，
天生我材伯乐识。
直挂云帆有来日，
但愿使君长乐职。

■ 第一节 从有心栽花到无心插柳

一、求职讲座

转眼之间，茅春农等研三的同学们要开始找工作了。这天，学校负责就业的部门邀请到了大尚集团人事部的部长岳鸿麟高工来校做报告，给大家讲解求职各个环节的注意事项，顺带进行招聘活动。

一听说大尚的人事部长来做报告，课题组在校的学生都去听了，认真地准备了笔记本。

岳鸿麟　一口气讲了这么多，大家稍微消化一下，同时有什么问题可以交流一下。

主持人　感谢岳部长全面细致的介绍。有同学递上来纸条问：我们这些即将找工作的学生，特别关心简历的制作。除了上面几个重要的原则，还有哪些容易出现的问题呢？

岳鸿麟　好的。关于简历，有以下几点需要注意。

一是，内容上，应避免空洞和言之无物，重点不突出甚至重点偏离，如有的同学大篇幅介绍学校概况、专业基本情况等。同时，有的同学用现成的模板，要注意避免千篇一律，在现有模板和格式要求的前提下，富有创造性地进行个性展示。

二是，语言上，应避免写成散文的感觉，或者展示某些方面以博取招聘者的同情心。

三是，语气上，应充分尊重招聘者，不能有预设结果或者强迫的语气，如：

"贵单位一贯重视人才，相信一定会录用我。"

"已经有很多家单位有意招聘我，所以请于某月某日之前答复是否录用。"

"贵单位的某某某总让我写信给你。"

四是，时间上，尽量使用倒叙的方式，方便招聘者在最短的时间内了解你的近况。

五是，投递方式上，如果是通过电子邮件提交简历，一定要注意电子邮件的完整性和措辞。如果是纸质文件邮寄的方式，最好附上一封应聘信，避免信封里只有简历。

主持人　感谢岳部长的介绍。我替大家问一个问题：作为招聘者，您看简历和面试环节，比较关心应聘者的哪些方面？您最希望招到什么样的学生到公司工作？

岳鸿麟　其实通过个人简历和面试，主要关注的是应聘者四个方面的情况。

第一是基本情况，就是个人简历中比较靠前的内容。

第二是智商和业务能力方面，包括毕业学校、成绩、成果、英语和计算机能力，以及口才、文笔等表达能力。

第三是情商方面，包括三观、敬业精神、创新精神、人际关系和合作能力、如何处理压力和自我激励能力等。

第四是个人修养方面。

通过这几个方面，我们希望招到个人能力全面、表达能力好、业务能力强、具有较好团结协作和组织能力、责任心强、心态阳光、积极向上、具有耐心和抗挫折能力、形象气质和个人修养好的员工。

主持人　岳部长，听了您的解答，有的同学可能会产生疑惑。基本情况和智商方面，比较容易考察，但是情商和个人修养方面，贵公司是怎么考察出来的呢？

岳鸿麟　其实一叶知秋，任何小方面的言谈举止，与一个人的整体状态是协调的、关联的。比如招聘者随便问一下"业余喜欢做什么"，看起来同个人能力关系不大，其实不然。例如有的同学说："喜欢看小说、听音乐、散步"，而有的爱好是"篮球、足球、户外运动"，如果从团结合作能力来考察，后一个人的爱好都是需要合作才能完成的，有可能有组织能力和较好的合作能力，而前一个人的爱好都是独自完成的，表现不出这方面的能力。个人修养方面，一个是看言谈举止，另外通过问题和谈话，也能判断出个大概。

主持人　岳部长，有没有这种情况呢？听了您的介绍，再加上自己找来各种面试技巧学习，掌握了、迎合了招聘单位的回答技巧，这样不是面试成绩同本身状况不符了吗？

岳鸿麟　这个状况不是说一点也没有，但是招聘人员可以通过设计提问，进一步考察真实状况。例如一个不爱和人交往的人，希望通过说喜欢足球，来表现团结协作能力，那可以聊一下足球方面的话题，如果没有踢过足球，或者不是真正喜欢足球，是能判断出来的。所以也建议大家回答问题以真实为原则，迎合招聘单位的做法，是不可取的。

主持人　岳部长，还有一个同学提了个问题：作为招聘人员，可能是某一个专业出身，但是来应聘的，可能是各个专业的毕业生，这样应聘者在介绍自己的专业和研究成果的时候，应该用通俗的语言介绍，还是用专业的语言介绍？如果用专业语言介绍，有些专业词汇是否太生僻，招聘人员不容易听懂？

岳鸿麟　我听明白你的问题了。比如我原来一直是结构专业，从学校毕业到公司，原来很多年一直做业务，我们部门有关的专业我大体了解一些，不过原来没有接触过的专业，尤其是研究生的学位论文，都是很前沿的科学或工程问题，有很多不常见的专业术语，不是相近专业的人，不容易听明白。不过这个环节的介绍，重点考察的是学生的表达能力和解决问题的能力，不是说招聘者听明白了才可以考察。同时，如果对问题明白，无论是专业性的语言，还是通俗的语言，都能够解释清楚。因此也建议大家要重视这个环节，无论是面对什么专业背景的招聘人员，都要认真组织语言回答，同时要注意针对的科学或者工程问题，是如何设计计算或试验等研究方案进行解决的。

二、善始善终

回到研修室，大家兴奋依然，围绕找工作的事情，你一言我一语地闲聊着。

忻璐远给大家讲了他大伯家儿子大虎找工作的故事。

大虎天资聪颖，加上勤奋，在名校的表现不俗，找工作时自然盯着吸引力大的某单位，下足了功夫。

不负众望，经过几轮淘汰率极高的笔试面试，大虎成为为数不多的几个幸运地走到最后一轮的人。只要这次面试通过，就万事大吉只等上班了。

结果在这么重要的面试中，主管人员接了个电话，之后说由于公司的种种考虑，这次不再招收应届生了。

这个消息，对于走到最后一轮的几个应试者来说，无疑是惊天霹雳，大家一时炸了锅，抱怨者有之，摔门而去者有之，有个同学质问既然不招应届生，为何不早通知，害大家这么远这么辛苦地跑来。有的甚至出门的时候嘟囔一句："这不是耍我们吗！"

回到家，大虎接到了应聘单位的邮件，说虽然他们公司这次不招人了，但是跟他们单位有业务往来的另一家公司希望他去应聘。虽然这家单位上班地点相对偏远，待遇也相对较低。但是如果愿意的话，该单位会在这个周末前来进行考核，通过的概率也不低。

当然以大虎的条件，他是看不上这家单位的。受了白天的挫折，他本不想再理会这件事，但是转念一想：也许他们在等着消息呢，也许他们在按照大家的意愿，组织周末的考核呢，抱着做事做到底的态度，礼貌地回邮件回绝了这个机会。

结果你猜怎么着？大虎接到了原来心仪单位（而不是后来条件差的单位）的录用通知，成为这批应聘者中唯一一位成功者。这事儿一直让他们家匪夷所思。难道是公司又突然改变了政策，可以招收应届生了？

直到上班好久，他才弄明白这事儿。原来最后的环节也是面试的内容！

通过说不再招收应届生，看大家的反应，是否气急败坏乃至失态；通过邮件，看大家是否回复，事情做到底。

只要最后面试当场表现镇静，没有过激表现，得体地回复了邮件，就可以被录用了。

公司的考虑是：入职之后，会有很多机会外出跟人谈判。无论事情成败，始终应该有礼有节。无论是什么原因，做了多大的努力，即使这次不成，也不能破罐子破摔，没准儿以后还有合作机会。而一旦表现失态，就断绝了以后合作的可能。

这家公司还真有招儿！

你看，大虎最后抱着为对方着想的一念，改变了整个事情的走向，成为意想不到的成功者。

不仅是找工作，我们每天遇到的各种事情，何尝不是如此呢？

善始善终，方能达到目标。

三、坚持到底

研修室。

听到忻璐远的故事，大家很受教育。在气氛的感染下，穆崖楠说了她婶子的故事。

她婶子在城里某事业单位上班，工作清闲。结果单位机构调整，要分流 10 名在办公室工作的中年妇女同志。

不是直接裁掉不管，而是推荐到有上下级关系的单位去上班。

她们兴冲冲地到该单位报到，结果被冷淡地告知：本单位不缺办公人员，不建议来这里工作。如果一定要来的话，就去扫地吧！反正院子很大，楼也很多，加上几个打扫卫生的人也无所谓。

搞什么名堂！欺负我们没有专业？欺负我们找不到其他的工作？欺负我们不愿意到离家远的地方找工作？欺负我们……反正是各种的欺负！

于是，其中的几位不是找原单位闹，就是找新单位闹，反正不能让我们扫地。我们原来好赖是坐办公室的，得安排同样的办公室工作给我们。

当然不可能。于是闹了五六天，也感觉此路不通，就干脆回家了。

还有几位看到没有别的出路，干脆咬咬牙：扫就扫，谁怕谁！

结果扫了两天，周围人异样的眼光和枯燥的体力活令她们身心疲惫，也回家不干了。

只有她婶子和另一位不争气的、没啥本事的没喊没闹，买了大褂穿上，手套套上，口罩戴上，像模像样地扫了起来。

反正戴着口罩了，就当熟人都不认识吧。认识怎么了？扫地丢人吗？也只能这样安慰自己了。

不时被一同分流的几位碰到，被讽刺几句：真是没骨气啊！让干啥干啥！

时间一天天过去，事情逐渐安静了下来。其余的几位已经心安理得，办清了相关手续，各自回家了。

两周之后，新单位人事部通知坚持扫地的两位：机关办公室新空出来两个岗位，你们愿不愿意到这里来上班？

谁知道这俩岗位是新空出来的呢，还是本来就有、一直等待合适人选呢。

四、注重细节

研修室。

穆崖楠　岳部长几次提到，在就职活动中注重细节，因为面对众多的求职者，招聘者有可能从个别方面来进行整体判断，也是有道理的。不过，应该从哪些细节注意呢？初老师再跟我们讲讲如何？

初稚丰　很多方面。我举个例子，比如大家的简历，可能只有两三页，大家怎么把它订起来？

穆崖楠　这还不简单，右手拿着对齐的纸，左手拿着订书机，一捏，咔吧一声就OK了。

请你们三位同学分别来演示一下。

初稚丰　好的。大家请看一下这几份儿装订，出现了这么几个问题：

第一，如果是小于A4幅面的纸，或者张数不多的情况，应该用小号的订书针，大的订书针显得很不协调。

第二，订书针的位置，太靠边，翻几次，或者很多简历摞在一起整理的时候，边上订书针可能就脱落下来了；如果太靠文字一侧，方向上也没有同纸的左边平行，这样翻页的时候，翻过去的一页是歪的。

第三，左侧两个订书针分配的位置，上下两边留的空间不一样，这样上下两边同中间的距离也不协调。

第四，直接在左上角斜着订了一个，这是不可以的。平时你们相互之间传看东西，简单订一下是可以的，作为正式文件，不能这么订。

第五，订在了页眉处。也是不合适的，应该订在左侧。

看，简单的订一下订书针，居然会有这么多问题。

那怎么才能订好呢：

1）如果是一页或者两页A4纸，那就没有装订的问题了，直接一张纸就解决问题。

2）如果是不多几张A4纸，建议采用A3纸打印，中间对折，在折缝处用两个订书针订上，头朝内，订书针将页面分成的上中下三段的距离采用1:2:1的比例，或者两枚订书针的外侧针眼距离页面上下边缘各70mm。骑马钉的好处是比较容易翻看，首页上不会出现折痕。但是需要注意排版和页码编排，排不好版的话订起来会发现内容和页码不连续、错乱了。

3）如果采用A4纸打印，将订书机平放在桌面上，与桌沿平行，订书针一侧朝右，订书机右侧竖放一本A4纸大小的书，书的厚度满足的条件是：书的上表面同订书机底座的上表面在同一个平面上，这样放上去，就保证被订的纸张平整了；在首页上依照骑马钉距上下页边的距离，确定两枚订书针上下的位置，左侧离开纸张边缘 5mm，用铅笔轻轻做个标记，之后将文件整理整齐，平放在书上，标记处在订书针中间位置，保持订书机中轴线同装订文件左边垂直，这样可以保证订书针同页面左边缘平行，确认好之后，垂直向下用力摁下，再将文件整理整齐，订另一枚钉子。

看，这样订的文件，就避免了刚才出现的若干问题。

所以说，任何小事都要用心，注意观察，注意请教和学习。想当然地做，容易出问题。

■ 第二节　注意事项

一、求职定位

求职活动包括一系列的环节，如搜集整理招聘信息、制作并投递简历、笔试、面试、复试等各个环节。认真准备各个环节，并注意必要的技巧和相关的礼仪，会促进求职的成功。

找工作之前，首先应该确定自己的求职方向。

随着社会的发展，社会分工越来越细，工作的种类也越来越多。

对于硕士研究生来说，除去继续攻读博士学位之外，大的就职方向有：考公务员、事业单位、国企单位、外企单位、私企单位、创业、自由职业等。

各种方向各有特点，好的方面比如：

1）公务员、事业单位、国企单位等收入、福利和生活相对稳定。

2）外企单位高薪高福利、注重工作环境、企业文化和管理制度。

3）私企相对能较大发挥自己的能力，具有较大的个人发展空间。

4）创业需要全方位的能力，激发个人的潜质。

5）自由职业能够充分发挥自己的才能和爱好，时间能够自由支配等。

当然各种就职方向也各有不足。

就土木专业的研究生来说，在上面大方向的基础上，如果到企业就职，又可分为业主单位、规划设计单位、施工单位、监理和咨询单位等，事业单位包括学校、科研机构等。

每个同学应该根据自己的专业方向、个人能力和特点、专长、家长和老师意见等，结合各种就业单位的特点和工作地点等诸多因素，拟定自己的求职方向。

二、个人简历

制作个人简历是求职的一个重要环节。企业在官网主页上有"人才招聘""求贤纳士"

"诚聘英才"等板块，注册登录后，填写自己的信息，可以形成简历。

如果没有特定的模板和网页可以形成个人简历，则需要自己制作个人简历。

个人简历包括的内容有：

1）基本信息，包括：姓名、性别、出生日期、婚否、身高、政治面貌、籍贯、出生地、户口所在地、目前所在城市、最高学历、最高学位、毕业时间、可以上班时间、兴趣爱好等。

2）教育背景，包括本科阶段的开始—结束日期、学校名称、专业名称、学历学位、专业总人数和名次、主要课程等；硕士和博士阶段的开始—结束日期、学校名称、专业名称、学历学位、导师姓名和联系方式、专业总人数和名次、主要课程等；如果已经在职，则包括毕业以来的工作单位、职位/岗位、工作内容、业务专长等。

3）外语水平，包括英语四六级、TOEFL、GRE、GMAT、IELTS等的成绩，口语水平、掌握其他外语情况等。

4）社团活动，包括是否学生干部、担任职务、具体工作情况、参加什么社团和职务、工作描述等。

5）获得奖学金情况，包括获奖时间、奖学金种类、级别、金额等。

6）其他荣誉或奖励情况，包括荣誉和获奖时间、种类、级别、描述等。

7）计算机软件使用情况，包括软件名称、使用年限、熟练程度等。

8）技能证书情况，包括技能证书种类、级别等。

9）实习和工作经历，包括开始—结束时间、工作单位、公司性质、公司规模、职务、工作职责等。

10）研究成果，包括发表论文、申请专利等。

11）家庭成员和主要社会关系，其中家庭成员包括父母、配偶和子女，应提供他们的姓名、关系、工作单位、职务、电话、邮箱等，主要社会关系，包括分居的兄弟姐妹、伯叔姑姨舅、甥侄等。

12）评价方面，包括自我评价、导师评价、推荐信等。

13）联系方式，包括通讯地址、邮编、手机、邮箱等。

14）附件，包括照片、身份证、英语证书、奖学金证书、其他荣誉和奖励证书、技能证书、研究成果证书等的电子扫描件或者复印件。

制作个人简历时应该注意以下原则：

1）版面方面，应以简洁、美观、大方为原则。因为招聘者可能需要短时间内看很多简历，爽心悦目的版面设计有可能赢得良好的第一印象。要避免版面花哨、华而不实。选用较好的纸张进行打印装订，避免折叠污损。

2）文字方面，应以简练准确、条理清晰、结构严谨、积极向上为原则。应做到语言通顺简洁，没有语法错误，没有错别字和错误的标点符号，表达准确，能用数字不用模糊的形容词，尽量用专业语言；字体以常见的宋体或楷体为宜，为了突出内容，可以将部分文字加黑加粗，但不宜过多，颜色以黑色为宜，避免花里胡哨的字体和颜色，字号和行间距、字符间距适中，不能为了多写内容压缩行距和字符间距、缩小字体等；条理清晰结构严谨，不能出现重复的内容，或者互相矛盾的地方；在称呼上，不用"我""我们"等代词，应以"申请者""应聘者"等代替；语言积极向上，充满正能量，避免消极的态度和语言，也避免在情绪低落的时间写简历。

3）针对应聘的工作和岗位，突出重点，避免做成流水账，应突出自己适合该工作或岗位的能力和专长，不能指望有一份简历能投给很多单位。同招聘单位越匹配的简历，成功性越高。当然越匹配的简历，通用性也越低。

4）客观中肯的评价。无论是自我评价，还是导师评价或者老师的推荐信等，客观中肯是评价的生命力。既不言过其实地拔高，也不妄自菲薄，应该不卑不亢。

5）真实的内容。真实是简历的底线，任何在真实性上引起怀疑的内容将使成功的可能性大打折扣。

三、面试环节

（一）面试的重要性

面试是求职的一个重要环节。因为应聘者简历上的成绩和个人情况等，能反映一个人的基本状态，但是各种能力的具体情况，则需要通过面试才能更深入地表现出来。

因此越是好的大公司，越是竞争激烈的公司，越重视面试的环节。有的面试还不止一次，有应聘者多对一、一对多、应聘者分组完成某个任务等多种面试方式。

整个面试过程，应该从准备、面试两个环节认真应对。

（二）面试前的准备

面试前的准备，需要针对四方面分别进行。

第一方面：充分了解应聘公司。

可以说，面试过程中表现出对单位了解得越深入，成功的可能性越高。招聘者会认为：对应聘单位了解得深入，说明越对该单位重视，越渴望加入该单位，同时进入单位之后心态越稳定。因为是经过充分了解后做出的决定，不会因为公司的某些特点或者工作方式引起心态的动摇。

了解的内容，包括公司的建立和发展历史、目前的业务范围、资质等级、组织机构、员工人数和基本构成、企业文化、基本薪资待遇、基本管理、应聘岗位的职责和具体要求等。

第二方面：准备文件。

准备的内容包括个人简历（投递简历的时候可能已经提交过，再准备两份纸质文件）、各种证书和面试要求的必要文件。

第三方面：口头准备。

应准备一段简明扼要的自我介绍，包括自己的基本信息、教育背景和基本技能等，除了个人简历上的内容之外，还应重点介绍一下自己的业务能力、经验和业绩等与应聘单位或岗位对应的内容。

第四方面：准备问题。

面试一般都有提问环节，针对常见的问题，提前进行准备，以便提问时能较为流畅、准确地回答。请注意，招聘者提出的问题不一定有标准答案，但都与应聘成功与否有关，在准备问题的时候应该注意换位思考。

（三）面试礼仪

带齐相关证件、资料、个人简历等文件，身着正装，准时赴约，进门前关闭手机。

尽量不要结伴而行，因为这样会显得独立性较差。如果有人陪同前往，陪同人员不要进入面试会场。

进门后向招聘者问好，听到指示后坐好。

交谈时态度上应热情坦诚、自信冷静、沉着稳重，不浮躁、不紧张和胆怯，眼睛应该注视提问者，不要东张西望。

表达上语速流畅、口齿清楚，既不能临时组织语言，显得语无伦次，也不要因为事前有准备，回答时像背课文，应该语速适中、条理清楚。

在交流中应该注意展现自己的工作能力、发展潜力和对工作的热情等方面。在评价自己毕业学校方面，如果是名校，不要表现出炫耀或自豪的神态；如果是普通学校，一定不要妄自菲薄，应注意提及学校的优点。

在回答问题时，应仔细倾听对方的提问，应把握重点，切忌夸夸其谈、喧宾夺主，也不要打断面试人的谈话。

因为是找工作而不是上学，谈话应该以为单位创造价值等为目标，不要习惯性地说自己来单位的目的是能学到什么东西，因为单位不是培训员工的学校。

如果问到自己有准备的问题，切忌呼啦呼啦背诵而出；如果问到没有准备的问题，应沉着应对，随机应变，可以稍微考虑一下再回答。

如果是若干招聘者分别提问，应该认真记下每人提问的问题，逐个回答。

应该充分利用自己的身体语言，如微笑、恰当的手势等，增加语言的表现力。如果面试的是中方人员和本土公司，应注意避免夸张西化的手势。

同时，也应该注意提问者的身体语言，判断对方是否对自己讲的内容感兴趣。如果发现对方目光转向桌面的资料或者随手摆弄桌上的物品等现象时，应该尽快总结谈话或者转移话题。

当面试方说到"感谢前来面试"等诸如此类的话时，说明面试结束了，应从容站起，微笑致谢道别，退出房门时转身轻轻关上房门。同时如果有接待人员，记得向接待人员致谢道别。

无论自我感觉如何，都应该注意面试的结束环节，既不可自我感觉良好而洋洋得意，喜形于色甚至哼着歌曲离开，也不可自我感觉不好，成功无望而自暴自弃。

在结束时应致谢，之后再从容地收拾东西退出。因为面试者很难估计面试的结果，既不可能知道其他面试者的情况，也不会知道单位的测评指标。因此在离开面试会场之前，应一直保持良好稳定的心态积极应对。即使成功无望，也应善始善终。

还有一点需要注意，面试过程中，不宜询问薪金待遇等问题；面试结束时，不要追问面试的结果。因为此时这个问题是招聘人员无法回答的。

其他内容可参照入学面试的相关内容。

■ 第三节　常用模板

求职简历可参考表 12-1。

表 12-1　研究生求职个人简历模板（参考）

姓名		性别		
政治面貌		身高		
出生日期		婚姻状况		证件照片
籍贯		户口所在地		
民族		身体状况		
电话		电子邮箱		
通讯地址				
意向岗位				
本科/硕士/博士课程				
专业和方向				
学习和工作经历				
研究课题				
发表论文				
其他成果				
外语计算机水平				
专业技能				
获奖情况				
自我评价				
爱好				

第十三章

莫愁前路无知己
——毕业离校

欢送

天道酬勤地道善，
谋事在人成在天。
莫愁前路无知己，
得道多助汇众缘。

■ 第一节　藏在课本里的人生锦囊

经过简历投递、笔试和面试环节，课题组的几位三年级硕士生分别找到了工作，很快就要毕业离校，走上工作岗位了。

课题组在会议室组织了简单的茶话会，为几位毕业生送行。

茶话会由课题组的初稚丰老师主持：

"董老师，管老师，各位同学，今天的座谈会，主题是祝贺几位三年级的同学应聘成功，为毕业生送行。

"下面，首先请董老师讲话。"

初老师简短的开场白之后，大家边喝茶，边轮流发言。

一、三年回顾

董重熙　首先，祝贺几位研三的同学，找到了各自理想的工作。几位同学从入学起，学习认真努力，在课题研究中养成了严谨、勤奋的好习惯，取得了不错的成果，也为我们课题的研究进展，做出了重要贡献，在此，对大家的贡献表示感谢。

其次，在我们课题组学术氛围和文化氛围的影响下，各位同学积极发展了各种能力，在各方面都取得了成长和进步。

可以说，成功应聘到这些单位，就是对大家各方面能力和素质的最好肯定。

如果不介意的话，我以茅春农同学为例，说明一下。

因为各种原因，小茅入学时，一度有些自卑。

不过，经过这几年的努力，首先他取得了很好的成绩和研究成果，多次获得了奖学金，投稿的学术论文已经录用和发表，这是专业方面的进步。

另外，他的表达能力、组织能力和礼仪修养等各方面都得到了锻炼和提高，在企业实习过程中，不怕苦不怕累，能学以致用，得到了实习单位的好评，各方面进步十分明显。

这次应聘活动，也是过五关斩六将，在激烈的竞争中，成为我校土木专业为数不多的几个，成功签约大尚集团的硕士生之一。

我提议茅春农同学一会儿讲一下过程和体会。

我就先开个头，今天主要想听大家说一说，请畅所欲言。

初稚丰　好的，下面，就按照董老师的提议，请茅春农同学讲一下应聘过程，主要是成功的体会，可以为低年级的同学提供参考。

茅春农　好的。

首先，感谢董老师这几年的认真培养，感谢管老师和初老师，在课题研究过程中给予的指导和帮助，感谢同学们在试验过程中的大力协助。

正如董老师所说，因本科院校的出身和家里经济的拮据，曾经困扰了我好长时间，也形成了比较自卑的性格。不过，在老师们的鼓励和同学们的帮助下，很快确定了努力目标，就是在专业和个人能力两方面，制定具体目标并为之奋斗。

出身无法改变，能改变的只是当下的态度和行为。

从那时起，我拟定了详细的每日作息制度并严格执行。

每天除了必要的休息和吃饭时间之外，其余的时间都利用起来。

一年级的时候除了专业课的学习之外，基本阅读完了研究内容相关的文献，一年级末的时候在老师的指导下完成了文献综述，明确了研究和试验计划，暑假期间完成了试验；

二年级开学，就一直进行数据分析整理，并将研究结果撰写成期刊论文。目前已经发表两篇，审稿中一篇。学位论文被学校评为优秀。

因为经济的压力，入学时跟老师商量，想着通过课余做家教、帮着商场发传单等来增加收入。老师建议将这部分时间和精力用在学习和研究上，收益可能更大。事实证明，老师的建议是对的。这几年通过课程成绩和研究成果，一直获得奖学金，同时课题研究方面也有老师发的科研补助，做到了经济独立。

在这里，我再次感谢董老师的帮助和鼓励。

董重熙　我想，这些经济上暂时的收获，是很小的方面；更大的收获，应该是工作之后，凭借这些扎实的专业技能得到的发展机会。

茅春农　谢谢董老师。

另一方面，克服了原来社交恐惧症，通过学习相关的交往交流知识，主动地参加社团活动，组织志愿者到相关单位进行服务、到企业实习，在做这些活动时用心体验，争取做到勤学好问，感觉收获很大。

所有这些努力，在应聘大尚集团的时候，都得到了体现。

除了这些专业方面的因素之外，这几年礼仪的学习和习惯的养成，我感觉也是重要因素。因为参加集团笔试、面试的学生很多，其中我认识的好几位不但专业不错，本科出身好，而且英语、计算机能力等级证书都有，但最后成功的没有几个，我分析，是不是这方面的因素在起作用。

董重熙　规模大、发展好的公司，比较注重企业文化。在单位间合作和交流过程中，需要格外注重礼仪的问题，因为，这涉及公司的外在形象。比如那次，忻璐远同学讲的他的亲戚找工作的事情，就是很好的例子。如果暂时失去了合作机会，就给对方难堪，或者置之不理，那么以后即使再有了机会，可能也不会再找我们合作了。无论合作成功与否，对人的尊重应该是一贯的。如果合作了就尊重，不合作就不尊重，那么尊重也就不是真正的尊重，而是变成了一个获利的工具。

刚才茅春农同学所讲的，容易让大家建立起来一种因果关系：我在就职过程中表现得好，表达力强，所以我成功了。其实不是这么简单的关系。

其一，是因为我们的外在表现跟内在修养，是和谐统一的，一方面是因为内在决定表现，例如一个内心不阳光的人，是怎么也表现不出阳光的；另一方面是表现又反过来影响内在。比如我们学习礼仪、学习表达的过程，也是促进内心升华的过程。

其二，我们每个人都是一座宝矿，有很多诸如正义感、同情心、上进心、坚忍不拔、担当力等优秀品质，我们学习的过程，就是挖掘宝藏的过程，学好了，相当于将宝藏挖掘出来了，秀外慧中，人才一个；学不好，或者没有学，相当于没有挖掘出来，外部荒山野岭，里面金矿银矿，因为外部的现象造成学业无成、工作无望，岂不是十分的冤枉？

因此，应该在这个角度上看待礼仪的学习：

第一个层次，是通过学习，达到内外的和谐统一，让内在的金子，在外面闪耀出光辉；

第二个层次，是通过学习，由表及里影响内在，让内部的煤矿变成银矿，让银矿变成金矿。

初稚丰　好的，感谢董老师的教诲，相信大家一定受益匪浅，让我们加强学习，提升内在品质，增加外表的光辉。另外，几年转眼过去了，别的同学还有哪些收获？

同学甲　感觉到这三年过得太快了，入学的时候豪情壮志，可是转眼过去，感觉并没有学到多少东西似的，还是有点失落。

同学乙　是啊，我也有同感。

初稚丰　好的，下面估计管老师会对这个话题有所评说，大家欢迎管老师发言。

二、振动人生

管经纶

几度青溪凝霜，数载桐叶泛黄。

仿佛才入校门，转眼各奔他方。

在送别大家的此刻，面对即将步入社会的你们，总有许多想说的话语想去诉说。

我以一首古诗，表达我对大家的感受：

> 终日寻春不见春，
>
> 芒鞋踏破岭头云。
>
> 归来偶把梅花嗅，
>
> 春在枝头已十分。

大家抱着美好的初心，为了追寻理想的春天，来到我们课题组，每天早早过来，晚上十一二点才走，可谓披星戴月、风雨兼程。

为了成长，探求专业以及其他专业乃至有关文化、文明方面的知识，上下求索孜孜不倦，终日辛苦似乎自己感觉不到明显的长进，踏破芒鞋不见春。

其实我们的专业学习也好，文化和礼仪学习也好，各自组成的小团队在一起做研究的互相配合也好，每一分努力都不会白费。

也许大家没有感觉，就像小孩意识不到自己个子的长高，而家长能注意到一样，你们已经在不经意之间，无论专业、表达还是礼仪等各方面，都已悄然成长，作为老师的我们，感受到每一位同学，已经春在枝头。

我看到，各位同学从一颗颗小小的种子，逐渐茁壮成长，含苞绽放，眼见的将来，就要结出累累的硕果，十分的高兴。

大家给予德高望重教师的赞誉，莫过于"桃李满天下"，但是看到大家的成长，感觉到大家就像一个个种子，将飘落在各地，生根发芽，开花结果，感到无比的幸福。

古代徒弟下山，师父总要送个锦囊，现在大家临行，照猫画虎，作为长期讲结构动力学的老师，我送给大家一个方程，就是咱们最熟悉不过的结构动力学的运动方程：$m\ddot{v} + c\dot{v} + kv = p(t)$。

这个方程怎么解释呢？等号左边是我们自身体系，右边是外来能量信息干扰等的作用，外边的事情，就是等号右边的各项，自身体系往往是无法左右的，但是我们能调整自身的体系，从哪几个方面调整呢？

1）增大质量。不是说我们以后长得越来越胖（众笑），而是我们这个内心的质量越来越大，对于自己理想的坚守，信念的坚定，这一项强大了，才能任由风吹雨打，我们依然不忘初心，砥砺前行。

原来跟大家提到过，周围做一件事情人数的多少，不一定是判断这件事情正确与否的标准。

大家一定要勤于思考，形成自己判断事情对错的标准。

因为有的时候可能是群体无意识，大家无论从历史上也好，从现代也好，总能发现这方面的例子。

2）调整阻尼。阻尼是干什么的呢，消耗外来不良输入的。

刚才大家谈到，现在年轻人动辄因为鸡毛蒜皮的小事，导致矛盾升级，逐步发展到不可收拾的地步，什么原因呢？阻尼太小，外界微小的扰动就引起发散性的振动，最终导致"系统崩溃"。

我们增加阻尼，意味着提高韧度和鲁棒性，开阔我们的胸怀，增强我们过滤杂音和干扰的能力，提高消耗不良刺激的承受能力，即可从一方面保证我们本身系统稳定，系统的健康。那另一方面是什么呢？

3）调整刚度。刚度与质量的组合决定结构自身的固有频率，系统的崩溃一方面因为阻尼小，另一方面因为固有频率同外来的不良刺激频率接近。

因此，只有远离这些不良刺激的频率，不要"常在河边走"，才能保证我们自身系统的安全。

如果外荷载是正能量，我们应该使自己的频率接近正能量的频率，就如古人所说的"见贤思齐"，趋向圣贤的频率，让自身体系更好地吸收外来的正能量，发展壮大自己的同时，可以传播正能量。

有人说，发射出去的，总会反射回来的，投桃报李，我们发出去正能量，总是要收回正能量，循环往复，我们的幸福感就会越来越高。

日出日落一个环节，春夏秋冬一个环节，我们生活在各个环节中。现在大家收拾行囊，结束了求学的环节，马上要进入工作的环节。

以前一直跟大家强调要做好每一个细节，其实不是细节，而是环节，因为大家虽然心里可能自命不凡，但到目前为止，之所以走到现在，肯定不是因为某件轰轰烈烈的壮举，而是每天做着看似平常的一件件小事，做好了这些小事，才考上了大学和研究生，并出色完成了研究，取得了毕业和学位证书，平凡的积累成就了今天的收获。

今后依然希望大家：

在方向上，矢志不移，永不放弃。

在专业上，再接再厉，登峰造极。

在待人上，和颜爱语，知书达礼。

在时间上，千金一刻，只争朝夕。

在动力上，造福大家，由己及彼。

建议每个人：由方向到行动，由行动到目标，做好每个环节。

每个小的环节圆满了，大的环节也就圆满了，人生，也就圆满了。

最后，祝大家获得圆满的人生！

谢谢大家。

三、设计人生

初稚丰　太好了！感谢管老师的发言，从动力学到人生，精彩的比喻，深情的教诲，希望咱们的同学：

既要不忘初心，坚定强大自己，抵御外部干扰；

又要见贤思齐，接近正的能量，争取德才兼备。

那么下面，庄辰申同学，你在我们课题组的时间最长了，也见证了每个同学的成长，他们临行前，你是否也有些话，要对他们说？

庄辰申　好的，谢谢初老师。各位老师、同学，刚才听了管老师的发言，特别受启发。我鹦鹉学舌，生搬硬套一下，也谈几点自己的体会。

我们进行土木工程设计的时候，首先需要知道荷载，根据荷载的大小，才能进行结构设计，保证结构在荷载下的安全。荷载的种类，既有永久荷载，也有可变荷载和偶然荷载。既有内部的荷载，也有如地震、强风和温度引起的外部荷载。

结构设计往往按照五十年一遇、百年一遇的荷载进行设计和维护。那么由物及人，我们的人生，我们的健康，是否也按照百年的周期进行规划？

首先从健康上，我们自身的这个"结构"，为了达到健康使用一百年的目标，我们应该怎么做？

出生已经确定，基因已经确定，而且已经使用了二十多年，可能都出现过小问题，如伤风感冒等，小修小补即可恢复正常。

但是，四五十年之后、五六十年之后呢？平时的使用积累的问题，会逐渐爆发出来。

因此，我建议，将百年的目标分解为阶段的目标，比如二十多岁，应该如何锻炼身体、维护健康；走上工作岗位之后，应该如何规律作息，调整心态；如何化解突然到来的巨大荷载，如工作的突击、家庭的事务等，将荷载控制在可承受的范围内，不要引起永久的损伤和疲劳破坏。

其次，从目标上，也将大的目标分解为阶段性的目标，比如希望退休前达到什么专业高度，则需要近五年、近三年达到什么高度，始终朝着大目标前进。

如果只有小目标，而没有大目标，则小目标实现后会出现茫然期。例如以硕士毕业为目标，那么硕士毕业之后呢？另外，同样的毕业，标准有高有低，如果有大目标做引导，小目标的高度才会有保证。

总之，各位研三的同学在结束一个阶段、开始新阶段的时候，可以明确大目标，制定阶段性的小目标，始终前行在实现目标的路上。

祝大家目标明确，步伐坚定，旅途愉快！

四、得到85分

董重熙　好的，各位老师的发言十分精彩，各位同学们的发言十分真诚，我很受感动。今天，我说点儿专业之外的话题，就大家一直重视的礼仪学习，说几点看法。

美国的教育家卡耐基说过："一个人事业的成功，只有15%是由他的专业技术决定的，另外85%则要依赖人际关系。"

大家平时的专业学习，就是在争取这15%的分数，这是我们事业发展的基础，是必要条件；但是只有技术，离成功还相差太远，我们平时的有关礼仪和技能讨论，则是在争取这85%的分数，是我们获得机会的基础和成功的保证。可见，这方面的学习是多么重要。

需要提醒的是，我们这方面的学习，应该是由表及里、里外一致的，应该成为根植于我们内心的修养，我们的行为和表现应该是内心修养的自然流露，而不是当作获取成功的一项工具，需要使用的时候，我们表现的"礼仪"一些，而觉得无关紧要的时候就将礼仪扔到一边，那样就成了有的学者批评的"精致的利己主义者"，不但没有提高礼仪水准，而且增加了虚伪的成分，跟我们的真正礼仪是背道而驰的。

其实，名字虽然是"利己主义者"，怎么可能长期"利己"呢？现在"一锤子买卖"式的交往肯定是行不通的。

往大的方面说，礼仪，其实是文化和文明的表现形式和重要的组成部分。

英国历史学家汤因比认为，人类历史上，出现过26个文明形态，只有中华文明是长期延续而从未中断的。

中华文明，几千年来绵延不断，始终一脉相承，不断创新，为中华民族的生生不息、发展壮大提供了丰厚滋养。

我们正处在一个提倡文化自信、践行文化自信的时代。

目前的文明礼仪的学习、讨论和应用，正是从每个人自身做起，实践文化自信的最好方式。学而时习之，才能不亦说乎。可见，实践是重要的环节。

我们今天的讨论，不是礼仪学习的结束，恰恰应该作为一个新的开始。

学无止境，我建议大家以此为契机，重视礼仪学习和个人修养的提高，做到既有扎实的专业知识和技能，又有很好的礼仪素养和个人修养。

这样，个人可以同周围人关系和谐、事业进步，国家和社会才会蒸蒸日上、和谐幸福。

另外，从国家层面来说，改革开放四十年来，我国的经济取得了快速的发展，国际地位也越来越高，获得了全世界越来越多的关注。我想仅仅取得关注还不够，还要获得世界各国更多的尊重。要获得更多的尊重，就要有良好的国际形象。国家形象和国民形象是息息相关的，每一位世界公民眼中的中国人，都是中国形象的代言人，举手投足，一言一行，都在传递着中国的信息，表达着中国的形象。从每一个人做起，文明起来，礼仪起来，是提升国际形象的重要方式，也是每个人为实现强国梦贡献力量的方式之一。

我国是文明古国，礼仪之邦，文化底蕴深厚。相信随着经济的发展，加上每个人的努力，我们一定能够走向世界舞台的中央，获得世界更多的尊重。

五、报效社会

茶话会的气氛越来越热烈，发言越来越踊跃。既有就业的经验交流，也有学习经验的分享，还有礼仪学习的体会。

蒙臻睿　董老师，我还有个疑惑呢。今天借此机会说一下。我们学习礼仪和文化，做文明人，固然很好，可是，社会上总有不按照文明规则出牌的人，遇到这种情况，我们该怎么办呢？

穆崖楠　是啊，我也经常有这个疑惑。总有人会说：社会很复杂，什么人都有，我们这样做，是否会像有的人提醒的那样，会吃亏呢？

忻璐远　我也经常遇到这种情况，有人经常拍着我的肩膀说：年轻人，社会就是这样，要懂得适应社会。我们是该放弃原则来适应社会，还是应该坚持自己的原则？

董重熙　很深刻的问题，也是很关键的问题，关系到以后你们还是否能坚持文化和礼仪的学习，以及在实践中的应用。这个问题，我想先请初稚丰老师来回答一下。

初稚丰　好的，董老师。

首先，大家可以回顾一下人类的历史，原来茹毛饮血，后来诸侯争锋，封建割据，直到现在衣食丰足，相对文明，可以看到，虽然有反复，有螺旋，不过总体来说，是在一直朝着文明的方向前进的。

我们现在学习文明和礼仪，是顺应时代潮流的。

也许你们会看到守规矩的人吃亏，弄虚作假的人名利双收，请相信，这些一定是暂时的，他们只是钻了制度的空子。既然你们能看到，那么别人也能看到，这些现象的出现，必定会促进制度的建设，使之更加完善、合理，来保证文明者的利益，卡住钻营者的脖子。

另外，臭味相投，志同道合，每个人都会吸引具有相同或类似特质的人，走到你的身边。你是一个文明守纪的人，自然会吸引文明守纪的人围绕在你的身边，生活和工作也因为周围人而愉快和美好。

如果是臭味相投，自然就沦落到了社会的边缘，沆瀣一气。

古人说的好，莫愁前路无知己，你们提高了自己，总会汇集志同道合的人，成就你们的事业。

所以，请大家尽管放心，沿着文明礼仪的大道阔步前进。天道酬勤，地道酬善，人道酬诚，业道酬精，大家的努力，一定不会白费的！

董重熙　讲得非常好。有位伟人讲过：现在的世界是你们的，也是我们的，但归根结底是你们的。你们希望以后的社会是由什么人组成，你就立志成为什么样的人；你们希望以后的社会什么样子，现在就按照什么样子去建设它。

我相信大家在求学和成长的过程中，既遇到过良师益友，也可能遇到或见到过损友恶友；既遇到过让你如沐春风的人，也遇到过冷若冰霜的人；既遇到过为你雪中送炭之人，也遇到过落井下石之人；既遇到过脚踏实地的人，也见到过投机取巧的人；甚至，大家也一定见到过钻营作假还"名利双收"的人。

在此，让我们重新审视一下过去我们遇到过的形形色色的人。

对于良师益友、使你如沐春风、为你雪中送炭和做事脚踏实地之人，不用说，我们肯定应该心存感激和敬仰之情，是他们，照亮了我们前行的方向，给了我们前进的动力，让我们感受到了生活的美好。

对于损友恶友、冷若冰霜、落井下石、投机取巧和钻营作假之人，我们更应该这样思考：

1）是他们，让我们深刻地体会到不公平待遇的切肤之痛，激发我们今后坚定维护公平公正的决心。

2）是他们，让我们深刻体会到恶语伤人六月寒的扎心滋味，促使我们养成和颜爱语地对待他人的良好习惯。

3）是他们，让我们深刻体会到背叛的心理伤害，提示我们做一个忠诚的人和扶危济困的人是多么重要。

4）是他们，让我们知道目前很多的规则还很不完善，警示着我们尽快亡羊补牢，以便斩断靠钻营而取得貌似"成功"的歪门邪路。

他们，就像各种各样的病毒疫苗，注入我们的身体，虽然引起了暂时的不适和痛苦，不过，可以让我们免于犯病，保持健康。因此，请珍视你们人生过程中的每一次痛苦的经历，把这些经历，当作一面镜子来反照自己，以便洗除我们身上有可能导致他人痛苦的污垢。这样，不但能利己，还能利人、利社会，改变社会。

也许，你会说，我又不是达官贵人，以后，也不太可能成为力挽狂澜的中流砥柱，也不可能成为扭转乾坤的时代英雄，我一辈子都可能是一介布衣平民，为了学习起早贪黑，为了工作加班加点，为了买房节衣缩食，为了家庭任劳任怨……

在能力和精力如此有限的情况下，还能为这个社会做什么呢？对社会，能做多少有意义的事儿呢？

其实，星星，不会因为月亮，而泯灭光芒；小草，不会因为大树，而失去芬芳。

作为小草和星星般的普通人，在以后的人生道路上，永远不要变成你们曾经反感的那种人，而是回顾往事，历史上的你是值得尊重的，现在的你，会被以后的你尊重。

这，就是最大的意义。

在你平凡的工作和生活中，做一个你下属的良师益友；让你的服务和合作对象感到如沐春风；给需要帮助的人雪中送炭；给周围的小伙伴做出"脚踏实地"的榜样……如果这样，对于你周围的小环境来说，你就是你这一片小天地中力挽狂澜的中流砥柱，你就是你这一片小天地的扭转乾坤的时代英雄。

如果一直这样，我相信等大家老去：在暖阳夕照、茶香缭绕的藤椅上回忆过去的时候，不会因为过去随波逐流和摧眉折腰而悔恨；在儿孙绕膝，娓娓道来地给他们讲故事的时候，一定会因为你当年的坚守底线和敢于担当而自豪！

在你年轻的时候，会有很多人貌似关怀，拍着你的肩膀说：你要适应社会；在你年老的时候，你会自豪地说，我来到这个世界上，不是来适应社会中不美好方面的，而是为了把不美好的方面变得更美好！

因为你的存在，社会变得更美好了一点点；因为大家的存在，社会变得更美好了一片片；如果每个人都这样，必将由点到片，由片到面，社会将变成美好的人间！

最后，将两句诗，送给在校的同学：

立志宜思真品格，
读书须尽苦功夫。

将两句诗，送给毕业的同学：

> 长风破浪会有时，
>
> 直挂云帆济沧海。

同学们，再见了！

分别之际，我有两个等待：

一，等待着大家捷报频传；

二，等待着大家常回家看看！

■ 第二节　离校前的建议

一、离校前的工作

毕业离校之前，请仔细想一下，还有哪些工作需要完成，列出详细清单，逐一去完成，给学生时代画上圆满句号。

（一）手续方面

手续方面的事情是否已经办理完毕？这些手续包括：

证件领取：毕业证、学位证是否已经领取；派遣证、单位介绍信等是否需要。

开具证明：是否需要打印本科和研究生成绩单和盖章等。

离校手续：相关的手续是否已经办理完毕。

（二）物品交接

从图书馆、研修室和老师、同学处借的书以及其他物品，是否已经归还完毕。

硕士学位论文等，是否已经将最终版交给指导老师。

相关的钥匙，是否已经移交。

（三）其他方面

收拾行李、邮寄托运等安排。

是否需要到各处留个影？

是否需要向相关老师、同学告别？

到了新单位，及时将自己的联系方式反馈给相关老师和同学。

二、保持联系

学生时代，会成为每个人一生中的美好记忆；同时，学生时代认识的同学和老师，也是每个人毕业后事业发展的坚强后盾。

学校拥有校友资源、教师资源以及研究机构等，在工作中遇到的问题，母校是最有可能给予解决和帮助的一方。

因此，请记得同母校的老师、同学以及毕业走向天南海北的同学，保持畅通的联系：

将工作的成就，汇报给母校；昨天你以母校为荣，今日母校以你为荣。

将遇到的难题，反映给母校；昨天母校培育成长，今日母校护佑征程。

将合作的机会，牵线给母校；校企合作资源共享，协同发展实现双赢。

将真诚的建议，传递给母校；群策群力添砖加瓦，助力母校阔步前行！

参 考 文 献

［1］吕艳芝. 公务礼仪标准培训［M］. 2 版. 北京：中国纺织出版社，2016.

［2］周加李. 涉外礼仪［M］. 北京：机械工业出版社，2017.

［3］韩红月. 每天学点礼仪学［M］. 北京：新世界出版社，2009.

［4］金正昆. 公务员礼仪手册［M］. 北京：中共中央党校出版社，2007.

［5］惠特摩尔. 优雅的力量［M］. 高艳芳，译. 北京：机械工业出版社，2013.

［6］背负. 日常礼仪的300个关键细节［M］. 北京：印刷工业出版社，2012.

［7］杨路. 高端商务礼仪：56个细节决定商务成败［M］. 北京：北京联合出版公司，2013.

［8］李荣建. 大学生礼仪［M］. 北京：人民邮电出版社，2012.